نقد نص العهد الجديد

نشأته وتطوره وأثره على نص الأناجيل

أ.د. تامر محمد محمود متولي

أستاذ العقيدة والأديان

كلية الشريعة والقانون

جامعة حائل

بيانات الكتاب
عنوان الكتاب: نقد نص العهد الجديد
العنوان الفرعي:
نشأته وتطوره وأثره على نص الأناجيل
المؤلف: أ.د. تامر محمد محمود متولي
اللغة: العربية
الطبعة: الأولى
سنة النشر : 2026

ISBN: 978-1-972406-04-5

الفهرسة
متولي، تامر محمد محمود.
نقد نص العهد الجديد، نشأته وتطوره وأثره على نص الاناجيل /
تأليف تامر محمد محمود متولي.
الطبعة الأولى. نيويورك: 2026 .Alsadiqin Press.

الناشر:

Alsadiqin Press, New York, USA

"فَإِنِّي الْحَقَّ أَقُولُ لَكُمْ: إِلَى أَنْ تَزُولَ السَّمَاءُ
وَالْأَرْضُ لَا يَزُولُ حَرْفٌ وَاحِدٌ أَوْ نُقْطَةٌ وَاحِدَةٌ مِنَ
النَّامُوسِ حَتَّى يَكُونَ الْكُلُّ."
متى 5 : 18

بسم الله الرحمن الرحيم

المقدمة

تظهر ضرورة تطبيق مناهج النقد على العهد الجديد القانوني؛ أو الكتاب المقدس اليوناني؛ الكتاب المقدس بالنسبة للمسيحيين في جميع أنحاء العالم؛ لعدة أسباب. يوجد في العالم اليوم آلاف المخطوطات للعهد الجديد القانوني؛ في لغات مختلفة، في اللغة اليونانية فقط، ربما لدينا أكثر من خمسة آلف مخطوطة. بالإضافة لآلافَ المخطوطاتِ من الترجمات والنسخِ اللاتينية المبكّرةِ؛ منها أكثر من ثمانية ألف نسخة من مخطوطات فولجاتا Vulgate اللاتينية وحدها، وآلاف الاقتباسات من العهد الجديدِ عند الكُتّابِ اليونان واللاتين في القرونِ الأولى، وهذه هي مصادر نقد وتَوثيق نَصِّ العهد الجديدَ.(١) لكن لا توجد مخطوطتان من هذه المخطوطات تتطابق مع الأخرى، وعدد الاختلافات بينها لا يمكن حصره، لكن يمكن أن نقول بارتياح أن عدد هذه الاختلافات يفوق عدد كلمات العهد الجديد نفسه. أحياناً كثيرة تعطي المخطوطات والمصادر الأخرى صيغ مختلفة لنفس النص.

وبناءً عليه يجب على العلماء أن يبذلوا جهداً علمياً منظماً (وهذا هو العلم) لمعرفة أو التأكد من أن النص الذي وصل إلينا مِنْ هذه الكتب من العصور القديمة مطابق لما كتبه المؤلف الأصلي؛ (وهذا هو النقد). فعلى العلماء أَنْ يَستعملوا

---

(١) انظر:
Kurt Aland and Barbara Aland, (1995) The Text of the New Testament: An Introduction to the Critical Editions and to the Theory and Practice of Modern Textual Criticism, p.182.

قواعدهم العلمية وأدواتهم النقدية لتحقيق نص الكتاب المقدس بسبب العددِ الكبيرِ جداً مِنْ الاختلافات في المخطوطاتِ التي تركها لنا الدهر. ويَجِبُ عليهم أَنْ يَأْخذوا بعين الاعتبار، أفضل وأقدم الوثائق والمخطوطاتِ والترجمات، واقتباسات آباءِ الكنيسةِ الأوائِلِ من العهد الجديد؛ لاسيما عندما يشرعون في إصدار طبعةَ جديدة للكتاب المقدس اليوناني المسيحي.

وبالفعل هذا ما حدث، وإن كان متأخراً، فهو أحد منجزات عصر النهضة، وليس قبل عصر النهضة؛ لأسباب لا تخفى على أحد. لم يكن أحد قبل عصر النهضة يستطيع أن يحرر أو يحقق أو ينقد؛ أو حتى يترجم، نصاً في العهد الجديد؛ ومن يجترئ ويفعل ذلك يدان، فيسجن أو يقتل حرقاً مع كتابه. وبعد أن قامت الثورة الفرنسية (١٧٩٩م) وشنقت آخر ملك بأمعاء آخر قسيس؛ ظهر علم النقد في الغرب في العصر الحديث، بعد ظهوره عند المسلمين قبل عشرن قرون من هذا التاريخ. على سبيل المثال في الكتاب المقدس الذي نقرأه اليوم:

في الرسالة الأولى لكورنثوس: (١٥:٤٧) النص الذي يُوضّحُ اعتقاد بولس وفكرته المشهورة عن المسيح باعتباره آدم الثاني: "الرجل الأول (آدم) كَانَ مِنْ الأرضِ، مِنْ التربةِ، الرجل الثاني (المسيح) مِنْ السماءِ " (Ὁ δεύτερος ἄνθρωπος ἐξ οὐφανοῦ).

على نحو ملتفت، وصف النص للمسيح باعتباره " رجل ثاني" تختلف في

المخطوطات بصيغ مُتعددة، لتؤكد؛ مع التشبيه، أيضاً الفرق بينهما؛ الرجل الأول والرجل الثاني، أي آدم والمسيح؛ على النحو التالي:

(١) "الرجل الثاني، الرب "(ὁ δεύτερος ἄνθρωπος ὁ κύριος)؛ (وفقاً للمخطوطات ℵ2 A D1 Ψ 075 Byz syr)

(٢) "الثاني، الرب "(ὁ δεύτερος ὁ κύριος)؛ (وفقاً للمخطوطات ٦٣٠ واقتباس لمركيون Marcion).

(٣) "الرجل الثاني [هو] "روحي (ὁ δεύτερος ἄνθρωπος πνευματικός) (وفقاً لأوراق بردي p64)

(٤) "الثاني، رجل سماوي "(ὁ δεύτερος ἄνθρωπος ὁ.........ὁ οὐράνιός)

(وفقاً للمخطوطات: F G OL). (١)

كُلّ هذه الصيغ تؤدي وظيفة واحدة وبنفس الطريقة: هي بيان وتأكيد الاختلاف بين آدم والمسيح؛ رغم أن آدم والمسيح يتشابهان في أمور كثيرة؛ فكلاهما مثلاً ولد من غير أب، إلا أن المسيح لَيسَ مجرد "رجل ثان" أو مَخلوْق ثاني لله؛ حتى وإن كان أفضل من المخلوق الأول؛ بل هو "الرجل الرب، الرجل الروحي، الرجل

---

(1)See: Ehrman, Bart D. The Orthodox Corruption of Scripture, p. 177.

السماوي". (١)

كذلك في رسالة يوحنا الأولى: [٥:٦] نجد النص التالي: "فَعيسى الْمَسِيحُ وَحْدَهُ جَاءَنَا بِالْمَاءِ وَالدَّمِ. لاَ بِالْمَاءِ فَقَطْ، بَلْ بِالْمَاءِ وَالدَّمِ مَعاً. هَذِهِ الْحَقِيقَةُ، يَشْهَدُ لَهَا الرُّوحُ الْقُدُسُ: لأَنَّهُ هُوَ الْحَقُّ ذَاتُهُ. " لكن العلماء كان لا بُدَّ أنْ يختاروا صيغة مِنْ بين العديد مِنْ البدائلِ. لأن كُلّ نص مِما يأتي أيضاً يُوْجَدَ في عدد مِنْ المخطوطاتِ:

"ماء وروح"

"ماء وروح ودمّ"

"ماء ودمّ وروح"

"ماء ودمّ وروح القدس". (٢)

هذه الاختلافات كلها تحاول تأكيد صفة البشرية الجسدية الحقيقية للمسيح عيسى ابن مريم، وأنه؛ مع أنه إله حقيقة، فهو أيضاً؛ وفي نفس الوقت، إنسان من لحم ودم، حقيقة وليس خيالاً أو تشبيهاً كما قال بعضهم، وبهاتين الصفتين استطاع أن يخلص العالم؛ وإذا فقد واحدة منهما؛ حسب العقيدة المسيحية، لا يمكنه خلاص العالم.

---

(١) Ibid.

(٢) Ibid. p. 60.

أيضاً في رسالة يوحنا الأولى ٥: ٩ يوجد النص التالي:

"إِنْ كُنَّا نُصَدِّقُ الشَّهَادَةَ الَّتِي يُقَدِّمُهَا النَّاسُ، فَالشَّهَادَةُ الَّتِي يُقَدِّمُهَا اللهُ أَعْظَمُ، لأَنَّهَا شَهَادَةٌ إِلَهِيَّةٌ شَهِدَ اللهُ بِهَا لابْنِهِ."

لكن عِدّة مخطوطات تضيف ما تحته خط:

إِنْ كُنَّا نُصَدِّقُ الشَّهَادَةَ الَّتِي يُقَدِّمُهَا النَّاسُ، فَالشَّهَادَةُ الَّتِي يُقَدِّمُهَا اللهُ أَعْظَمُ، لأَنَّهَا شَهَادَةٌ إِلَهِيَّةٌ شَهِدَ اللهُ بِهَا لابْنِهِ. [الذي [الله] أرسلَه كمنقذ على الأرضِ. والابن شَهدَ على الأرضِ بإنْجاز الكتب المقدّسةِ؛ ونحن نَشْهدُ لأننا رَأيناه، ونحن نُعلنُ إليك بأنّك قَدْ تَؤمن لهذا السبب.]

أيضا في رسالة يوحنا الأولى" نجد؛ أو بالأحرى: كنا نجد، ما يعرف بفاصلة يوحنا (١):

" لأن الذين يشهدون في السماء ثلاثة الأبّ، الكلمة، وروح القلس: وهذه الثلاثة واحد."

النص السابق هو نص نسخةِ الملكَ جيمس للكتاب المقدس؛ طبعة الجمعية الخيريةَ للرومان الكاثوليك، وفي الهامش يَقُولُ المحققون بأنّه طبقاً للعديد مِنْ المخطوطاتِ وأغلبيةِ المعلّقين، الفاصلة أو العبارة يَجِبُ أَنْ تَقْرأَ هكذا: "هناك ثلاثة

(١) تعني كلمة فاصلة في هذا الاستعمال جزء أو فقرة قصيرة من الجملة.

يَشْهدونُ : الروحَ والماءَ، والدمّ وهذه الثلاثة واحد." وطبعا هناك اختلاف عقائدي كبير بين الصيغتين. هذا النص أخيراً حذف من جميع الطبعات الحديثة بناءً على دراسات نقدية. ولم يعد هناك نص آخر يذكر فيه صيغة الثالوث (الاب والابن والروح القدس) إلا نهاية انجيل متى أو ما يعرف بـ "وصية متى الكبرى". من هنا تظهر ضرورة تطبيق القواعد النقدية على نص العهد.(١)

أكثر الأخطاء في مخطوطات الكتاب المقدس اليوناني المسيحي؛ هي بسبب طريقة النسخ؛ كما هو معروف، وكما في كل مخطوط يدوي، وفي الواقع في كل عمل إنساني، تقع الكثير من الأخطاء بسبب عملية النسخ. إنها عملية شاقة ومرهقة وينتج عنها كثير من الأخطاء. هكذا الأخطاء الأكثر شيوعاً في الكتاب المقدس المسيحي هي بسبب أخطاء في تهجي الكلمات، وأحياناً سطور وفَقَراتُ نسخت مكررةً أَو حَذفتْ سهواً. لكن هذه هي الأنواعَ البريئةَ مِنْ الأخطاءِ التي يتوقعها أي إنسان في عملية نسخ يدوي؛ التي دائما ما تكون طويلة ومرهقة. لكن في أحيان أخرى هناك كلمات وعباراتَ أَو فَقَراتَ عُدّلتَ، أضيفَت أَو حَذفَت لأسباب عقائدية ومذهبية. (٢)

في الواقع كلنا يمارس علم النقد مهما كان تخصصه؛ وكلنا نَتْبع هذا المنهج

---

(١) وهي أحد النصوص التي سيدرسها المؤلف في هذا العمل إن شاء الله.

(2)See: Ehrman B. D (1996.) The Orthodox Corruption of Scripture, The Effect of Early Christological Controversies on the Text of the New Testament: Oxford University press.

النقدي في حالات بسيطة عندما تواجهنا مشكلة:

على سبيل المثال هل قال امرئ القيس:

كـدِينِـكَ مِن أمِّ الحُويرثِ قَبْلَهَا وجارتِها أُمِّ الرَّباب بمَأْسَلِ

أو قال: "كَدَأبكَ" من أم الحويرث...، هناك فرق بين الروايتين رغم أن المعنى قريب. (١)

ولماذا اختلفت روايات شعر الأعشى وشواهده الشعرية التي وردت في (لسان العرب) مع رواية (ديوان الأعشى الكبير) وقد كان لهذا الاختلاف أثر في الاستدلال في علوم اللغة. (٢)

هل روى الشاعر نفسه شعره بروايتين، أو أن الرواة تصرفوا في الرواية؟ ولماذا؟ الجواب على هذه الأسئلة مختلف طبعاً. (٣)

هذا فيما يتعلق بالشعر سواء الجاهلي أو المعاصر، وسواء العربي أو الغربي، لكن عندما يتعلق الأمر بالكتاب المقدس فالأمور ليست بهذه السهولة.

والنقد: هو أحد الأنشطة الثقافية أو الفكرية التي يقوم بها الإنسان لتقييم

(١) انظر: معجم مقاييس اللغة، أبو الحسين أحمد بن فارس بن زكريا، تحقيق: عبد السلام محمد هارون، طبعة: ١٣٩٩هـ - ١٩٧٩م.، ٢/ ٣١٩.

(٢) سواء طبعة دار النهضة العربية، أو (ديوان الأعشى) طبعة المكتبة الثقافية، انظر: اختلاف روايات شواهد الأعشى الشعريّة في (لسان العرب).

(٣) انظر البحث المتخصص: اختلاف رواية الشواهد الشعرية، وأثره في استنباط القواعد النحوية، رسالة ماجستير، جامعة أم درمان الإسلامية، إبراهيم محمد أحمد جميل، ٢٠٠٧ م = ١٣٢٨هـ.

النصوص وتمييز صحيحها من سقيمها أو جيدها من رديئها. وقد مر بمراحل وتطور من النقد البدائي الذي كان عبارة عن ملاحظات عابرة ومتفرقة إلى نشاط علمي منظم، له قواعد وقوانين (نقدية).(١)

واستخدم النقد في تقييم النصوص الأدبية؛ أي الشعر والنثر الفني، والمسرح، وهذا هو أقدم استعمال للنقد؛ وفي هذا الميدان كان العالم اليوناني هو أقدم من استعمله. واستعمله العرب في نقد الشعر بصورة مفككة.(٢)

واستعمل النقد في تقييم النصوص الدينية؛ وأقدم أمة استعملت هذا النشاط تجاه نصوصها المقدسة هم المسلمون، فاستعملوا النقد لتمييز الروايات الصحيحة من الضعيفة وفق ضوابط وقوعد اتفقوا عليها وهي مقبولة عقلاً عندهم.(٣) ووجد المسلمون أساس هذا النشاط في كتابهم المقدس؛ القرآن الكريم، في قوله تعالى ﴿**يا أيها الذين آمنوا إن جاءكم فاسق بنبأ فتبينوا**﴾ [الحجرات: ٦] والاستنتاج: أن في هذه الآية دليل على قبول خبر الواحد إذا كان عدلا، والتحري قبل قبول خبر المتهم، لأنه إنما أمر فيها بالتثبت عند نقل خبر الفاسق، ومن ثبت فسقه بطل قوله

---

(١) للتفصيل: انظر: النقد الأدبي ومدارسه الحديثة، ستانلي هايمن، ترجمة: إحسان عباس، الطبعة: ١، دار الثقافة - بيروت – لبنان.

(٢) انظر: تاريخ النقد الأدبي عند العرب، إحسان عباس، الطبعة الرابعة، تاريخ النشر: ١٩٨٣، ط دار الثقافة، بيروت – لبنان.

(٣) للتفاصيل: منهج النقد في علوم الحديث، نور الدين عتر، ط دار الفكر دمشق-سورية، الثالثة ١٤١٨هـ-١٩٩٧م.

في الأخبار إجماعا، لأن الخبر أمانة والفسق قرينة يبطلها. (١)

ولحق بالمسلمين؛ لكن متأخراً جداً بعد عصر النهضة، العالم الغربي؛ ووجهوا نشاطهم النقدي نحو تحقيق نص العهد الجديد، والنصوص المقدسة بشكل عام؛ على تفصيل سيأتي بيانه في موضعه.

هدف علم النقد النصي هو أن يتمكن الناقد من معرفة أو تميز النص الأصلي الذي كتبه المؤلف (النقد الموضوعي أو الدليل أو الاحتمال الموضوعي)، وما هو من تصرف النساخ؛ (النقد أو الدليل أو الاحتمال النسخي)، سواء كانت تصرفات عفوية كأخطاء إملائية أو سمعية، أو حتى محاولة بعض النساخ توضيح النص بكلمة أكثر وضوحاً من أخرى مبهمة أو مشكلة، أو تنسيق نس في كتاب مع نص مشابه له في كتاب آخر؛ مما يترتب عليه تغيير في النص عما كتبه المؤلف الأصلي، أو حتى أخطاء عمدية مثل تعديل النصوص لأسباب عقدية ومذهبية؛ لتأكيد عقيدة ما، أو نفي أخرى، بإضافة كلمة أو جملة أو حتى فقرة أو فقرات للنص الذي افتقر إليها أصلاً، أو العكس؛ أي حذف كلمة أو جملة من النص؛ كسرقة سلاح من مخازن خصم في المعركة؛ باقتباس اصطلاحات حربية؛ بدلا من إشهار سلاح في وجهه، هذه الأدلة التي تتعلق بأعمال النسخ وتصرفات النساخ تسمى (النقد النسخي أو

---

(١) انظر: القرطبي، الجامع لأحكام القرآن = تفسير القرطبي، شمس الدين القرطبي، تحقيق: أحمد البردوني وإبراهيم أطفيش، ط دار الكتب المصرية – القاهرة، الثانية، ١٣٨٤هـ - ١٩٦٤م، ج ١٦ / ٣٠٠.

الدليل أو الاحتمال النسخي) وهذان النوعان (الموضوعي والنسخي) معاً نسميهما النقد الباطني أو الداخلي. والطريق إلى ذلك هو جمع أكبر عدد ممكن من المخطوطات المختلفة زماناً ومكاناً وتقييمها من حيث قيمتها التاريخية ونوع النص الثابت فيها وعلاقتها بالمخطوطات الأخرى والترجمات القديمة واقتباسات المؤلفين المتقدمين لنصوص العهد الجديد؛ وهذا هو ما يسمى بالنقد (الظاهري أو الخارجي أو الوثائقي).

ويعتني علم النقد النصي بثلاثة موضوعات:

(أ) صناعة ونسخ المخطوطات القديمة.

(ب) وصف وثائق نص الأناجيل.

(ج) تاريخ النقد النصي للأناجيل.

لقد اختلفت نتائج ممارسة النقد النصي من عصر إلى عصر، ويرجع ذلك من ناحية إلى التوازن في كمية ونوعية الوثائق المتاحة من المخطوطات، ومن ناحية أخرى يرجع ذلك إلى النظريات والإجراءات والأدلة النقدية في تقييم المخطوطات.(١)

وفي هذا البحث أحاول بيان بعض؛ وليس كل، نتائج النشاط النقدي الذي لم يظهر إلا أخيرا، وبعد عصر النهضة في الغرب.

---

(1) Ibid. p. xv

لكن لماذا يدرس باحث مسلم أو لماذا نقرأ -نحن المسلمين- الكتاب المقدس المسيحي أو الكتاب المقدس اليوناني؟ هذا السؤال؛ رغم أنه يبدو منطقياً لأول وهلة، إلا أنه في الواقع غريب جداً، لاسيما إذا ما عرفنا أن كل مسلم لابد له حتى يكون مؤمنا أن يؤمن بالله تعالى وملائكته وكتبه ورسله، وهذه الكتب؛ قد ذكرت في القرآن الكريم، مرات ومرات، وأحال عليها؛ وذكر بعضاً من محتوياتها، وبصراحة يقول القرآن إنه مصدق لما فيها من حقائق. أليس ذلك بكاف كسبب لدراسة هذه الكتب التي تنسب لهؤلاء الأنبياء، والوقوف على محتوياتها وموضوعاتها، ومقارنتها بما معنا؟ إن الكتب المقدسة السابقة هي جزء أصيل في إيمان المسلم. فالسؤال؛ والحالة هذه: لماذا لا ندرس هذه الكتب؟

إن الهدف من هذه البحث، هو تزويد القراء بالمعلومات التي يجب معرفتها عن الكتب المقدسة المسيحية؛ وقضاياه الأساسية؛ وفقاً لأحدث النظريات العلمية الحديثة، ليسهل عليه قراءتها وفهمها. وبتعبير أكاديمي حديث، هدفنا هو تزويد الطالب بالمادة والمصادر اللازمة ليستطيع دراسة الكتب المقدسة المسيحية بالقدرة والكفاءة التي تؤهله لتحقيق نتائج علمية من قراءته. في هذا البحث يقدم الباحث معلومات مختصرة؛ لكن مهمة وأساسية وكافية، عن نشأة وتطور علم نقد نص العهد الجديد، وعن أهم وثائق التي تستعمل في تحقيق ونقد نص العهد الجديد؛ مع التطبيق على نسخة الملك جيمس التي كانت هي الكتاب المقدس أو كلمة الله لمئات السنين؛

وفي بعض الأماكن حتى اليوم، والتي لا يستطيع أي إنسان أن يغير حرفا أو نقطة فيها. نتائج النقد النص للعهد الجديد ظهرت بوضوح في طبعات العهد الجديد؛ بدءاً من المحاولات الأولى، ومن أول طبعة للعهد الجديد باليونانية، وحتى صدور الطبعات العلمية المحققة، وإلى اليوم.

المسح الأدبي ومصادر البحث:

من الأمانة العلمية أن أقول إنه يحق للنقاد الغربيين أن يفخروا ما شاءوا بتراثهم النقدي المعاصر الذي؛ وإن كان بدءاً متأخراً، بعد عصر النهضة، إلا أنهم أوتوا من القوة على البحث والتأليف ما يوحي بأنهم بدأوا من عشرة قرون. لقد بدأوا بإمكانات بسيطة، حفنة من المخطوطات والأدوات النقدية البدائية، ولكن انتهوا إلى استعمال أحدث التقنيات في تقييم ووزن ودراسة الوثائق المتعلقة بالعهد الجديد. لقد ظهر فيما كتبه هؤلاء، ولا أملك إلا تقييم ما كتبوه لأن نياتهم خارجة عن متناول البحث؛ وحتى نيتي أنا أحياناً قد تكون خارج السيطرة، ما يوحي؛ هذا الجهد الخارق، بإخلاص وصدق أناس آمنوا بالله تعالى وتعلقت قلوبهم بمعرفته؛ وهي ضرورة فطرية إنسانية، وبذلوا؛ ولا زالوا يبذلون، كل ما في وسعهم للوصول إلى كلمة الله تعالى الحقيقية والنقية. لقد استفدت بصورة أساسية من كتابات العالم الفذ ذي القلم السيال برس متزجر؛ عميد النقد النصي المعاصر، ومدرسته الغنية، وبشكل أساسي من هذه الأعمال:

١- نص العهد الجديد؛ نسخه، تحريف وإعادة بنائه.

The Text of the New Testament: Its Transmission, Corruption, and Restoration, 3rd ed. New York: Oxford.

٢- قانون العهد الجديد:

The Canon of the New Testament: Its Origin, Development, and Significance.

٣- تعليق نصي على العهد الجديد اليوناني:

A Textual Commentary on the Greek New Testament

إنني لا أدعي بطولة في هذا العمل، بل أحاول تقديم أحدث النظريات الأدبية في النقد النصي في الغرب وأثره في الدراسات الدينية؛ سواء للدارس العربي المتخصص أو للثقافة العامة، بهدف نشر ثقافة المعرفة المبنية على التحقيق العلمي المحايد؛ دون تعصب أو هوى، ومعرفة وتقدير جهود الآخرين التي تهدف بصدق وإخلاص لمعرفة الحقيقة وتقديمها للإنسانية دون تمييز، ونشر مبادئ التعارف والتعايش ورفض الكراهية والتمييز.

الفصل الأول

تعريف

العهد الجديد القانوني

تعريف العهد الجديد القانوني

العهد الجديد هو الكتاب المقدس عند المسيحيين؛ ولغته اليونانية، لذلك أحياناً أسميه الكتاب المقدس اليوناني، وعنها ترجم إلى جميع اللغات، وسمي باجديد، تمييزاً له عن العهد القديم وهو الكتاب المقدس اليهودي؛ ولغته العبرية. وهذا التمييز هو اصطلاح مسيحي؛ لأن اليهود لا يعترفون إلا بكتابهم المقدس العبري فقط، فعندما نستخدمه فنحن نتبنى المصطلح المسيحي؛ وهو المصطلح الأكثر تداولاً في العالم اليوم.

تشتق كلمة "قانون" "شريعةُ" من التعبيرِ الإنجليزي (Canon) المشتق مِنْ الكلمة اليونانية " κανόν التي تعَني "حاكَمَ" أَو "قضيب قياس (مسطرة)" التي تُستَعملُ لرسم الخطوطِ المستقيمةِ أَو لقيَاْس المسافاتِ. عندما تطلق على مجموعة الكُتُبِ المقدسة، فإنها تُشيرُ إلى مجموعة مؤلفات أدبِية. هكذا، على سبيل المثال، شريعة شكسبير تُشيرُ إلى كُلّ (قائمة أو لائحة) كتاباتِ شكسبير الأصيلة دون الكتب لتي انتحلت

اسمه، وبالإشارة إلى التوراةِ، تشير كلمة الشريعةُ إلى مجموعةِ الكُتُبِ الذي كانت مقبولة وموثوقة عند جماعة دينية؛ هم اليهود. هكذا، نحن يُمْكِنُ عندما نَشير إلى لائحة الكتب المقدّسةِ اليهوديةِ أَو لائحةِ الأناجيل نقول "قانون..".(١)

والعهد الجديد القانوني هو مجموعة من المؤلفات عددها سبعة وعشرون كِتابا، كتبها باللغة اليونانية خمسة عشرَ أو ستّة عشرَ مُؤلِفاً مختلفاً، كَانوا يُخاطبونَ بها الأفرادَ أَو المجموعات المسيحيةَ بين سني ٥٠ و١٢٠م.

وتنقسم هذه الكتب لعدة أقسام: القسم الأول: هو الكُتُب الأربعة الأولى أو ما يسمونه: "الأناجيل، " التعبير الذي يعني بشكل حرفي "الأخبار السارة." هذه الكُتُب تَنْسبُ إلى متى، ومرقص، ولوقا، ويوحنا. إما في الترتيب القانونِي: متى، مرقص، لوقا، ويوحنا أَو ما يسمّى بالترتيب الغربِي: متى، يوحنا، لوقا، ومرقص.(٢)

يعتقد المسيحيون بدءا من القرن الثاني أنّ اثنين مِنْ هؤلاء المؤلفين كَانوا من تلاميذ المسيح هما: متى، المذَكور في الإنجيلِ الأولِ (متى ٩:٩)، ويوحنا المذكور في الإنجيل الرابعِ (يوحنا ١٩:٢٦). الإنجيلان الآخران كتبهما على ما يقال تلاميذ الحواريين المشهورينِ: مرقص، مساعد بطرس، ولوقا، رفيق بولس. لكن دعوى المسيحيين هذه لا تستند إلى الأناجيلِ نفسها؛ لأن العناوين الموجودة على غلاف

---

(1) (Metzger, Ibid. P 289).

(2) See: The Canon of the New Testament: Its Origin, Development, and Significance. Metzger B. M.1987. Oxford: Clarendon. pp. 295.

الكتاب المقدس (مثل "الإنجيل طبقاً لمتى") لا تُوْجَدْ في النصوصِ الأصليةِ لهذه الكُتُبِ. هل نسيَ مُؤلفو هذه الكتب أو تعمدوا أَنْ لا يذكروا أسماءهم؟ ثلاثة من هذه الأناجيل تتشابه بشكل مثير مع بعضها البعض(١) وتختلف عن الرابع بشكل أكثر إثارة.(٢)

القسم الثاني في العهد الجديدِ هو سفر أعمال الرُسل، الذي كَتبَه نفس مُؤلفِ الإنجيل الثالث (الذي ما زال العلماء المعاصرون يسمونه لوقا بالرغم من أنَّ هذا ليس مؤكداً). يعتبر هذا الكتاب تكملة للأناجيلِ في كونه يصِفُ تأريخَ المسيحيةِ المبكّرةِ بداية بالأحداثِ التي وقعت بعد المسيح مباشرة؛ ويهتم كذلك ببيان كَيفَية انتشار الدينِ المسيحي في كافة أنحاء أجزاءِ الإمبراطورية الرومانيةِ، سواء بين الوثنيين أو بين اليهود، بسبب بولس وتلاميذه. فبينما يصور الإنجيل بدايات المسيحيةِ (من خلال حياةِ المسيح)، يُصوّرُ سفر أعمال الرسل انتشارَ المسيحيةِ (من خلال حياة تلاميذه).

القسم الثالث من العهد الجديدِ يتضمن "واحداً وعشرين رسالة، " ثلاثة عشر من هذه "الرسائل" يقال إن من كتبها هو بولس؛ وتسمى رسائل بولس، ويسمى الباقي منها: الرسائل العامة أو الكاثوليكية. وإذا كانت الأناجيل تصف بِدايات

(1) See: "The Evolution of the Gospel, Enoch P. J.1994. Yale University press, New Haven and London. pp. xii-xx

(٢) بالنسبة للإنجيل الرابع توجد دراسة كاملة تقريباً: إنجيل يوحنا في الميزان، محمد علي زهران،١٩٩٢م، الأولى، دار الأرقم، مصر.

المسيحيةِ ويصف سفر أعمال الرسل انتشارها، فإن الرسائل تركّز أكثر على الاعتقاداتِ والعبادات والأخلاق التي يجب على المسيحيين التمسك بها.

القسم الأخير من العهد الجديد هو سفر الرؤيا، الرؤيا الوحيدة المعترف بها من الرؤى المسيحية. هذا الكتاب كتبَه شخص اسْمُه يوحنا، يَصِفُ سير الأحداثِ المستقبليةِ حتى دمارِ هذا العالِم وظهورِ العالِم الجديد، أي أنه يصف نهاية المسيحية.(١)

---

(١) لمصادر عربية؛ انظر: الأسفار المقدسة في الأديان السابقة على الإسلام، علي عبد الواحد وافي، (بدون تاريخ (، دار نهضة مصر-القاهرة، ص ٨٥-٨٩. والأسفار المقدسة قبل الاسلام، صابر طعيمة، (١٩٨٥) عالم الكتب، بيروت، ص ٢٥٢-٢٦٧ والكتب المقدسة بين الصحة والتحريف، د. يحيى محمد ربيع، ١٩٩٤م، الأولى، دار الوفاء – المنصورة –مصر ومن المصادر الغربية:

Metzger, BRUCE M. (1987), the Canon of the New Testament: Its Origin, Development, and Significance CLARENDON PRESS, OXFORD pp 11-13.and Ehrman B D. (2009) , A BRIEF INTRODUCTION TO THE NEW TESTAMENT, OXFORD PRESS, pp 4-5 .

الأناجيل المتشابهة:

ثلاثة من هذه الأناجيل تتشابه مع بعضها البعض بشكل كبير وتختلف عن الإنجيل الرابع بشكل مثير. الأناجيل المتشابهة هي متى ومرقص ولوقا. يشبه كل واحد منه الآخر، وفي نفس الوقت هذه الثلاثة تختلف تماماً عن الانجيل الرابع ليوحنا. هذه الثلاثة المتشابهة أحياناً تحكي نفس القصص، وبنفس السياق في أحيان كثيرة، وغالباً بنفس الكلمات؛ حتى تستطيع استبدال إحداها بالأخرى أو تضعها بين قوسين للمقارنة. لهذا السبب سميت بالأناجيل المتشابهة Synoptic Gospels. ومع ذلك في أحيان أخرى يختلف كل واحد عن صاحبه. إذن كيف يمكن تفسير هذه المعادلة؟ التعبير النقدي العلمي لهذه القضية هو "مشكلة الأناجيل المتشابهة".

فسر النقاد هذه الظاهرة كالتالي: إن مؤلف أحد هذه الأناجيل نسخ كل ما كتبه من مصدر ما؛ مكتوب أو شفهي، واحتفظا أحيانا بألفاظ ذلك المصدر وأحياناً غيرها بطريقة أو بأخرى لسبب أو غيره. وبدءاً من القرن الثامن عشر استنتج النقاد بشكل واسع أنه يمكن الحديث عن أربعة مصادر لهذه الكتب الثلاثة:

الأول: يعتقد أن انجيل مرقص هو أول الأناجيل المكتوبة ثم متى ولوقا استعار كلاهما أحداثهما من مرقص، أحياناً كلمة كلمة. هذه النظرية تسمى نظرية "أولية

مرقص" لأنها تفترض أن انجيل مرقص كتب قبل الإنجيلين الآخرين.

الثاني: بناءً على أن متى ولوقا أوردا عدداً من الفقرات ليست في مرقص (مثل موعظة الجبل: انجيل متى ٥: ١-١٢ ولوقا: ٦: ٢٠-٢٢) لا يمكن أن يكون هذان المؤلفان قد اقتبسا هذه القصص من مرقص لأنها غير موجودة فيه أصلاً. بناءً على ذلك نفترض أنهما استعملا مصدراً آخر ليس بين أيدينا الآن. العلماء يرمزون لهذا المصدر بالحرف Q المشتق من الكلمة الألمانية Quelle التي تعني مصدر. إذن الرمز Q يعبر عن المادة التي وجدناه في كل من متى ولوقا لكنها ليست موجودة في مرقص.

الثالث: وبناءً على أنه يوجد في انجيل متى بعض القصص لا توجد لا في لوقا ولا في مرقص (مثل زيارة المجوس ٢: ١-١٢) فهذه القصة مستوحاة من مصدر آخر يسميه العلماء "M" (=Matthew special source) (مصدر متى الخاص) وربما يقف وراء المصدر M عدة مصدر أخرى إما مكتوبة أو شفهية.

رابعاً: لأن لوقا يروي أيضاً بعض القصص التي لا توجد عند صاحبيه (كمثل السامري الصالح لوقا ١٠: ٢٥-٣٧) فيفترض أن تكون القصة مشتقة من مصدر آخر أيضا يسميه العلماء بالمصدر "L" (= Luke special source) وأيضاً ربما يكون للمصدر L عدة مصادر شفوية أو مكتوبة.

هكذا يكون لدينا أربعة مصادر مفترضة كتفسير شائع لمشكلة الأناجيل

المتشابهة. بما أن هذا الحل يفترض أن مرقص هو أقدم الأناجيل كتابة يبدأ به بعض المؤلفين حديثهم عن الأناجيل.[١] لكن نظرية أولية مرقص بدأت تتراجع في العصر الحديث أمام نظرية أولية متى.[٢]

المصادر الشفهية:

من أين أخذ مؤلفو العهد الجديد روايتهم؛ لاسيما خلال الثلاثين أو الأربعين أو الخمسين أو الستين سنة بين رفع المسيح وكتاب الأناجيل؟ إضافة لما سبق ذكره عند الحديث عن الأناجيل المتشابهة؛ لدينا دليل واضح على وجود مصادر شفهية؛ هي مقدمة انجيل لوقا: "لَمَّا كَانَ كَثِيرُونَ قَدْ أَقْدَمُوا عَلَى تَدْوِينِ قِصَّةٍ فِي الأَحْدَاثِ الَّتِي تَمَّتْ بَيْنَنَا، ٢ كَمَا سَلَّمَهَا إِلَيْنَا أُولئِكَ الَّذِينَ كَانُوا مِنَ الْبَدَايَةِ شُهُودَ عِيَانٍ، ثُمَّ صَارُوا خُدَّاماً لِلْكَلِمَةِ، ٣ رَأَيْتُ أَنَا أَيْضاً، بَعْدَمَا تَفَحَّصْتُ كُلَّ شَيْءٍ مِنْ أَوَّلِ الأَمْرِ تَفَحُّصاً دَقِيقاً، أَنْ أَكْتُبَهَا إِلَيْكَ على التوالي أيها العزيز ثَاوُفِيلُسَ ٤ لِتَتَأَكَّدَ لَكَ صِحَّةُ الْكَلاَمِ الَّذِي تَلَقَّيْتَهُ." (لوقا ١ : ١).

في هذا النص يشير المؤلف إلى أنه سبقه كثيرون في كتابة قصة تسرد حياة المسيح؛ وأن هذه القصص تستند في النهاية إلى قصص تم إسنادها إلى من رأى المسيح وعاصره. بعبارة أخرى، يقر المؤلف أن إنجيله مبني على التقاليد الشفهية

---

[١] See: Bart D. Ehrman, A brief introduction to the New Testament, Oxford University Press, 2004, pp. 14-16.

[٢] انظر: اينوك بأول، تطور الانجيل ص ٢ من الطبعة الإنجليزية وص ٥١ من الترجمة العربية.

التي كانت تنتشر بين التجمعات المسيحية في القرن الأول، وأنه استفاد من مصادر أخرى مكتوبة. وكما رأينا، فإن اثنين من هذه "الروايات السابقة" هي إنجيل مرقص والوثيقة التي يسميها العلماء المصدر Q.

نشأة الكتب القانونية وتطورها:

قبل أن يكون لدى المسيحيين قائمة لكتاب مقدس كان بين أيديهم الكتاب المقدس العبري. أي أن المسيحيين لم يخترعوا فكرة جمع الكتب المقدسة في لائحة أو كتاب واحد، فقد سبق اليهود وفعلوا ذلك. وبما أن المسيح وتلاميذه كانوا يهودًا فقد كانوا ملمين بالكتابات العبرية التي تم دمجها باعتبارها الكتب المقدس العبري. على الرغم من أن معظم العلماء يعتقدون الآن أن فهرست الكتاب المقدس العبري (التناخ) الحالي لم يوجد إلا بعد المسيح، إلا أنه على الأقل كان معظم اليهود يجمعون على المكانة المقدسة للتوراة (أي الكتب الخمسة الأولى من الكتاب المقدس العبري). وكثير من اليهود اعترفوا بكتب الأنبياء؛ مثل كتاب يوشع وسفري الملوك الأول والثاني حسب الطبعات المسيحية، بينما هما في الكتاب المقدس العبري سفر واحد، بالإضافة إلى كتب الأنبياء الكبار؛ إشعيا، إرميا، حزقيال، والأنبياء الاثني عشر الصغار. إن المسيح نفسه اقتبس من هذه الكتب. وهذا يعني أنه اعترف بها واعتبرها مقدسة.

وهكذا بدأت المسيحية في اقتفاء أثر اليهود، الذين سبقوهم في جمع الوثائق المكتوبة والمتفرقة في كتاب واحد مقدس. ولا ريب أن تلاميذ المسيح الذين كانوا يؤمنون برسالته كانوا يعتبرون أقواله موثوقة ومقدسة. في حياة المسيح وبعده كان بين يدي المسيحيين الأوائل مجموعة الكُتُبِ المقدّسة اليهودية أَو على الأقل جزءاً كبيراً منها، نظراً لأن هذه القائمة هي أيضاً لم تكن في شكلها النهائي حتى القرن

الأولِ من ميلاد المسيح. قرب نهاية القرن الأول، كان المسيحيون يستشهدون بكلمات المسيح ويسمونها "الكتاب " (رسالة الأولى لتيموثاوس: ٥ :١٨) "لأن الْكِتَابَ يَقُول: «لاَ تَضَعْ كِمَامَةً عَلَى فَمِ الثَّوْرِ وَهُوَ يَدْرُسُ الْحُبُوبَ»، وَأَيْضاً: الْعَامِلُ يَسْتَحِقُّ أُجْرَتَهُ." اشارة إلى نص (لوقا ١٠: ٧ وربما متى ١٠: ١٠)، وهذا النص مقتبس من سفر (التثنية ٤: ٢٥).

إذ يفترضُ المسيحيون أنّ المسيح رفع، على أكثر تقدير، في سنة ٣٣م فيكون قد مر حوالي١٧ سنة قَبْلَ أَنْ يبدأ بولس بكِتابَة رسائِله. وحوالي ٣٧ سَنَة قَبْلَ أَنْ يبدأ مرقص بكِتابَة إنجيلِه. ويعتقد أن مرقص هو مُؤلف أول الأناجيل (والصواب أنه متى). ولقد مرَ ما يربو على ٦٠ سَنَة قَبْلَ أَنْ يبدأَ المؤلف المعروف بيوحنا إنجيله. لكن لماذا لم يذكر القديس بولس طوال حياته أي من هذه الأناجيل الأربعة بالاسم، ولم يظهر أي اقتباس منها؟ ولم يظهر أبداً أنه عرفها أو اطلع عليها، أو أنه عرف شيئا عنها حتى وفاته. وفي الواقع لا يوجد أية دليل على أن هذه الأناجيل الأربعة استعملت قبل القرن الثاني، على خلاف ما يشيعه المتخصصون في الجدل والمناظرات الدينية المسيحيون.

كذلك كتابات بولس الرسول مُنحت مكانة رسمية في بَعْض الأماكن حيث صُنّفت بنفس الطريقة بين الكتب المقدّسةِ. هكذا بَعْض المسيحيين بدئوا يَتبنّون مجموعة جديدة مِنْ النصوص تنسب للمسيح وحوارييه (كما في رسالة بطرس

الثانية ٣:١٦) – لتوضع في مكانة مساوية لمكانة العهد القديمِ، فليس مفاجأة إذن أن يضم العهد الجديد أخيراً الأناجيل (للمسيح) وكتابات تلاميذه أو رسله (بولس وآخرون).

في منتصفِ القرن الثاني، نجد أن جوستن الشهيد Justin ربما يقتبس فقرات توجد الآن في الإنجيلِ لكنه لا يسميه انجيلا بل "مذكرات الحواريين" ويُشيرُ إلى استعماله في الكنائسِ. في الواقع يُشيرُ جوستن إلى "مذكرات الحواريين" في ثمان مناسباتِ وإلى "مذكرات" فقط في أربعة أخرى. إشاراته إلى هذه النصوصِ تظهر ربما اقتباسه أو اطلاعه عل الأناجيل المتشابهة Synoptic، لكن لا يبدو أنه كان يعرف الإنجيلِ الرابعِ (انجيل يوحنا، وفي كل الأحوال هو لا يذكر أيّ من هذه الأناجيل بالاسم ولا يَدعي أَنَّ هذه؛ وهذه فقط، هي الكتاب المقدّسَ. [١]

بعد ذلك نجد مركيون Marcion – المعاصر لجوستن – يروج لفهرس آخر للكتاب المقدّسِ المسيحي؛ كان يتوافق مع عقيدة مركيون. عقيدة مركيون Marcion كَانَت متجذّرة في نوع مِنْ البولسية (نسبةً إلى مذهب بولس)، التي كَانَت على عداء مع اليهودية واليهود، بحيث تحذف أيّ أثر لليهوديةِ من التراث المسيحي. ضمت قائمة مركيون أو فهرسه رسائلَ بولس العشْرة، مُنقحة -طبعاً- من أي آثار لليهودية (مثل شواهد العهد القديمِ)، وإنجيل واحد، يشبه لوقا، نقح بنفس

(١) Metzger, B. M .1987. the Canon of the New Testament: It,s Origine, Développent, and Significance, CLARENDON PRESS, OXFORD, PP 43-45

الطريقة. وليس في قائمته أي سفر من أسفار العهد القديم. وهذه القائمة أو المجموع يؤكد ويشهد على تبنيه لنسخة المسيحية البوليسية. (١)

بعد مركيون Marcion نرى المسيحيين يدافعون بقوة عن قوائمهم ونسَخهم الخاصةَ من الكتب المسيحيةِ. هكذا إرينوس Irenaeus، نصير جوستن، وإن كان يكتب بعده بحوالي ثلاثين سنة، يعترف بكتب العهد القديم ويؤكد ملحاً و بإصرار على أنّ أربعة أناجيل تجب أن تضم إلى الكتب المقدّسة: متى، مرقص، لوقا، ويوحنا، وبِأَنَّ هذا العدد ثابتُ بالطبيعةِ، لأن هناك أربع رياحِ، وأربع جهات للأرض، التي نشرت عليها المسيحيةِ، ولذا بالضرورة يجب أن توجد أربعة أعمدةِ يُبْنَى عليها الإنجيل. ٢ علاوة على ذلك، يُهاجمُ إرينوس Irenaeus الزنادقةِ، سواء الذين اختاروا إنجيلا واحدا أَو الذين يقْبلون إنجيلا وحيدِا فقط من أحد الأربعة، مثل الذين يعترفون فقط بإنجيل متى، وآخرون يعترفون فقط بمرقص، ومثل مركيون Marcion الذي يعترف بإنجيل لوقا فقط، ومثل الفالنتين Valentinians الذين يعترفون فقط بيوحنا، لكن بالنسبة لإيرنوس Irenaeus هناك أربعة أناجيل رسولية هي التي في مجموعها تمثل كلمة الله: من زاد عليها أو نقص منها فقد ابتدع وضل.

---

(١) Ibid. pp. 90-99.

(2) (Irenaeus, (2014) Against Heresies. Beloved publishing. LLC. U.S.A. PP. 11/ 7-8.

[1] ومع ذلك استمرت الخلافات حول عدد من الكتابات التي ادعى بأن من كتبها هم تلاميذ المسيح مع اعتقاد آخرين أنها مزورة. استمر الخلاف حتى القرن الرابع، واستمر المسيحيون في مناقشة قبول بعض الكتب ورفض الأخرى.

تفيد المصادر أن النقاش تركز حول المداولات والتساؤلات الآتية:

أ- ما إذا كانت هذه الكتب قديمة من عصر تلاميذ ورسل المسيح، فمثلا أراد بعض المسيحيين تضمين رسالة راعي هيرماس، بينما رفضها آخرون لأنه تم صياغته حديثاً بعد عصر الرسل.

ب -ما إذا كانت قد كتبت بقلم الرسل (مثلا أراد البعض إدراج الرسالة إلى العبريين على أساس أن بولس كتبها؛ وأصر آخرون على أنه لم يكتبها)؛

ج- ما إذا كانت هذه الكتب مقبولة على نطاق واسع بين الجماعات المسيحية الأولى باعتبارها تحتوي على تعليم مسيحي صحيح؛ على سبيل المثال كثير من المسيحيين عارضوا نبوءات وعقيدة نهاية العالم التي ذكرت في سفر الرؤيا.

على عكس ما قد يتوقعه الكثيرون، لم يتم الانتهاء من فهرست العهد الجديد حتى عام ٣٦٧ م، أي بعد قرنين ونصف من كتابة آخر كتاب في العهد الجديد، قبل ما يكون بيد أي مسيحي فهرست أو قائمة أو سجل يحوي هذه السبعة والعشرين كتاباً الحالية كقانون الكتاب المقدس الموثوق. هذه العملية -أعني حذف

---

(1) Ibid.

بعض الكتب وإدراج غيرها- لم يكن بناء على دراسة شاملة، وبحث علمي دقيق، بل ربما كان أقرب إلى العشوائية. وثائقي على ذلك ما يلاحظه الباحث من تناقض بين أجزاء العهد الجديد، فخلاف ما نتوقع، ما يقوله متى لا يتطابق مع ما يقوله مرقص، وما يقوله لوقا يخالف صاحبيه، وأما يوحنا فهو في عالم آخر.

وفي كنائس أخرى لم يكن هناك أبداً اتفاقاً حول أي شيء. كان لكل كنيسة أفكارها المختلفة حول قانونية هذه الكتب، مثلاً هل رؤيا يوحنا يجب أن تدرج ضمن القائمة، وهو ما صار أخيرا، أو ما إذا كانت رؤيا بطرس ينبغي أن تدرج، وهو ما لم يحدث ابداً. وإذا ما كانت رسالة بولس الرسول إلى العبرانيين ينبغي أن تدرج، ثم أخيراً أدرجت، أو رسالة برنابا، وهذه لم تدرج أيضاً. وهلم جرا. وبعبارة أخرى، استمرت هذه المناقشات على مدى ثلاث مائة سنة، يعتقد بعض العلماء أن أول من وضع القائمة الحالية هو أثناسيوس، خطيب مجمع نيقية المفوه، وهو من اقترح منع أو تحريم تداول الكتب الأخرى، مما أدى إلى أن رهباناً كثيرين، منهم رهبان الدير القريب من نجع حمادي؛ في مصر، أخفوا كتبهم التي وثقوا بها والتي اكتشف بعضها بعد ١٦٠٠ سنة من إخفائها.[1]

هذه هي الخطوات الأولى نحو قانون الكتاب المقدّسِ، الخطوات التي انتهت

[1] See: Edgar Hennecke, (1963) New Testament Apocrypha, The Westminster Press, pp. 28-51.

بتشكيلِ العهد الجديد؛ مجموعةَ الكتب الرسميّة؛ التي استَعملها المسيحيون باعتبارها الكتاب المقدس الذي وهبه الله لهم ليفصل بينهم في المسائل العقائدية.

▤ معايير القانونية:

يبقى السؤال المهم: ما المعايير التي اتبعت لاعتبار كتاب مقدس ورفض آخر؟ لم يخبرنا أثناسيوس في رسالته بمبررات اختياره لهذه القائمة دون غيرها، وكان علينا أن نقبلها دون نقاش. ولكن يمكننا استنتاج هذه المبررات من الممارسة العملية والحوادث التاريخية. فمثلا لقبول كتاب باعتباره مقدساً لابد أن يكون قديما (قريبا من عصر المسيح) ورسوليا (ينسب إلى أحد تلامذة المسيح أو أقرب الناس إليه)، عاماً أو منتشراً (أي تستعمله عامة الكنائس في أنحاء العالم) ونيقية (يؤيد عقائد مجمع نيقيا أي العقيدة الصحيحة بدلا من البدع).

أولاً: صحة العقيدة:

يظهر أن من بين هذه المعايير كان الاخلاص للمسيحية المذهبية حسب عقائد نيقيا والتي كانت هي الواجب اتباعها دون غيرها. فإذا لم يكن الكتاب مؤيداً للعقيدة المسيحية هذه، فإن معايير قبوله تكون ضعيفة؛ لأنه ليس أرثوذكسيا. هؤلاء الذين وضعوا هذا المعيار وجدوا مبرراً واضحاً لا يمكن لأحد من الرسل أن يعتنق أو يؤيد بدعة. بناء على ذلك أي كتاب يعتنق أو يدعم عقائد ضلالية فهو مزيف. طبعاً ليست هذه هي المبررات التي يستعملها علماء اليوم للكشف عن موثوقية كتاب ما،

لكن هذه المناقشات تقدم لنا المبررات القوية والمقنعة بالنسبة التي كان يتبعها المهتمون بتأليف العهد الجديد في نشأته الأولى. إذن لعبت الخلافات المسيحية دوراً في نشأة وتطورِ كتب العهد الجديدِ القانونية.

ثانياً: النسبة للحواريين:

أحد المعاييرِ البارزةِ التي كانت حاسمة لتُقرّرُ إذا ما كانت الكتاب يُمْكِنُ أَنْ يُعتَبَرَ قانونياً أم لا؛ هي النسبة إلى "رسل المسيح" يعنى على أقل تقدير، يُمْكِنُ أَنْ تنسب إلى تلاميذ المسيح أَو المقرّبين منهم. هذا لا يَعْني بأنّ مجرد ادعاء نسبة مؤلفات للرسول يضَمنَ إدراجها ككتابِ بين الكتب المقدّسةِ. فمثلا إنجيل بطرس؛ رئيس الحوارين، في البداية كان يعتبر قانونياً بدليل أن الأسقف المسيحي سرابيون Serapion سمح بقراءة إنجيل بطرس في الكنائس التابعة له، لاحقا نفس الأسقف تراجع عن قرارَه بعد أن اكتشف أن الكتابَ فيه أراء ضلالية. وقد لقيَ قراره قبولاً من الكنيسةِ بشكل عام، واعتبرت بدورها محتويات هذا الكتابَ غير قانونية. هذا يعَنى بأنّ القراراتِ فيما يتعلق بـ " الرسولية" استندت في النهاية لَيس على صحة نسبة الكتاب في ذاتها، لكن على التزام الكتابِ الضروريِ والإخلاص لقانون الإيمان المسيحي، أي إلى المذهبِ الذي أسسه المسيحيون في مجمع نيقيا.

ثالثاً: الشهرة والانتشار:

هناك أمور أخرى كانت تقرر مصير الكتاب، فليست عقائد الكتاب أو نسبه

هو المقياس الوحيد الذي شغل زعماءِ الكنيسة المهتمين بتحديد محتوى الكتاب المقدّس. فمثلا قانون أو قائمة أو فهرست موراتوريان Muratorian يَستثنى رسالة الراعي لهرمز Hermas؛ لأنها كُتِبَت "مؤخراً"، والمسيحيون الغربيون قَبلوا بعد نقاش الرسالة إلى العبريين كقانونية؛ لأنها كَانَت كثيرة الاستعمال في كنائس الشرقِ، هذا الحال نفسه ينطبق على سفر الرؤيا، الذي كان استعماله الواسع الانتشار في الغربِ هو الذي حمل معارضيه إلى قبولِه أخيراً في الشرق.

نفهم من هذا كله أن القانونية لم تكن على أساس واحد، لكن المفهوم ضمنيا من مثل هذه الحقائق، هو الفكرة التامة لـ "السند الرسولي" التي جعلها المسيحيون دعوى مطلقة في جُهودِهم لتبرير مذهبهم وقداسة وأصالة الحقائقِ التي ورثوها وأخذوها نقلا عن المسيح ثم إلى أتباعه ثم من خلالهم إلى الكنائسِ. حتى هذه الكنائسِ كان يعتقد بأن من أسسها هم الحواريون، وهم الذين عَيّنوا زعماءها، ووَهبوهم السلطة، وأوَرثوهم الكتب؛ لذا بالنسبة لهؤلاء، دعوى الاستناد لفهم الآباء وخلافة الرسل والنص المقدس يعملان يدا بيد في تأييد المذهب المسيحي وقانون الإيمان.

ففي كتابه "الرد على آريوس " يؤكد أثناسيوس بأنّ على المسيحيِن ألا يَنشْغلوا بالرد على الزنادقةَ حتى في النِقاشِ على معاني الكتب المقدّسةِ؛ لأن الكتب المقدّسة لابد أن تنسب إلى ورثةِ الحواريين القديسين وإليهم وحدهم، بينما الزنادقة لَيْسَ لهُمْ

حق في هذه النسبة ولا حجة لهم في النصوصِ المقدّسةِ، وجميع النصوص لها معنى أرثودوكسي (١)؛ ولذا تفسيرات الزنادقة يجب أن تستثنى مِنْ الساحةِ. (٢)

لكن على الأقل، يُمْكِنُنا أَنْ نَقُولَ بارتياح بأنّ الكُتُبِ التي لا يمكن أَنْ تثبت سندها إلى تلاميذ المسيح –أو على أقل تقدير أتباع التلاميذ – أَو يكون متفقاً وتعاليم الكنيسة، لم تكَن في أغلب الأحوال قانونية. في نفس الوقت، بغض النظر عن ادعاءات الأصالة أَو النسبة للرسل، لا يوجد كتاب يفسح له الطريق إلى الكتب القانونية ما لم يكن معبراً عن قانون الإيمان المسيحي الذي كَانَ شرطا ضروريا. فقانون الإيمانِ المسيحي كَان المعيارَ البارزَ لحسم قانونية كتاب.

متى صار هذا المجموع هو العهد الجديد (القانوني) أخيراً؟ المتفق عليه عند أي كاتب المسيحي أن المجموعة الحالية السبعة وعشرين كتابا، وهذه السبعة والعشرون فقط، التي ينبغي قبولها ككتاب مقدس حدث في عام ٣٦٧ م، في رسالة كتبها أسقف الإسكندرية (مصر) القوي، أثناسيوس. حتى ذلك الحين لم يكن الأمر قد حسم.

□□□□

(١) أثناسيوس ٢: ٢٠ – ٢١.

(٢) أثناسيوس ١: ٨ و٣: ٣٦.

العهد الجديد غير القانوني

هذه المجموعة من الكتب ليست هي الكتب المسيحية فقط، لقد كان هناك في العالم المسيحي عشرات من الكتب المقدسة، بين أناجيل ورسائل أعمال ورؤى مقدسة. فعلى خلاف العالمِ المسيحيِ اليوم؛ الذي لا يَعْرِفُ إلا سبعة وعشرين كِتابًا هذه (الأربعة الأناجيل وسفر واحد لأعمال الرسل وثلاث وعشرون رسالة) مسندة؛ لكن بلا إسناد، إلى العصور المسيحية القديمِة؛ كَانَ هناك العالم المسيحي الذي رَأى أناجيلَ، و أَفْعال، و رسائل؛ و رؤى بالعشراتِ؛ بلا مبالغة كُلّ أنواع الكُتُبِ: الأناجيل التي تُسجّلُ كلماتَ المسيح، أسفار لأعمال الرسل بدلا من سفر واحد، ونشاطات المسيح؛ وروايات حياته العجيبة بدءا من طفولته، وتعاليم زعماءِ المسيحية القدامِى ("أعمال الرُسل")، والرسائل الشخصية ("رسائل") إلى ومِنْ الزعماءِ والجالياتِ المسيحيةِ؛ والتنبؤات الموحى بها مِنْ الله التي تَتعلّقُ بكَيفَية خلق العالم أَو كيف سيَنتهي هذا العالم (تنبؤات أو رؤى)، وهكذا.(١)

---

(١) المصدر الأساسي لهذا المبحث هو العمل الكامل: "كتب العهد الجديدِ المزيفة"، هنك شنلمنشر Hennecke Schneemelcher، الترجمة الإنجليزية، حيث درس هذه الكتب وترجمها (كلها أو أجزاء منها)، وانظر أيضا:
=

أيضا قيل إن بعض هذه المؤلفات كتبها الحواريون الأصليونِ للمسيح وهي مسندة إليهم. والذي يدل على وجود هذه الكتب من القرن الأول الكتابات القانونية نفسها: فهذا لوقا، الصديق الحميم لبولس، مؤلف الإنجيل الأول وسفر أعمال الرسل، كما يعتقد أكثر المسيحيين مع أنه خلاف الحقيقة، يشكو من كثرة ما كتب من قصص حول المسيح ورسالته، ممن رأى وشاهد وسمع وممن لم يقع له شيء من ذلك (لو ١:١-٦).

كما أن بولس يكرر شكواه من ظهور أناجيل أخرى؛ هي خلاف إنجيل المسيح؛ لا يسميها أبداً؛ وفي الواقع لا يذكر أي من الأناجيل؛ سواء القانونية الأربعة المشهورة، أو الأبوكريفا، بأسمائها.

ثم في منتصفِ القرن الثاني، يشير جوستن Justin إلى ما يَسميه "مذكرات الحواريين" ويُشيرُ إلى استعمال هذه الوثائق في الكنائسِ.(١) لكنه على نحو لافت للنظر؛ ليس واضحاً فيما يقصد بهذه "المذكراتِ" التي يقتبس منها؛ لأنه لا يذكر

روبنسن، مكتبة نجع حمادي، ولايتن Layton، الكتب المقدّسة المعرفية. والفهارس الشاملةِ التي صنعها، وانظر: تشالز جيمس Charlesworth James، كتب العهد الجديد غير القانونية. وكذلك العمل المختصر، لكنه كاف وشاف بشكل كبير: الدكتور بارت ارمن، الكتب المقدسة المفقودة:

Ehrman, Bart D, Lost scripture, oxford university press.

(١) يُشيرُ جستن إلى "مذكرات الحواريين" في ثمان مواضع من رسائله، وأحيانا يصف هذه الكُتُب أيضا باعتبارها "انجيل، وإلى "مذكرات" فقط في أربعة أخرى. إشاراته إلى هذه النصوصِ تظهر بوضوح معرفة مباشرة للأناجيل المتماثلة Synoptic، لكن معرفتَه بالإنجيلِ الرابعِ ووجهةِ نظره فيه محل خلاف بين النقاد. لدراسة إشاراتِ جستن إلى الأناجيل، انظر: آرثر جْي، "أقوال المسيح في كتاباتِ جستن الشهيد"، ووليام Petersen، "دليل نصّي لاعتمادِ تاتيان Tatian على جستن. وانظر أيضاً: متزجر Metzger، قانون العهد الجديد، ١٤٣-٤٨.

أَبَداً أيّ منها بالاسم، وكذلك هو لا يدعي أو يَصرُّ على أَنَّ هذه الكتب (المذكرات أو الوثائق)؛ هذه فقط، هي التي الكتاب المقدّسَ المسيحي.

في الواقع هناك كتب تاريخية؛ هذه كتب لم يطلع عليها أو يعرفها أحد إلا من خلال من اقتبس منها من خصومها من الأرثوذوكس، "الرافضين "للبدع؛ على سبيل الرد عليها أو نقدهم لها، مثل الأناجيل التي استعملت من قبل المجموعاتِ المختلفةِ للمسيحيين اليهودِ الأوائِلِ. بعد ذلك اكتشفت كُتُب أخرى كاملة، على سبيل المثال، إنجيل الذي كتبه يهوذا أَخِو المسيح.

هناك كتب أخرى كَانت قانونية لوقت طويل، وكانت تقرأ في الكنائس؛ لاحقا منعت لأسباب عقائدية، على سبيل المثال، انجيل بطرس؛ رئيس الحواريين؛ الصخرة التي بنيت عليها كنيسة المسيح، وسفر صديقةِ القديس بولس؛ القديسة (ثكلا) .Thecla

كذلك يقتبس آباء الكنيسة أناجيل أخرى؛ انجيل "العبرانيين" و "انجيل الأبونيون" وإنجيل "الناصريين" أو انجيل "متى المزور"، بينما يرى بعض لنقاد أن هذه الأناجيل الثلاثة هم في الحقيقة انجيل واحد، أو انجيل متى المزور هو ترجمة آرامية لإنجيل متى القانوني، أو بالأحرى؛ أن انجيل متى القانوني هو ترجمة يونانية؛ مع تعديلات، لإنجيل متى الأصلي وبلغة المسيح نفسه: الآرامية.

وبناءً عليه يجب التعامل مع هذه الاناجيل على أساس أنها كلها إنجيل واحد في

الحقيقة، رغم الإشارة إليها في كتابات آباء الكنيسة على أنها ثلاثة.

تحتوي قائمة الأناجيل غير القانونية –حتى الآن- على الأناجيل الآتية:

إنجيل الناصريين-إنجيل الأبونيين- إنجيل العبريين-إنجيل المصريين-الإنجيلَ القبطيَ لتوماس - الإنجيل المجهول -إنجيل بطرس-إنجيل مريم-إنجيل فيليب-إنجيل الحقيقةِ-إنجيل المخلص- إنجيل الطفولةَ لتوماس- الإنجيل الأول ليعقوب- إنجيل يهودا الإسخريوطي.

هذه القائمة ليست شاملة، ولكنها معبرة عن الواقع. نحن-المعاصرين- محظوظون لأَنْنا اليوم يمكننا الاطلاع على هذه الوثائقِ لأنها الآن في متناول أيدينا، بسبب الاكتشافات الرائعةِ للمكتبات المسيحية في العصر الحديث.

□□□□

توجد ثلاثة أنواع أو أدوات لنقد نص العهد الجديد وتحقيقه: المخطوطات القديمة، والترجمات القديمة، واقتباسات آباء الكنيسة.

هذه هي المواد التي يستعملها النقاد عندما يشرعون في إخراج طبعاتهم للكتاب المقدس المسيحي.

في السطور التالية أحاول تقديم ملخص كافي لدارس العهد الجديد ليكون فكرة واضحة عن هذه المصادر أو الأدوات النقدية:

(١) المخطوطات الأصلية The Original Manuscripts

النص الأصلي هو ما كتبه مؤلف ما، والنص الأصلي؛ ويسمى الترا تكست text Ultra، هو للتمييز بين ما كتبه المؤلف عن أي إضافة أخرى لاحقة سواء كانت في المتن أو الحاشية.

فالحقيقة أنه لم يتم العثور على هذا النص Urtext. Urtext أو "نص أصلي" هي كلمة ألمانية الأصل؛ ur تعني "أصلي" وtext تعني "نص" كما في الإنجليزية.

وتستخدم حاليا في البحث العلمي بمعنى النسخة الأصلية أو أقدم نسخة من النص، يمكن مقارنة النسخ الأحدث بها.

في الواقع لا يوجد لدينا مخطوطات أصلية للعهد الجديد عليها توقيع المؤلف أو حتى كتبت في حياته.

كل المخطوطات الحالية هي عبارة عن ترجمة لنص العهد الجديد. وأقدمها يرجع إلى القرن الخامس. المخطوطات التالية هي نسخ نسخت من نسخ من نسخ. ولا يوجد مخطوطة واحدة أصلية.

كل ما نملكه اليوم هو ترجمات للنص الصلي. وفي حالة عدم وجود النص الصلي، فإن الحكم على ترجمة ما بأنها صحيحة دون الترجمات الأخرى هو قول بلا دليل. النص الصلي هو الحكم، وهذا النص مفقود. ومع ذلك يستعمل النقاد "حيلاً" علمية للوصول إلى النسخة القرب لما كتبه المؤلف text Ultra ولا يمكن عمل شيء أكثر من ذلك.

هذا العمل هو محاولة لتصوير جهود النقاد باختصار في هذا الشأن. إن هذا العمل هو مجرد أمثل؛ ليست شاملة، لكنها؛ إن شاء الله معبرة وكافية لتصوير هدف هذا البحث.

(٢) الترجمات القديمة

اللغة الأصلية للعهد الجديد

قبل ألفين واحدي عشرة سنة خلت، في المكان الذي ولد فيه المسيح-عليه الصلاة والسلام-كانَ هناك رُعاةٌ يَبيتونَ في البرِيَّةِ، يتناوَبونَ السَّهَرَ في الَّليلِ على رعِيَّتِهِم. فظهَرَ لهم مَلاكُ الرَّبِّ فَخافوا خَوفًا شَديدًا. فقالَ لَهُمُ الملاكُ:(لا تَخافوا!) وبشرهم بميلاد المسيح. وظهَرَ معَ الملاكِ عدد مِنْ ملائكة السَّماءِ، يُسبِّحونَ اللهَ وينشدون للتعبير عن فرحتهم بميلاد المسيح، "المجد لله في الأعالي، وعى الأرض السلام وللناس المسرة (لوقا ٢: ١٤). ومن البديهي إن هؤلاء الملائكة لم ينشدوا باللغة اليونانية، وإلا كانوا كمن يكلم الفلاحين المصريين باللغة اليابانية. وإن هؤلاء الرعاة السوريين الذين ذُكروا في الإنجيل لم يكونوا من خريجي جامعة السوربون؛ ولا بد أنهم سمعوا الملائكة يترنمون بتلك الأنشودة العجيبة بلغتهم هم، فلا يمكن إذن أن تكون الأنشودة باليونانية، ومن البديهي أنهم كانوا يرتلون التسابيح باللغة السريانية. ومما لا شك فيه أن المسيح عليه السلام نفسه كان يتحدث اللغة السريانية لغة قومه السريان، والنصوص المقدسة نفسها تشهد لذلك؛:

[١] في العدد السابع عشر من الإصحاح الثالث من إنجيل مرقس: (لقبهما ببوانرجس أي ابني الرعد). Boanerges (Βοανηργες =בנירגיש) وهي اسم أرامي معناه "أبناء الرعد".

[٢] في العدد الحادي والأربعين من الإصحاح الخامس من إنجيل مرقس: (وقال لها طليثا قومي الذي تفسيره يا صبية لك أقول قومي). فطليثا باللغة الأرامية معناها "صبية".

[٣] في العدد الرابع والثلاثين من الأصحاح السابع من إنجيل مرقس في الترجمة المطبوعة سنة ١٨١٦: "ونظر إلى السماء وتأوه وقال افثا يعني انفتح"، وهي كلمة أراميه (مر ٧: ٣٤) هي صيغة الأمر من الكلمة الأرامية "فثا" يعني "فتح" وهي "فتح" في العبرية פתח والعربية لفظا ومعنى.(١) فهذه الشواهد تدل على أن المسيح عليه السلام كان يتكلم اللغة الآرامية التي كانت لغة قومه، لأنه كان سريانيا ابن سريانية نشأ في قوم سريان. إنّ الترجمات القديمة للعهد الجديدِ هي التي أعدها المسيحيون لنشر الدين المسيحيِ بين الأمم الذين يتكلمون بلغات محلية غير اليونانية كالسريانيَة، واللاتينية، والقبطية. إضافةً إلى أهميتها الكبيرة في تفسير وتاريخِ تفسيرِ الكتب المقدّسةِ، فإن هذه الترجمات لا تقل أهمية بالنسبة إلى الناقدِ نظراً لأن أصلِها قد يرجع إلى القرنِين الثانِي والثالث؛ أي أنها أقدم من جميع المخطوطات المتوفرة للنقاد.(٢)

---

(١) انظر المادة ومشتقاتها قاموس ديفيد سجيف (عبري – عربي) פתח ص ١٤٨٢-٨٣.

(2)See: Bruce M. Metzger, (2001) The Bible in Translation, Ancient and English versions, Baker Academic.

كما ذكرت يوجد ثلاثة أنواع من الوثائق تستعمل في تَحْقيق نَصِّ العهد الجديدِ؛ هي المخطوطاتَ اليونانيةَ، واقتباسات آباء الكنيسة مِنْ العهد الجديدِ، والترجمات القديمة. فيما يلي نذكر شيئاً مختصراً حول بَعْض هذه الوثائق.(١)

أهم الترجمات اليونانية

رغم أن لغة المسيح كانت السريانية، وكان المسيح عليه السلام نفسه سريانياً يتحدث اللغة الآرامية السريانية لغة قومه السريان، والنصوص المقدسة نفسها تشهد لذلك كما سيأتي تفصيلاً؛ إلا أن أقدم ما وصل إلينا من مخطوطات هذا الكتاب هو باللغة اليونانية، وبناءً عليه اعتبرها النقاد اللغة الأم "الثانية" إذ ليس لدينا أم أخرى. فالأناجيل باليونانية هي عبارة عن ترجمة لكلامه صلى الله عليه وسلم. فأقدم نسخة وصلت إلينا مِنْ "متَّى" كانت باللغة اليونانية وإن كان أصل الكتاب قد كُتِبَ باللغة الآرامية ووصل إلينا بقية الكتب المقدسة -أعني العهد الجديد- في اللغة

(1)See: Bruce M. Metzger. 1991. The Text of the New Testament: Its Transmission, Corruption, and Restoration, 3rd ed. New York: Oxford, pp. 34-40 ,

اليونانية. ومنها تُرجمت أيضا هذه الكتبُ إلى جميع لغات العالم.(١)

يوجد تقريباً حوالي خمسة ألاف وسبعمائة مخطوطةِ يونانيةِ تَحتوي على كُلّ أَو جزء من العهد الجديدِ، المخطوطات التالية هي أهمها. ويقسمها النقاد تحت هذه التصنيفات: (٢)

(١) برديات.

(٢) مخطوطات بالحروف الكبيرة.

(٣) مخطوطات بالحروف الصغيرة.

أهم البرديات اليونانية للعهد الجديدِ:

البرديات P4 p64 p76: عندما اكتشفَت هذه البرديات المتفرقة لأول مرة وصنفت، لَمْ يكن العلماء يعرفون أنها تنتمي إلى نفس المخطوطةِ. لكن بينت الدراسة الدقيقة التي قام بها بعض العلماء، أنّها جميعاً تستمد مِنْ مخطوطة وملزمةٍ واحدة، كانت تحتوي على كُلّ الأناجيل الأربعة، سواء في الترتيب القانونيِ: متى، مرقص، لوقا، ويوحنا أَو ما يسمّى بالترتيب الغربيِ: متى، يوحنا، لوقا، ومرقص.

p4: هذه البردية تحتوي على أجزاء من الأربعة الأوراقِ مِنْ الفصولِ الأولى للوقا؛ أما p64 فهي جزء من ورقة وحيدة تَحتوي على فقرات من متى الاصحاح

---

(١) ينظر في ذلك: علي عبد الواحد وافي: الأسفار المقدسة ص ٩ وص ٨٦ وما بعدها ورحمة الله الهندي إظهار الحق ١١٠٥/٤ وصابر طعيمة الأسفار المقدسة ص ٢٥٥ ومابعدها.

(2)See: Kurt Aland, The Text of the New Testament, pp. 2-20

٢٦؛ وp67 تتكون من جزأين: الأول يحتوي على أجزاءٍ من متى. ٣،٩ و٣،٢٥ والأخرى بها أجزاءٍ من متى. ٥،٢٠-٢ و٥،٢٥-٨. المخطوطة كُتِبتْ في عمودين في كل منهما ٣٦ سطر. تأريخ هذه الأجزاء في وقت متأخر من "القرن الثاني ." فهي تمثّل أقدم مخطوطةَ للأناجيل الأربعة حتى الآن.(١)

أهم المخطوطات اليونانية ذات الحروف الكبيرة:

א. يرمز بهذا الحرف(٢) إلى المخطوطة "السينائية Sinaiticus.": التي تحتل المكانة الأولي في قائمةِ مخطوطاتِ العهد الجديدِ؛ مخطوطةِ القرن الرابع للكتاب المقدس باليونانية، والتي اكتشفت حول منتصفِ القرن التاسع عشرِ في ديرِ سانت كاثرين على جبلِ سيناء. لِذلك سميت بالمخطوطةِ "السينائية Sinaiticus." هذه المخطوطة كانت تحتوي على كامل الكتاب المقدس وكُتِبتْ بالحروف الكبيرة وبعناية. الجزء الخاص بالعهد القديمِ فقد، ولم يبق منها إلا العهد الجديدِ. في الحقيقة، المخطوطة السينائية Sinaiticus هي النسخةُ الكاملةُ الوحيدةُ للعهد الجديدِ اليونانيِ بين المخطوطاتِ ذات الحروف الكبيرةِ.

A. يرمز بهذا الحرف إلى المخطوطةِ السكندرية Alexandrinus: هذه المخطوطةِ الممتازةِ، التي تؤرخ حول القرن الخامسِ، تَحتوي على العهد القديم، ماعدا بعض

---

(1)See: Bruce M. Metzger. 1991. The Text of the New Testament, p.53

(٢) الحرف الأول في الأبجدية العبرية "ألف"

الأجزاء، وأغلب العهد الجديدِ (كلّ إنجيل متى حتى الاصحاح الخامس والعشرين: ٢٥ : ٦ وما بعده مفقودُ، كذلك الأوراقِ التي كانت تحتوي على نص يوحنا: ٦: ٥٠-٨: ٥٢ والرسالة الثانية لكورنثوس ٤,١٣-١٢,٦) مفقودة.

B. يرمز بهذا الحرف إلى المخطوطةُ الفاتيكانية Vaticanus، وهي واحدة من أهم المخطوطات اليونانيةِ للكتاب المقدس. -و كما يُوحي اسمها- هي الآن في مكتبةِ الفاتيكان في روما، حيث استقرت هناك قبل سنة ١٤٧٥، عندما أشير إليها في أول فهرست صنع لمخطوطات هذه المكتبةِ. كتبت هذه المخطوطة حوالي نصف القرن الرابع واشتملت على كلا العهدين مع الكتب غير القانونية باستثناء كتابي المكابيين الأول والثاني.

C. المخطوطة إفرامي Ephraemi مخطوطة القرن الخامسِ للكتاب المقدس اليوناني؛ هذه المخطوطة محيت كتابتها الأصلية في القرن الثاني عشرِ و أعيد كتابة العديد من صفحاتها و أضيف إليها ترجمة يونانية لـ ٣٨ رسالة وعظية أَو خطبة للقديس إفرامي Ephraemi(١) , الأبّ السوريِ للكنيسة في القرن الرابعِ. وباستعمال التقنية الحديثة استطاع العلماء أن يعيدوا الصفحات الممحوة. مع أن هذه الوثيقة يرجع تاريخها إلى القرن الخامسِ، لكن نَصّها أقل أهمية مِما يوحي به تاريخها. يشار بالرموز C2 أو Cb وC3أوCc، إلى تصحيحات أدخلت في المخطوطةِ بين

---

(١) راهب سرياني من رواد كتاب وشعراء المسيحية، أحد اباء ومعلمي الكنيسة الذي تجمع على قداسته جميع الكنائس توفي ٣٧٣ م.

القرن السادس والقرن التاسع.

D. رمز المخطوطة بيازاBeza تختلف هذه المخطوطة عنْ كُلّ المخطوطات المشار إليها قبل ذلك، وسيكون لها في هذا البحث شأن كبير. لقد أُهداها ثيودور بيازا Beza،(١) في سنة ١٥٨١ إلى مكتبةِ جامعة كامبردجِ. تُؤرخ هذه المخطوطة في القرن الخامسِ، وتَحتوي على أغلب نَصِّ الأناجيل الأربعة وسفر أعمال الرسل، مَع جزء صغير مِنْ الرسالة الثالثة ليوحنا. النَصَّ في هذه المخطوطة موجود بلغتين؛ اللغة اليونانية واللاتينية، يواجه بعضها بعضاً على صفحاتِ متقابلة، النص اليوناني على اليسارِ واللاتيني على اليمين. كُلّ صفحة تَحتوي على عمود واحد مِنْ النَصِّ، الذي لَمْ يُكْتَبُ كنص منسق؛ بل قسم تقسيما معنويا، أي سطور متفاوتة في الطول مع مراعاة تمام واكتمال المعنى فحسب. الأناجيل مرتبة حسب الترتيب الذي يعرف بالترتيب الغربيِ، هكذا: (متى، يوحنا، لوقا، مرقص).

لا توجد مخطوطةَ فيَها هذا العدد الكبير والاستثنائي من الاختلافات. أهم خاصية ووصف للمخطوطةِبيازا Bezae هي التوسع في النصوص والإضافات بلا قيود، وكذلك الحذف العشوائي للكلماتِ الجُمَل، وأيضا الأحداث. على سبيل المثال، في انجيل لوقا الاصحاح ٦، هذه المخطوطةِ تضيف بين الفقرات ٤ و٦ الفقرة التاليَة:

---

(١)العالم والراهب الفرنسي البروتستانتي المشهور الذي ورث كالفين في زعامة لكنيسةِ جنيف.

" في نفس اليوم، عندما رأى رجلاً يعمل في السّبتَ، قال (المسيح] له: يا رجل، إذا كنت تَعْرفُ ما تَعْملُ، فأنت مبارك؛ لكن إذا كنت لا تَعْرفُ، فأنت ملعون ومنتهك للشريعة ". هذه الجملةِ، التي لا تُوْجَدُ في أي مخطوطةَ أخرى.

كذلك في رواية لوقا للعشاء الأخيرِ (٢ ١٥,٢-٢٠، هذه المخطوطةِ (لكن ليست وحدها بل معها بَعْض الترجمات اللاتينية والسريانية) تَحْذفُ الجزءَ الأخيرَ مِنْ فقرة ١٩ وكلّ الفقرة ٢٠. وفي لوقا ٢٣: ٥٣، وتضيف نصاً إضافياً يقول بأن يوسف الذي من الرامة، بعد وَضْع جسمِ المسيح في قبرِه، " وَضع على القبر حجارة [عظيمة] لا يمكن لعشرين رجلا أن يحركوها".

تتفق المخطوطة بيازا Bezae التي هي المرجع الرئيس، ويدعمها مخطوط آخر (Φ) يحتوي على إنجيلين فقط، متى ومرقص، مع فقد كثير من فقراتهم في الإنجيل الحالي، والترجمة اللاتينية القديمة وترجمة كوريتونيان Curetonian السريانية، وبعض نسخ الفولجاتاVulgate، اللاتينية، في إدراج نص بعد نص متى: ٢٠,٢٨ هو الفقرة الطويلة التالية:

" لكن كُلّ مَنْ يُرَفّعُ نَفْسَهُ يُوضَعُ، وَمَنْ يَضعُ نَفْسَهُ يُرَفَّعُ. «عِنْدَمَا يَدْعُوكَ أَحَدٌ إِلَى وَلِيمَةِ عُرْسٍ، فَلاَ تَتَّكِيءْ فِي مَكَانِ الصَّدَارَةِ، إِذْ رُبَّمَا كَانَ قَدْ دَعَا إِلَيْهِ مَنْ هُوَ أَرْفَعُ مِنْكَ مَقَاماً، ٩فَيَأْتِي الَّذِي دَعَاكَ وَدَعَاهُ وَيَقُولُ لَكَ: أَخْلِ الْمَكَانَ لِهَذَا الرَّجُلِ! وَعِنْدَئِذٍ تَنْسَحِبُ بِخَجَلٍ لِتَأْخُذَ الْمَكَانَ الأَخِيرَ. ١٠ولكِنْ، عِنْدَمَا تُدْعَى، فَاذْهَبْ

وَاتَّكِيءْ فِي الْمَكَانِ الأَخِيرِ، حَتَّى إِذَا جَاءَ الَّذِي دَعَاكَ، يَقُولُ لَكَ: يَاصَدِيقِي، قُمْ إِلَى الصَّدْرِ! وَهذا سيكون أفضل لك»(١).

هذا النص موجود في بعض الطبعات التي اعتمدت على هذه المخطوطات فقد نشر الترجمات الإنجليزية لمخطوطةِ Bezae وليام ويستون Whiston (بداية الأناجيل [لندن، ١٧٤٥١) ومِن قِبله نشرها يوهانز جربر Greber (الأناجيل: ترجمة وتفسير جديد بناءً على أقدم المخطوطاتِ الأقدمِ [نيويورك، ١٩٣٧١).(٢)

DP. هذا الرمز (أو D2) يُشيرُ إلى مخطوطةِ القرن السادسَ كلومونتانوس Claromontanus، التي لا تحتوي إلا على رسائلَ بولس (بما في ذلك الرسالة للعبريين Hebrews). وهي مثل مخطوطةِ Bezae (التي تنقص رسائلِ بولس)، المخطوطة Dp مخطوطة ثنائية اللغة (يونانية – لاتينية)، نشرت طبعة لهذه المخطوطةِ في سنة ١٨٥٢.

E. رمز المخطوطة البازلية Basiliensis، في سويسرا حالياً، يرجع تاريخها إلى القرن الثامنِ، تحتوي على الأناجيل الأربعة في ٣١٨ ورقةِ. هي الآن، كما يُشيرُ الاسم إليه، في مكتبةِ جامعةِ بازل، في سويسرا.

Ea (أيضاً يرمز لها بـ E2). هي مخطوطة يرجع تاريخها إلى أواخر القرن

---

(١) إن الترجمة العربية للباحث، معتمداً على ترجمة بروس متزجر الإنجليزية في نص العهد الجديد.

(٢) اقتصر جْي. إم وليسون. Wilson على نَشرَ أعمال الرُسلَ، بناء على المخطوطةِ Bezae مقارنة مع انجيل لوقا وأهميته (لندن، ١٩٢٣).

السادسِ. تحتوي على سفر أعمال الرسل في اللغتين اللاتينيةِ واليونانية، تتوَافَقَ مع مخطوطةِ Bezae؛ وهي أقدم مخطوطةُ تَحتوي على نص سفر أعمال الرسل ٨: ٣٧ (قصة ايمان الخصي الأثيوبي)، ونشرت طبعة منها في سنة ١٨٧٠.

G. هو رمز المخطوطة وولف أ: A Wolfii، يرجع تاريخها إلى القرن التاسعِ، تحتوي على الأناجيل الأربعة وبها العديد مِنْ السقط.

I. هو رمز المخطوطة التي تحتوي فقط على رسائلِ بولس، أحياناً تسمى مخطوطة واشنطن بولس؛ وكانت تحتوي في الأصل على حوالي ٢١٠ ورقةَ، لكن لم يبق منها إلا ٨٤ ورقة في حالة مهترئة. يرجع تاريخها إلى القرن الخامسِ، تحتوي على أجزاءَ من رسائل بولس ماعدا الرسالة للرومان. نشر النَصّ، في ١٩٢١، وهو يتوافق جدا مَع نص المخطوطات א و AوB.

K. رمز المخطوطة كيبرس Cyprius، يرجع تاريخها إلى القرن التاسعِ، وهي نسخةَ كاملة مِنْ الأناجيل الأربعة.

Kap رمز (أيضاً يرمز لها K2). هي المخطوطة موسكوMosques هي مخطوطة القرن التاسعِ لسفر أعمال الرسل، والرسائل الكاثوليكية، ورسائل بولس (بما فيها الرسالة للعبريين Hebrews). النَصّ، المكتوب بالحروف الكبيرة، مقسم إلى فَقَراتِ مع تعليقاتِ، مكَتوبَة بحروف صغيرةِ.

L. رمز المخطوطة رجيوس Regius (مونتريال باللاتينية) هي مخطوطةُ من القرن

الثامنِ للأناجيل، كاملة تقريباً، نشرت في سنة ١٨٤٦. كتابتها سيئة جدا، تتميز بوجود نهايتين (من بين أربع نهايات توجد في المخطوطات) لإنجيلِ مرقص. الثانية منهما هي الفقرات المعروفة لنا اليوم (٩-٢٠) (حسب طبعة الملك جيمس) بينما الأولَى هي النهاية المتوسطة، التي تُوْجَدُ أيضاً في عدد قليل مِنْ الوثائق الأخرى. نص هذه النهاية المتوسّطة "لكنهن أخبرن بطرس ومن معه باختصار كما قيل لهم، وبعد هذا أرسلهم عيسى نفسه من الشرق الى الغرب، الاعلان الأبدي المقدس الخالد للخلاص ".

.M رمز المخطوطة كامبيون Campianus، التي تحتوي على الأناجيل الأربعة، وهي الآن في معهد المخطوطات في باريس. يرجع تاريخها إلى القرن التاسعِ.

. N رمز لإحدى المخطوطاتِ الجلديةِ الفاخرةِ؛ هي المخطوطةُ بتروبوليتانوس الأرجوانية (١)Purpureus Petropolitanus، كُتبَت في القرن السادسِ بحروف فضّيةِ على الرقّ الأرجواني، وقد اختصت بالحبرِ الذهبيِ اختصارات الأسماءِ المقدسة عند المسيحيين (الآب و الابن (المسيح) والروح القدس)، كانت في الأصل تحتوي على الأناجيل الأربعة تقريبا في ٤٦٢ ورقة. لكنها مزقت في القرن الثاني عشرِ، من المحتمل مِن قِبل الصليبيين، وتفرقت أوراقها. لا يوجد منها الآن سوى ١٨٢ ورقة في المكتبةِ

---

(١) الأرجوان زهور طيبة الرائحة وغالية الثمن ولها لون مميز، (أحمر أرجواني) يصنع منه صباغ؛ كان يصنعه الفينيقيون في مدينة صور اللبنانية وثمنه باهظ.

الإمبراطوريةِ في بطرسبرج؛ و٣٣ ورقة في اليونان؛ وستّ ورقات في مكتبةِ الفاتيكان؛ وأربعة في المكتبةِ البريطانيةِ؛ وورقتان في فيينا؛ وورقة واحدة في حيازة خاصّة في إيطاليا؛ وواحدة في المتحفِ البيزنطي في أثينا؛ وواحدة في مكتبةِ بيربونتمورغان Pierpont Morgan في نيويورك.

O . هذا الحرف يرمز إلى المخطوطة سينوبينسيس Sinopensis هي نسخة فاخرة، كَتبَت في القرن السادسِ بالحبرِ الذهبيِ على الرقِّ الأرجواني، بقي منها ٤٣ ورقة مِنْ أوراقِ الإنجيلِ طبقاً لمتى (الفصول من ١٣-٢٤)، بالإضافة إلى خمسة رسومات صغيرة.

R . رمز المخطوطة نترينسيس Nitriensis، الآن في المكتبةِ البريطانيةِ، و هي صحيفة تَحتوي على أجزاءَ من لوقا بخط كبير رفيع مِنْ القرن السادسِ، مع نصوص من إلياذة هوميروسِ. حملت إلى إنجلترا في سنة ١٨٤٧ مِنْ ديرِ القديسة مريم في وادي النطرون؛ شمال غرب القاهرة.

S. رمز هذه المخطوطة هي إحدى أقدم المخطوطاتِ اليونانيةِ للأناجيلِ؛ كتِبها راهب اسمه مايكل في سنة ٩٤٩ م. هي الآن في مكتبةِ الفاتيكان (برقم. ٣٥٤).

T . رمز المخطوطة بورغيانوس Borgianus، توجد الآن في روما، و هي مخطوطة ثمينة مزدوجة النص؛ باللغتين؛ المصرية والإغريقية؛ الصعيدية Sahidic واليونانية Greco، يرجع تاريخها إلى القرن الخامس.، لكن لا يوجد منها إلا ١٧٩ فقرة مِنْ

فقرات لوقا ٢٢-٢٣ ويوحنا ٦-٨. النَصَّ جداً قريب من نص مخطوطةِ الفاتيكانية (B Vaticanus).

. W رمز المخطوطة واشنطن (The Codex Washingtonianus) من أكثر المخطوطاتِ ذات الحروف الكبيرةِ أهميَّةً، وتحتوي على الأناجيل الأربعة، واكتشفت في القرنِ العشرين سنة ١٩٠٦، و هي الآن في المتحفِ المفتوح The Freer Museum of the Smithsonian في واشنطن، تؤرّخُ المخطوطة في أواخر القرن الرابعِ أَو أوائِلِ القرن الخامسِ، وهي مثل مخطوطةِ بيازا Bezae، تحتوي على الأناجيل في ما يسمّى بالترتيب الغربِي (متى، يوحنا، لوقا، ومرقص). ورقتا الغلاف عليها لوحان بالألوان لصوّر اثنين مِنْ الحواريين؛ هذه الصور فقط (دون باقي المخطوطة) يُعْتَقَد بأنَّها تؤرّخُ حول القرن السابعِ أَو الثامنِ. إحدى أكثر القراءاتِ البارزة في المخطوطةِ W هو نص مثير مدرج قُرْب نهاية إنجيلِ مرقص، النص الذي أشار له جيروم بأنّه كَانَ "موجوداً في بَعْض النسخِ وخصوصاً في المخطوطاتِ اليونانيةِ." بعد الإشارةِ إلى ظهورِ المسيح القائم من القبر، ووبّخ الأحد عشر تلميذا: -يقول النص- "لقلة إيمانهم وقساوة قلوبهم، لأنهم لم يصدقوا أولئك الذين رَأوه بَعْدَ أَنْ قام "(مرقص ١٦،١٤)، يَمْضي النَصَّ فوراً بالإضافةِ التاليةِ:

" وقد اعتذروا، قائلين: هذا الوقت مِنْ الفوضى والشكِّ تحت سلطان الشيطانِ، الذي لا يَسْمح للحقيقةِ وقوَّةِ الله أن تسود على الأشياءِ القذرةِ للأرواحِ ٤٣ لذلك

اكْشفُ عن صلاحك الآن "هكذا تَكلّموا مع المسيح. وأجابهم المسيح، "سنوات قوة الشيطان ذهبت، لكن الأشياءَ الفظيعةَ الأخرى اقتربتُ. ومن أجل أولئك الذين أخطأوا فقد سُلّمتُ إلى الموتِ، والذين قَدْ يعودون إلى الحقيقةِ والخطيئة فحسب، الذين قَدْ يَرِثونَ المجدَ الروحيَ والخالدَ للصلاحِ؛ هؤلاء هم الذين في السماء"(١)

X.رمز للمخطوطة موناكس Monacensis، هي الآن في مكتبة جامعة ميونخ، و تَحتوي على أجزاءَ مِنْ الأناجيل الأربعة على الترتيب الغربي: متى، يوحنا، لوقا، ومرقص. يرجع تاريخها إلى القرن العاشرِ. النَصّوص تُختلط؛ ماعدا نص مرقص، مَع تعليقات آباء الكنيسة، التي كتبت بحروف صغيرة.

Ξ. رمز لإحدى أكثر مخطوطاتِ الرق المثيرةِ هي مخطوطةُ زاكينثيوس Zacynthius, مخطوطة متجزأة تحتوي على الجزءَ الأكبر من إنجيل لوقا ١-١١،٣٣. الآن هي في مكتبةِ جمعية التوراةِ البريطانيةِ والأجنبيةِ في كامبردج. هي أقدم مخطوطةُ معروفة للعهد الجديدِ فيها تعليقات هامشية، وهي الوحيدُة التي فيها كلا من النَصّ والتعليق بالحروف الكبيرةِ. هذا التعليقِ عبارة عن سلسلة مقتطفات من اقتباسات مِنْ كتاباتِ تفسيريةِ لتسعة من آباءِ كنيسةِ. نشرت في ١٨٦١.

---

(1) See: Bruce M. Metzger. 1991. The Text of the New Testament, pp.62-63. And See: V. Taylor, The Gospel according to St. Mark (1952), Hurtado, L. W. 1981. Text-Critical Methodology and the Pre-Caesarean Text: Codex W in the Gospel of Mark. And Hurtado, L. W. 1992. "Codex Washintonianus," Anchor Bible Dictionary 1:1075. J. Jeremias. 1991. “The Freer Logion.” Pp. 248-49 in vol. 1 of New Testament Apocrypha.

Π. رمز للمخطوطة بتروبوليتانوس Petropolitanus هي نسخة للأناجيل الأربعة، كاملة تقريباً (ما عدا عدد من فقرات متى ويوحنا). يرجع تاريخها إلى القرن التاسعِ.

Σ. رمز المخطوطة روسانينسيس Rossanensis، تحتوي على إنجيلي متى ومرقص، كتبت على الرقِّ الرقيقِ مصبوغ بالأرجوان، بحروف فضّيةٍ، السطور الثلاثة الأولى من كل إنجيل مذهبة. تأْريخها مِنْ القرن السادسِ، وهي أقدم نسخةُ معروفةُ للكتاب المقدّسِ مُزَيَّنة بصورلبعض قصص الانجيل بألوان مائية.

Φ. رمز المخطوطة بيراتينوس Beratinus من القرن السادسِ مخطوطة رقِّ أرجوانية فاخرةِ كَتبتْ بالحبرِ الفضّيِ. تحتوي فقط على إنجيل متى ومرقص، مع فجوات كبيرة، وفي حوزة كنيسةِ سانت جورج في ألبانيا. نشرت في سنة ١٨٨٧) تَحتوي على الإضافةَ الطويلةَ بعد نص متى: ٢٠: ٢٨، المشار إليه سابقاً في الكلام على المخطوطة (بيازا) D.

Ψ. رمز المخطوطة ديرِ لورا Athous Laurae، كما يشير اسمها، هي مخطوطة في ديرِ لورا باليونان. يرجع تاريخها إلى القرن التاسعِ أَو القرن العاشرِ، تحتوي على الأناجيلَ (بدءاً مِنْ مرقص ٩ وما بعده)، سفر أعمال الرسل، والرسائل الكاثوليكية (مع اختلاف في ترتيبها؛ وهي رسائل بطرس، يعقوب، يوحنا، ويهودا)، ورسائل بولس، والرسالة للعبريين Hebrews (ماعدا ورقةِ واحدة في آخرها). هذه المخطوطة

تثبت النهاية القصيرِة لانجيل مرقص قبل النهاية الطويلة.

أهم المخطوطات ذات الحروف الصغيرة:

المخطوطات المكتوبة بحروف صغيرة ومتصلة اكتشف العلماء أن وجود تتشابه رائع بينها تشابهاً يوحي بوجود علاقة عائلية وطيدة. أهم المخطوطات ذات الحروف الصغيرة لنص العهد الجديد هي ما يلي:

العائلة ١ : قارن العلماء بين المخطوطات ١ ١١٨ ١٣١ ٢٠٩ والتي تؤرخ كلها في القرن الثاني عشر إلى القرن الرابع عشر. وأثبت تحليل النقاد مثلاً لإنجيل مرقص في هذه الوثائق أن نوع النص في مخطوطات الحروف الصغيرة هذه يتوافق مع نوع النص الذائع في القرنين الثالث والرابع.(١)

العائلة: ١٣. في سنة ١٨٦٨ أيضاً اكتشف العلماء أن بين مخطوطات العصر الوسيط الأربعة هذه (١٣ ٦٩ ١٢٤ ٣٤٦) علاقة نصية.(٢) هذه المخطوطات نسخت ما بين القرنين الحادي عشر والخامس عشر. أهم ملاحظة عن هذه المخطوطات هي أنها تحتوي على قصة المرأة الزانية (يوحنا: ٧/٥٣-٥٩. ١١) لكن ليس في الإنجيل الرابع، بل في انجيل لوقا بعد نص لوقا ٢١/٣٨.

القصّة الجميلة التي كنت وأنا في شبابي أقرأها وفيها موعظة بليغة؛ تكاد تبكي

---

(1) Ibid.
(2) See: Metzger, the text of the New Testament, pp. 86-87.

لها؛ لأنها تشبه كلام الأنبياء وقصصهم وحكمتهم ورحمتهم؛ والتي صارت مثلاً سائراً في بعض الأوساط العلمية، قصة المرآة الزانية في انجيل يوحنا (٨: ٣-١٢):

وَقَدَّمَ إِلَيْهِ الْكَتَبَةُ وَالْفَرِّيسِيُّونَ امْرَأَةً أُمْسِكَتْ فِي زِناً. وَلَمَّا أَقَامُوهَا فِي الْوَسَطِ٤قَالُوا
لَهُ: « يَا مُعَلِّمُ، هَذِهِ الْمَرْأَةُ أُمْسِكَتْ وَهِيَ تَزْنِي فِي ذَاتِ الْفِعْلِ،٥وَمُوسَى فِي النَّامُوسِ
أَوْصَانَا أَنَّ مِثْلَ هَذِهِ تُرْجَمُ. فَمَاذَا تَقُولُ أَنْتَ؟»٦ قَالُوا هَذَا لِيُجَرِّبُوهُ، لِكَيْ يَكُونَ لَهُمْ
مَا يَشْتَكُونَ بِهِ عَلَيْهِ. وَأَمَّا يَسُوعُ فَانْحَنَى إِلَى أَسْفَلُ وَكَانَ يَكْتُبُ بِإِصْبِعِهِ عَلَى
الأَرْضِ.٧وَلَمَّا اسْتَمَرُّوا يَسْأَلُونَهُ انْتَصَبَ وَقَالَ لَهُمْ: «مَنْ كَانَ مِنْكُمْ بِلاَ خَطِيَّةٍ فَلْيَرْمِهَا
أَوَّلاً بِحَجَرٍ!»٨ثُمَّ انْحَنَى أَيْضاً إِلَى أَسْفَلُ وَكَانَ يَكْتُبُ عَلَى الأَرْضِ.٩ وَأَمَّا هُمْ فَلَمَّا
سَمِعُوا وَكَانَتْ ضَمَائِرُهُمْ تُبَكِّتُهُمْ، خَرَجُوا وَاحِداً فَوَاحِداً، مُبْتَدِئِينَ مِنَ الشُّيُوخِ إِلَى
الآخِرِينَ. وَبَقِيَ يَسُوعُ وَحْدَهُ وَالْمَرْأَةُ وَاقِفَةٌ فِي الْوَسَطِ. ١٠ فَلَمَّا انْتَصَبَ يَسُوعُ وَلَمْ
يَنْظُرْ أَحَداً سِوَى الْمَرْأَةِ، قَالَ لَهَا: «يَا امْرَأَةُ، أَيْنَ هُمْ أُولَئِكَ الْمُشْتَكُونَ عَلَيْكِ؟ أَمَا
دَانَكِ أَحَدٌ؟» ١١فَقَالَتْ: «لاَ أَحَدَ، يَا سَيِّدُ!». فَقَالَ لَهَا يَسُوعُ: «ولاَ أَنَا أَدِينُكِ.
اذْهَبِي وَلاَ تُخْطِئِي أَيْضاً».

هذه القصة لها العديد مِنْ علامات الصدقِ الديني الصوفي لكن ليس التاريخي؛ والقصة على الأقل تتفق مَع ما يبْدو أنه رحمة وحكمة الأنبياء في قول المسيح: "وأنا لا أُدينُك؛ اذْهبي، ولا تذنبي ثانيةً." لكن للأسف، القصة التي تُطْبَعُ عادة في انجيل

يوحنا (٨: ٧) حَكَمَ النقاد بأنها مدرجة في الإنجيل الرابع وليست أصلية.(١) هذه القصة ليست موجودة في أفضل المخطوطات اليونانية: على سبيل المثال إنها تغِيبُ عن المخطوطات: P75 P66 א33 Ψ Θ Δ X W T N L B، 157، 565، والعائلة: ١٢٤١. والمخطوطات A, C، وليست موجودة أيضاً في المخطوطة السريانية القديمة (Syrs,c) وإنجيل تاتيان Diatessaron Tatian، وليست موجودة في أفضل مخطوطاتِ ترجمة البشيطا Peshitta. وكذلك الكنائس المصرية القديمة لَمْ تدرجها في الانجيل، فليست موجودة في الترجمة الصعيدية Sahidic، والترجمة البحرية Bohairic. وبَعْض المخطوطاتِ الأرمنيةِ بالإضافة إلى غيابها من الترجمة الجورجيةِ القديمةِ. أما في الغربِ اللاتيني فالفقرة تغِيبُ عن الترجمة القوطيةِ وعِنْ عِدّة مخطوطات لاتينية قديمة.(٢) والأهم من ذلك هو أنّه لا يوجد أحد من آبّاء الكنيسةِ اليونان لمدة ١,٠٠٠ سنةِ بعد المسيح يُشيرُ أو يقتبس هذه القصة باعتبارها أحد نصوص الإنجيلِ الرابعِ، حتى أولئك الذي تَعاملَ مع كامل الإنجيل فقرة فقرة؛ مثل أورجن Origen،- في التعليق على انجيل يوحنا.(٣) عندما نضيفُ إلى هذه القائمةِ الرائعةِ والمنَوّعةِ من النقد أو الدليل الخارجي؛ النقد أو الدليل الداخلي؛ أي اعتبار السياق، نجد أن أسلوبَ ومفرداتَ القصة يختلف بدرجة كبيرة عِنْ بقيّة الإنجيلِ

(1) Ibid. pp.319-320

(2) Ibid.

(3) See: Origen, Ronald E. Heini, (translator) commentary on the gospel according to john– books 1-10, books 1-10, The Fathers of the church.

الرابعِ، و أنّها تعوق تسلسل الفقرات، وبناءً عليه فالحكم ضدّ ثبوت القصة التي توجد في يوحنا يَبْدو نهائياً. أقدم مخطوطةُ يونانيةُ تحتوي على الفقرة هي مخطوطةُ (D) بيازا Bezae، في القرن الخامسِ، والتي تتحالف مع عِدّة مخطوطات لاتينية قديمة (aur , c, e, f, ,f 2, j, r') يبدو أن هذه القصة كانت جزءاً من مسرحية رائجة وزائفة اشتهرت في بَعْض أجزاءِ الكنيسةِ الغربيةِ وكانت مؤثرة جدا (حتى أثرت على أنا شخصياً) ثم أُدخلتْ بعد ذلك إلى المخطوطاتِ المخْتَلِفةِ في أماكن مُخْتَلِفة. كذلك يبدو أن عدداً من الكتّابِ أدرك أن القصة تتعارض مع سياق يوحنا وتسبب خللاً في سياق الفقرات، فحاول علاج ذلك بتغيير مكانها، مثلا بعضهم رأى أن لأمر يهون إذا هي أُدرجتْ بعد نص يوحنا ٧,٥٢ كما في المخطوطات:(D، E، F، H , G، K، M، U ,S، Λ Π , Γ،، ١٧, ٢٨, ٥٧٩, ٧٠٠، و ١٥٧٩). لكن آخرون رأوا أن مكانها المناسب هو بعد الفقرة ٧,٣٦ (المخطوطة. ٢٢٥) أَو بعد الفقرة ٢١,٢٤ (المخطوطات: fam. 1, 1076, 1570, 1582). لكن الترجمة الجورجيةِ القديمةِ، من القرن الحادي عشرِ، تضع الفقرة بعد نص ٧,٤٤. أخيراً أحد النساخ أدخلَها في إنجيلِ آخرِ تماماً، انجيل لوقا بعد نص لوقا ٢١,٣٨.(١) بشكل ملحوظ، في العديد مِنْ المخطوطاتِ التي تَحتوي على القصة، يلاحظُ أنها تضع ما يعرف بعلامة الشك (S) أَو نجمة (E، M، Λ) إزاء

(1) See: Metzger, the text of the New Testament, pp. 319-320.

القصة، تعبيرا عن شك الناسخ في أصالتها. وهذا دليل على النساخ -مع أنهم وضعوا القصة في هذه المخطوطاتِ - إلا أنهم كَانوا مقتنعين بأنّها تفتقر إلى سند مقنع.

ما هو أكثر طرافة أن بضع مخطوطاتِ من تلك التي تذكر القصة تَتضمّنُ زيادة مثيرَة أيضاً في نهايةِ الفقرة ٨: ٨. لأن النص يقول إن المسيح " وَأَمَّا يَسُوعُ فَانْحَنَى إِلَى أَسْفَلُ وَكَانَ يَكْتُبُ بِإِصْبِعِهِ عَلَى الأَرْضِ " فلا بدَّ وأنْ أحد الفضوليين - مثلي- يتساءل: ماذا كتب المسيح بإصبعه على الأرض؟ هذا السؤال أجاب عنه ناسخ مجهول أشبع هذا الفضولِ الطبيعيِ بإضافة هذه الكلماتِ في آخر القصة:

"لقد كتب ذنوب كُلّ منهم".(١)

أخيراً يقترح الدكتور بروس متزجر أن أفضل مكان لهذه القصة هو بلا شكٌّ أن تطبع عند نهاية الإنجيلِ الرابعِ، مَع حاشية تُخبرُ القارئ بأنَّ النَصُّ لَيْسَ لهُ مكانُ ثابتُ في الوثائق القديمة.(٢)

المخطوطة. ٦١. هي مخطوطةِ لكامل العهد الجديدِ، يرجع تاريخها إلى أوائِل القرن السادس عشرِ، هي الآن في كليَّةِ الثالوثِ، بدبلن، أهميتها من الناحية التاريخية أكبر مِنْ أهميتها من الناحية الموضوعية. إنها أول مخطوطةُ يونانيةُ تَحتوي على الشاهد الذي يَتعلّقُ بشهود السماء الثلاثة (الآب والابن والروح القدس) أو ما يعرف بفاصلة

(1) See: David C. Voss, (1933)"the Sins of Each of them" Anglican theological Review, xv, (1933) pp.321-322.
(2) Metzger, Ibid. pp.320-321.

يوحنا، (رسالة يوحنا الأولى ٥: ٧-٨):

"فإن الذين يشهدون في السماء هم ثلاثة: الآب، والكلمة، والروح القدس. وهؤلاء الثلاثة هم واحد. والذين يشهدون في الأرض هم ثلاثة: الروح، والماء، والدم. والثلاثة هم في الواحد"

وهي أحد نصوص دراستنا. وعلى أساس هذه المخطوطة الوحيدة، والوثيقة المتأخرة، أرغم الناشر والعالم الهولندي إيراسموس؛ أول ناشر للعهد الجديد باليونانية، على إدراج هذه الفقرة المزوّرِة باتفاق إلى نَصِّ الرسالة الأولى ليوحنا، كما أشرت إليه في المقدمة وسيأتي تفصيل ذلك في موضع تالي إن شاء الله.

اقتباسات آباء الكنيسة مِنْ العهد الجديد

بجانب مخطوطاتِ العهد الجديدِ اليونانية والترجمات المختلفة؛ يستفيد الناقد من الاقتباسات الكتابية العديدة الموجودة في التعليقاتِ، وفي المواعظ، والرسائل الأخرى التي كتبها آباءُ الكنيسةِ الأوائِلِ. في الحقيقة هذه الاقتباسات شاملة لكامل العهد الجديد، لدرجة أنه إذا تلفت كُلّ المصادر الأخرى لنَصِّ العهد الجديد، فإنها عمليا ستكون كافيةً وحدها لإعادةِ بناء العهد الجديدِ كاملا.

أهمية اقتباسات الآباء تَكْمنُ في أنها تركز وتؤرخ لتَأْريخ الترجمات وأنواعِ النَصِّ في المخطوطاتِ والترجمات اليونانيةِ. وقد يَحْدثُ أن واحداً من الآباء يقتبس قراءة مختلفة أو أكثر موجودة في مخطوطاتِ موجودة في زمنه وليست موجودة اليوم. مثل هذه المعلوماتِ لها أهميةٌ بالغةٌ في تقديم وثائق على أن هذه الترجمات المختلفة كانت رائجة في زمن ومكان المؤلف. لكن عندما يحقق نَصُ مُؤلفٍ من الآباء، يجب أن يُطْرَح السؤال: هل المقتبس أراد اقتِباس الفقرة الكتابية حرفياً أَو اكتفي بالمعنى؟ فإذا اطَمأنَّ الناقد بأنّ الأبَّ اقتبس اقتباسا دقيقاً ولَيسَ إشارة للمعنى، فهناك سؤال آخر: هل

اقتبسَه معتمداً على شيء مكتوب أم اقتبسه معتمداً على حفظه؟ قد يكون الاحتمال الأول هو الراجح في حالة الاقتباسات الطويلة، بينما الاقتباسات القصيرة تكون في أغلب الأحيان من الذاكرة. علاوة على ذلك، إذا اقتبس الأبُ نفس الشاهد أكثر مِنْ مرّة؛ فإنه يفعل ذلك في أغلب الأحيان في صيغ مختلفة. أخيراً لقد طبع العهد الجديد في ضوء اقتباسات آباء الكنيسة.(١)

الملاحظة العامة في جميع اقتباسات آباء الكنيسة هي إنهم لا يذكرون أبدا اسم العهد الجديد في اقتباسهم، ولا حتى أسماء الأناجيل، وإنما يعتمد النقاد على استنتاج المصدر الذي يقتبس من المؤلف على تشابه النصوص المقتبسة مع النصوص الحالية.

وهذا دليل أيضا على أن المسيحيين لم يعرفوا أو استعملوا الأناجيل القانونية الحالية قبل قرنين من المسيح؛ عندما بدأ المسيحيون يقتفون أثر اليهود، الذين سبقوهم في جمع الوثائق المكتوبة والمتفرقة في كتاب واحد مقدس. ولا ريب أن تلاميذ المسيح الذين كانوا يؤمنون برسالته كانوا يعتبرون أقواله موثوقة ومقدسة. في حياة المسيح وبعده كان بين يدي المسيحيين الأوائل مجموعة الكُتُبِ المقدّسة اليهودية أَو على الأقل جزءاً كبيراً منها، نظراً لأن هذه القائمة هي أيضاً لم تكن في شكلها النهائي حتى القرن الأولِ من ميلاد المسيح. قرب نهاية القرن الأول، كان المسيحيون

(1) See: Oxford Society of Historical Theology, (2004) The New Testament in the Apostolic Fathers, Kessinger Publishing, LLC.

يستشهدون بكلمات المسيح ويسمونها "الكتاب " (رسالة الأولى لتيموثاوس: ٥:١٨) "لأن الْكِتَابَ يَقُول: «لاَ تَضَعْ كِمَامَةً عَلَى فَمِ الثَّوْرِ وَهُوَ يَدْرُسُ الْحُبُوبَ»، وَأَيْضاً: الْعَامِلُ يَسْتَحِقُّ أُجْرَتَهُ." اشارة إلى نص (لوقا ١٠: ٧ وربما متى ١٠: ١٠)، وهذا النص مقتبس من سفر (التثنية ٤: ٢٥).

وإذا يفترضُ المسيحيون أنّ المسيح رفع، على أكثر تقدير، في سنة ٣٣م فيكون قد مر حوالي١٧ سنة قَبْلَ أَنْ يَبدأَ بولس بكِتابَة رسائِله. وحوالي ٣٧ سَنَة قَبْلَ أَنْ يَبدأَ مرقص بكِتابَة إنجيلِه. ويعتقد أن مرقص هو مُؤلف أول الأناجيل (والصواب أنه متى). ولقد مرَ ما يربو على ٦٠ سَنَة قَبْلَ أَنْ يَبدأَ المؤلف المعروف بيوحنا إنجيله. لكن لماذا لم يذكر القديس بولس طوال حياته أي من هذه الأناجيل الأربعة بالاسم، ولم يظهر أي اقتباس منها؟ ولم يظهر أبداً أنه عرفها أو اطلع عليها، أو أنه عرف شيئا عنها حتى وفاته. وفي الواقع لا يوجد أية دليل على أن هذه الأناجيل الأربعة استعملت قبل القرن الثاني، على خلاف ما يشيعه المتخصصون في الجدل والمناظرات الدينية المسيحيون.

أكد يوهان يعقوب جرباخ Johann Jakob Griesbach على أهمية الاقتباسات لنقد العهد الجديد ووضع الأساس لاستخدامها. لكنه شدد على ما يلي:

١. يجب الاستشهاد باقتباسات الآباء بشكل فردي.

٢. يجب قراءة كتابات آباء الكنيسة بأكملها باستخدام طبعات جيدة.

٣. يجب أن تكون الاقتباسات من الأعمال الأصلية.

٤. يجب اعتبار الاقتباسات فقط من الأعمال اليونانية الأصيلة.

٥. يجب التمييز بين الاقتباسات الصريحة بإيراد النص، والإشارات.

٦. يجب ملاحظة ومقارنة الفروق بين الاقتباسات الآباء المختلفة.

٧. يجب ملاحظة جميع الإضافات أو الحذف أو التعديلات.(١)

أهم اقتباسات الآباء:

في منتصفِ القرن الثاني، نجد أن جوستن الشهيد Justin ربما يقتبس فقرات توجد الآن في الإنجيلِ لكنه لا يسميه انجيلا بل "مذكرات الحواريين" ويُشيرُ إلى استعماله في الكنائسِ. في الواقع يُشيرُ جوستن إلى "مذكرات الحواريين" في ثمان مناسباتٍ وإلى "مذكرات" فقط في أربعة أخرى. إشاراته إلى هذه النصوصِ تظهر ربما اقتباسه أو اطلاعه عل الأناجيل المتشابهة Synoptic، لكن لا يبدو أنه كان يعرف الإنجيلِ الرابعِ (انجيل يوحنا، وفي كل الأحوال هو لا يذكر أيّ من هذه الأناجيل بالاسم ولا يَدعي أَنَّ هذه؛ وهذه فقط، هي الكتاب المقدّسَ.(٢)

ومنهم تاتيان السوري وهو أحد آباء الكنيسة السريان، وُلِد نحو سنة ١١٠م في سوريا، وتتلمذ على يد يوستينوس الشهيد، وكتب كتابه عن " تنسيق الأناجيل

---

(1) See: Metzger, the text, p. 167.

(2) Metzger, B. M.1987. the Canon of the New Testament: It,s Origine, Développent, and Significance, CLARENDON PRESS, OXFORD, PP 43-45.

الأربعة " في مجلد واحد اسماه دياتسرون Diatessaron أي الرباعي، فأنتشر كتابه في سوريا حتى أن ثيؤدوريت يقول إنه كان في سوريا سنة ٤٢٠م. نحو مائتي نسخة من هذا الكتاب الثمين.

○ انجيل تاتيان:

انجيل تاتيان Tatian؛ أو Diatessaron، أَو الأناجيل الأربعة المنسقة. لقد دمج عباراتِ الأناجيل مع بعضها البعض، وساق الأناجيل المختلفة في سياق قصة واحدة. لقد استطاع تاتيان Tatian في الواقع أن يحفظ كامل محتويات الأناجيل المنفصلة وسبكها في إنجيل واحد فقط. الاسم الذي عُرِفَ به هذا العمل Diatessaron، مُشتَقّ مِنْ العبارةِ اليونانيةِ διατεσσαρων، يعنى "بواسطة الأربعة [الأناجيل]." لقد دمج العباراتِ المتميّزةِ في أحد الأناجيل مع الموجودة في الآخر، وساق الأناجيل المختلفة في سياق قصة واحدة.

مثال لعمل تتيان: [.. أمّ ابني زبدي (متى. ٢٧،٥٦) وسالوم (مرقص ١٥،٤٠) وزوجات [أولئك الذين] تبعوه مِنْ [الجليل] لرُؤية المصْلُوب (لوقا ٢٣،٤٩ b-c). وكان [يوم] الاستعداد تحضيراً؛ والسّبت يـ[لوح] (لوقا ٢٣،٥٤). وعندما جاء المساء (متى. ٢٧،٥٧)، كان الاستـ[عداد] أي، اليوم السابق ليوم السّبت (مرقص ١٥،٤٢)، [جاءَ هناك] رجل (متى. ٢٧،٥٧)، كـ[ان] عضوا في المجمع (لوقا ٢٣،٥٠)، مِنْ Arimathea (متى. ٢٧،٥٧)، مد[ينة] لليـ [هود] (لوقا ٢٣،٥١)، اسمه يو[سف] (متى. ٢٧،٥٧)، صالحا بـ[اراً] (لوقا ٢٣،٥٠)، كان تابعا للمسيح، لكن سـ[راً]، لخوفِ اليـ[هود](يوحنا ١٩،٣٨). وكان (متى. ٢٧،٥٧) يَبْحثُ عن مـ[لكوت] الله (لوقا ٢٣ b 51 o). هذا الرجلِ] لم يكن موافقا لـ[أيهم] (لوقا

٢٣،٥١ a). إن هذا المثال دليل على أن تتيان Tatian سعى لصياغة انجيله بعناية كبيرة. ولعله صاغه مِنْ أربع مخطوطاتِ منفصلةِ، مخطوطة لكُلّ إنجيلِ؛ وكما صاغ العبارات في نسق، مرة مِنْ هذا الإنجيلِ وأخرى من ذلك، فهو بلا شَكَّ حذف تلك العباراتِ التي كانت في المخطوطاتِ التي كَانَ يَنْسخُها. ومنهم أورجن أو أوريجانوس: (١٨٥-٢٥٤م): وُلِد في الإسكندرية نحو سنة ١٨٥م، واستشهد أبوه وهو أيضًا أراد أن يستشهد، وشغل منصب مدرسة الإسكندرية وأمضى نحو عشرين عامًا في كتابه الهيكسابلا Hexapela أي السداسي يعاونه في هذا سبعة من النساخ، فأنهوا العمل في خمسين مجلدًا، وقد وصلت اقتباساته من العهد الجديد ١٧٩٢٢ اقتباسًا من العهد الجديد منها ٩٢٣١ من الأناجيل الأربعة. وبشكل يقول جوش مكدويل " ولقد أحصيت في كتابات الآباء السابقين لمجمع نيقية (٣٢٥م) اقتباسات بلغ عددها ٣٢ ألفًا من العهد الجديد، وهذا العدد الضخم لا يشمل كل الاقتباسات.. وبإضافة ما اقتبسه يوسابيوس الذي عاصر مجمع نيقية وعدده ٥٨٧٦ اقتباسًا، فيبلغ عدد الاقتباسات ٣٦٠٠٠.."(١)

(1) See: Gordon D. Fee, The Use of the Greek Fathers for New Testament Textual Criticism, in. The Text of the New Testament in Contemporary Research, ed. Bart D. Ehrman and Michael W. Holmes, pp. 191–207.

الفصل الثاني

تعريف علم النقد

وتاريخه ومناهجه

تعريف علم النقد

النقد لغة: هو تمييز الدراهم وإخراج الزيف منها، وكذا تميز غيرها ومثل هذا المصدر في مدلوله، التنقاد والتنقد من انتقد وتنقد الدراهم: أي ميز جيدها من رديئها. (١) وفيها أيضا معنى المناقشة أيضا فناقده تعني ناقشه في الأمر. (٢)

النقد النصي اصطلاحاً:

هو دراسة منظمة للنصوص القديمة وسائر الوثائق والمرويات بهدف معرفة أصالتها وصحة نسبتها ومطابقتها لنص المؤلف، وتمييز الأصيل من الزائف. ومن هنا يظهر أن النقد النصي فرع من فروع النقد الأدبي، لكنه يختص بالنصوص المقدسة. والنقد النصي علم لأنه دراسة منظمة وتشتمل على قواعد نقدية نصية اتفق عليها النقاد أو اكثرهم، اعتبروها من خلال تطبيقهم لعلم النقد، أي أن مصدره الممارسة والتجربة. مثال ذلك قولهم:

"إن القراءة التي تسبب إشكالاً هي القراءة الأصلية غالباً"

---

(١) تاج العروس، مرتضى الزبيدي: تاج العروس من جواهر القاموس: ج٢ ص٥١٦.

(٢) (٤) محمد بن أبي بكر الرازي: مختار الصحاح - ت الدكتور مصطفى البغ - دار الهدي عين مليلة الجزائر - ط٤ - سنة ١٩٩٠م، ص٤٢٦.

ومما يتعلق بهذه القاعدة ايضاً قاعدة:

" الترجمة التي تفسر أصلَ الترجمات الأخرى هي الترجمة المختارة."

وهذه القواعد؛ مثل كل القواعد في كل العلوم، هي أغلبية، واستفيدت من الممارسة النقدية للعهد الجديد، وتفسيرها: أن نساخ العهد الجديد أو المترجمين المختلفين؛ اعتادوا عندما يجدون نصاً مشكلا؛ بحسب التجربة والمعرفة التاريخية والاستقراء للممارسات النسخية وعادات نساخ العهد الجديد، أن يقوموا بتعديلها لحل الإشكال، ولا يتصور العكس، أي أن الكتاب أو المترجمين، يخلقوا القراءة المشكلة؛ لاسيما عقائدية، بينما هم حراس العقيدة والكتاب المقدس!

على سبيل المثال عندما ندرس مشكلة نص متى" (إنجيل متى ٢٧: ٩) ""حِينَئِذٍ تَمَّ مَا قِيلَ بِإِرْمِيَا النَّبِيِّ الْقَائِلِ: وَأَخَذُوا الثَّلاَثِينَ مِنَ الْفِضَّةِ، ثَمَنَ الْمُثَمَّنِ الَّذِي ثَمَّنُوهُ مِنْ بَنِي إِسْرَائِيلَ"" يوجد صيغة أخرى بدون اسم أرميا، وتكتفي المخطوطة بالقول: """حِينَئِذٍ تَمَّ مَا قِيلَ بِالنَّبِيِّ الْقَائِلِ: وَأَخَذُوا الثَّلاَثِينَ مِنَ الْفِضَّةِ، ‘‘مع حذف اسم أرميا؟! أي النصين هو الأصلي وأي النصين هو الخطأ؟

في الواقع هذا النص الذي ينسب إلى سفر أرميا هو في الحقيقة ليس في سفر أرميا، بل هو في سفر زَكَريا (زكريا ١١/١٣). لكن أغلبية المخطوطاتِ تحتوي على اسم أرميا، ويوجد الاسم (أرميا) في أكثر أصول المخطوطات اليُونانِيّة القدِيمَةِ. وقليل من المخطوطات الأخرى لا تنص على اسم أرميا، بل تقول: "كما قيل بالنبي

القائل..."!

فهل المخطوطات المبهمة (بدون اسم) هي الأصل، أو المخطوطات المشكلة (التي تنص على اسم إرميا) هي الأصل؟ هنا تطبق القاعدة أو القانون النقدي:

الترجمة التي تسبب إشكالاً هي في الحقيقة الأصلية ويجب أن تقدم. لماذا؟

" إنه لا سبب لأن يضاف هذا الاسمِ [إلى النَصِّ الأصلي الذي هو بدون الاسم الخطأ] وبهذا يصنع الناسخ (أو بالأحرى عدد كبير من النساخ) إشكالاً؛ بينما هناك سبب عكسي تماماً؛ أي نجد سبباً معقولاً جداً لأن يقوم كاتب؛ وقد أدرك خطأ ذكر اسم أرميا؛ بحذفه من النص، ليحل الإشكال، بمَحُو الاسمِ في عدد من المخطوطاتِ. (١)

إذن تفسر هذه الحالة كالتالي: كاتب المخطوطاتِ –التي لا تحتوي على الاسم– أراد في الواقع حل الإشكال في المخطوطات التي تحتوي على الاسم الخطأ، أي التي تَحتوي على اسمَ أرميا؛ فعدل النص ليزيل الإشكال الذي أدركه بكل تأكيد، أي أن النبوءة التي تعزى لأرميا هي في الحقيقة في سفر زكريا وليست في ارميا، وبحذف الاسم (ارميا) تكون هذا النبوءة قالها نبي ما (حسب المخطوطات المبهمة)، ذلك النبي هو زَكَريا، على الصحيح، وبذلك يحل إشكال النص الآخر المربك.(٢)

---

(1) See: Metzger B. M.1991. p 202.
(2) Ibid.

ويستنتج الناقد من ذلك أن النص الأصلي من النصين هو النص الطويل (الذي يذكر اسم النبي أرميا) وأن النص القصير (بدون اسم النبي أرميا) هو ثانوي قصد به إزالة الإشكال الذي سببه ذكر هذا النبي في النص الأصلي، ومع ذلك يبقى السؤال الذي لم يجب عنه أحد: من الذي أخطأ في نسبة النبوءة؟

فن النقد:

أما فن النقد: هو" تطبيق اعتبارات منطقية نقدية في الاختيار بين النسخ المختلفة". (١) فيسعى الناقد النصي (مستعملاً علم وفن النقد) للمقارنة بين نسخ مختلفة للوصول لصيغة النص الذي يعتبر مطابقاً أو أقرب من النص الأصلي. لكن في بعض الحالات ينقسم الوثائق بالتساوي فيكون من الصعب للغاية أن يرجح الناقد بين نصين من النصوص المختلفة. مع ذلك في حالات أخرى، يمكن للناقد التوصل إلى قرار يستند بصورة مقنعة لأسباب نقدية وموضوعية لترجيح أحد النصين ورفض الآخر.

ويمكن توضيح ذلك باستعارة صورة من النشاط الصناعي المتعلق بالتعدين؛ استخراج ومعالجة المعادن، فالنصوص هي المعادن؛ والأدوات هي الوسائل والآلات، مقابل القواعد والوثائق، والعمل نفسه هو استخراج المعادن أو التنقيب للكشف

(1) See: Metzger B. M.1991. The Text of the New Testament: Its Transmission, Corruption, and Restoration, 3ed. New York: Oxford. Pp. 305-313 .

عنها، مقابل الترجيح بين النصوص وكشف صحيحها من سقيمها.

أهمية علم النقد

تظهر ضرورة تطبيق القواعد النقدية على نص الأناجيل لسببين:

أ- لا يوجد مخطوطة أصلية للأناجيل باقية حتى اليوم.

ب- النسخ الموجودة اليوم تختلف كل واحدة عن الأخرى. (١) ففي أحيان كثيرة تعطي المخطوطات المختلفة وكذلك الوثائق الأخرى، مثل الاقتباسات والترجمات، قراءات مختلفة لنفس النص، هذه الاختلافات ليست ثانوية، بل بعضها كذلك، وبعضها الآخر له أثر واختلاف عقائدي كبير. وبناءً عليه يجب على العلماء استخدام علم النقد لترجيح أو تزييف قراءة وقبول أخرى.

وهدف علم النقد النصي أن يعرف أو يميز النص الأصلي الذي كتبه المؤلف (النقد الموضوعي) وما الذي أضافه النساخ إليه لاحقاً (النقد النسخي) وهذان النوعان معاً هما النقد الباطني (أو الداخلي). والطريق إلى ذلك هو جمع أكبر عدد ممكن من المخطوطات المختلفة زماناً ومكاناً (النقد الظاهري أو الخارجي).(٢)

---

(1) See: Metzger B. M.1991. The Text of the New Testament: Its Transmission, Corruption, and Restoration, 3ed. New York: Oxford. Pp. 305-313 .

(2) Ibid.

أنواع النشاط النقدي:

تخضع هذه العملية النقدية أي الترجيح بين اختلافات المخطوطات أو الترجمات المختلفة في وثائق العهد الجديدِ لمعايير وضوابط نقدية، تنقسم هذه المعاييرِ إلى:

(١) النقد الخارجي أو الدليل الخارجي.

(٢) النقد الداخلي (الباطني) أو الدليل الداخلي؛ وهذا يَتضمّنُ شيئين: ما يسميه النقاد "الاحتمالات النسخية "و" الاحتمالات الموضوعية." (١)

١. الدليل الخارجي ويتضمن دراسة شهادات الوثائق لقراءة أو ترجمة ما ويتضمن البحث عن:

أ. تأريخ الوثيقة لمعرفة أهميتها وكذلك تاريخ وجود هذا النص ومعرفة المسيحيين المتقدمين له. ومما له نفس الأهميةِ الكبيرة لتاريخ الوثيقةِ نفسها هو تأريخُ ونوعِ النَصِّ الذي تمثله المخطوطة (غربي- محايد- سكندري..). وبناءً عليه بعض الوثائق أو المخطوطاتِ له أهمية أكبر عند النقاد أكثر من غيرها؛ مثل المخطوطات ذات الحروف الصغيرةِ [ومنها المخطوطات: - , ٣٣, ٨١، و١٧٣٩١] هي أهم وشهادتها للنص أقوى من المخطوطات ذات الحروفْ الكبيرة المتأخرة أَو المشتقة من أخرى.

ب. التوزيع الجغرافي للوثائق التي تتفق في إثبات نص ما: فيَجِبُ على الباحث

(١) انظر: هذه القواعد في المؤلف التاريخي لوستكوت Westcott وهورت Hort "العهد الجديد اليوناني" ص، ١٧٤-٨١ وأيضاً: مقالات بي. إتش. ستريتر B. H. Streeter في النظريةِ النصّيةِ. ص. ٢١٤-٨.)

أَنْ يُتَأَكّدَ من أن الوثائق متباعدة جغرافيا؛ ومستقلة أحدهما عن الأخرى، بمعنى أنه يستحيل أو يصعب اتفاقها على خطأ ما، أو أن واحدة مشتقة من الأخرى، أو متأثرة بها، على سبيل المثال، الاتفاق بين المخطوطات اللاتينيةِ القديمةِ والوثائق السريانية القديمة، لا قيمة له، لأنه اتفاق ناشئ عن تأثر هذه الوثائق بأصل واحد هو انجيل تاتيان أو دياتسرون تاتيان السرياني Diatessaron Tatian.

ج. دراسة العلاقة النسبية للنصوصِ أو أسانيد المخطوطات، وعوائلِ الوثائق؛ والتأكد من انها لا تشتق وثيقة منها أو وثائق من أخرى، وبناء عليه لا تعد شهادتها باثنين أو ثلاثة، بل في الواقع هي شهادة واحدة. وهذا هو ما يعبر عنه المبدأ النقدي الذي يقول:

"إن الوثائق يجب أن توزن لا أن تعد"

أي لا يُمْكِنُ أَنْ يكون هناك تقييم آلي للوثائق وفق عددها؛ فربما يكون العدد؛ كما يقول المصريون، مثل عدد حبات الليمون.

٢- الثاني مِنْ أنواعِ النقد: الاحتمالات أو الأدلة الداخلية: ويتضمن نوعين من الدراسة:

أ- الاحتمالات النسخية ويعتمد على دراسة عادات النساخ وطريقتهم وحتى أخطائهم المتكررة؛ في النسخ وأسباب ذلك؛ على التفصيل التالي:

١- بشكل عام الترجمة أو القراءة التي تسبب صعوبة أو مشكلة يجب أن تكُونُ هي الأصلية والمقدمة، خصوصاً عندما يكون المعنى، بحسب الظاهر؛ يبدو مشكلاً؛ هذه القراءة في غالب الظن، تكون هي الصحيحَة. والصعوبة لتي نقصدها هنا أو المشكلة أو الإشكال أي بالنسبة إلى الناسخ أو المترجم، على أساس مذهبه وعقيدته؛ بحيث يدفعه ذلك ليحاول أن يصححَ الخطأ أو يحل الإشكال ويسهل الصعب. (١)

وكذلك الترجمة الأقصر تكون مقدمة بشكل عام، ماعدا في حالة احتمال وجود تصحيف أو خطأ بسبب الخط أو تشابه الحروف واوالي الكلمات، أي خطأ ينشأ عن نهايات متشابهة، أَو حيث احتمال أن يكون الكاتب اجتهد فحذف ما اعتبرَه حشواً، أو زائداً، أو مدرجاً، أو ركيك، أَو يتناقض مع عقيدة دينية "متفق عليها"، أو عبادة،...إلخ (٢)

لأن من عادة نساخ العهد الجديد أنهم دائما ما يحاولون التوفيق بين الفقرات المتناقضة أو المتباعدة لتنسجم مع بعضها البعض، وكذلك مع الفقرات والشواهد

---

(١) لمعرفة مفصلة بالميول الكتابية عند نساخ العهد الجديد، انظر: آر. James R. Royse "عادات كتابية في برديات الأولى لنصوص العهد الجديدِ):

James Ronald Royse (2010) **Scribal Habits in Early Greek New Testament Papyri (New Testament Tools, Studies, and Documents(**

(٢) انظر:

J. J. Griesbach: Synoptic and Text - Critical Studies 1776–1976 (Society for New Testament Studies Monograph Series, Series Number 34), pp. 140-160.

المتوافقة في المعنى دون اللفظ لتتفق ألفاظها ومعانيها (التي يعرفونها جيداً)، مثل اقتباسات العهد الجديد من العهد القديمِ أَو الروايات المختلفةِ لنفس الحدثِ أَو القصة من الأناجيل المتشابهة. في مثل هذه الحالات المخطوطة أو القراءة أو الترجمة التي يجب تقديمها هي التي تبدو مختلفة مع الترجمات الأخرى، لأنها على خلاف عادة النساخ، ويستنتج الناقد من ذلك أنها هي الأصل وأن النص المعدل أو المنسق هو الثانوي؛ طرداً لعادة النساخ.

وأحياناً يستبدل النساخ كلمة غريبة بمرادف لها واضح ومألوف، ويُعدّلُون الأسلوبِ المعيب سواء نحوياً أَو معجميا بآخر أكثر بلاغة وسلامة، وربما يُضيفُون الضمائرَ، وحروف العطف، وربما يدرجون كلمات إضافية لتوضيح النص.

ب_ وتَعتمدُ الاحتمالات الداخلية الموضوعية على دراسة "ما الذي كتبه مُؤلف ما على الأرجح، وبناءً عليه يجب دراسة الاتي:

١- أسلوب، ومفردات، وعقيدة المؤلفِ من خلال الكتاب بشكل عام.

٢- السياق الحالي في الفقرات محل البحث.

٣- الانسجام مع استعمالِ المؤلفِ في المواضع الأخرى من كتابه أو كتبه.

٤- نظرية أولويةِ الأناجيل، يعني: أي الأناجيل بمثابة الأصل للأخرى؟

٥- والمشهور أن الإنجيلِ طبقاً لمرقص هو الأصل الذي استقى منه الآخرون، رغم انه متنازع عليها بينها وبين متى؛ وأخيراً بدأ رأي النقاد يتغير لصالح أولية متى.(١)

(١) انظر: اينوك باول، تطور الإنجيل، الترجمة العربية لأحمد أيبش، دار قتبة، دمشق -بيروت، الأولى ١٤٢٤=٢٠٠٣، ص ١٠-١٥.

طريقة كتابة العهد الجديد

قبل اختراع الطِباعَة الحديثة، في القرن الخامس عشر، كان نَصّ العهد الجديد، وكل نَصّ قديم، ينسخ يدويا، حرفا حرفا وكلمةِ كلمةِ. لذا فإنّ دراسة طريقة نَسْخ هذه المخطوطاتِ له أهميةِ بالغة بالنسبة إلى الناقد النصي أو المحقق، وكذلك المؤرخِ لتاريخ الثقافةِ بشكل عام ولدارس العهد الجديدِ بشكل خاص. تَتناول السطور التالية القواعد النقدية المتعلقة بالنقد النصي كدراسة طرق الكتابة القديمة وفك رموز وتأريخ المخطوطات اليونانية القديمة paleography.

مواد الكتابة:

لقد استعملت في كتابة النصوص قديما عدة مواد منها: الأقراص الطينية- الحجارة- العظم- الخشب- الجلد- معادن مُخْتَلِفة- قطع الخزف- أوراق البردي- ورقّ الكتابة - يهتم دارس العهد الجديد من بين هذه المواد المتعددة، بصورة رئيسية بالنوعين الأخيرين، لأنه تقريباً كُلّ مخطوطات العهد الجديدِ كانت على ورق البردي أَو رقّ كتابة:

رقّ الكتابة لَمْ يستخدم في نسخ الكتبِ بشكل عام إلا بعد قرون من بدء كتابة العهد الجديد، بالرغم من أنّهَ كَانَ أقوى من ورق البردي، وصالح للكتابة على كلا الجانبينِ. أخيراً؛ في بدايةَ القرن الرابعِ بعد الميلاد، بَدأَ الورق يستخدم في نسخ الكُتُبِ.

كان هناك أسلوبان لكتابة المخطوطة اليونانية:

١- الكتابة بالحروف المفرقة

٢- والكتابة بالحروف المتّصلة.

الطريقتان كانتا جنبا إلى جنب؛ لكن الكتابة بأحرف متصلة أسرع وكانت تستخدم لكتابة الوثائق اليومية، مثل الرسائل، الحسابات، الإيصالات، الشكاوى، ونحوه.

كما كان هناك سببان لنسخ نسخ العهد الجديد:

الأول: هو السبب الشخصي أي استعمال الناسخ للنص لنسخته التي يكتبها، سواء لقراءتها تعبداً في صلواته أو لدراستها أو تدريسها، وبناء على ذلك يكون الانتاج محدوداً في عدد قليل من النسخ. وتكون طريقة النسخ فردية أو زوجية بمعنى أن الناسخ يعتمد على نفسه هو أو يستعين بآخر في قراءة ونسخ مخطوطته.

السبب الثاني هو سبب تجاري أي بغرض توزيع عدد كبير من لنسخ على

المهتمين بالعهد الجديد؛ سواء كان ذلك بثمن كالبيع والشراء، أو مجاناً كالإهداء والتوزيع لخدمة المؤمنين بالعهد الجديد.

وفي هذه الحالة يحتاج العمل لعدد كبير من النسخ وبالتالي عدد كبير من النساخ، وكانت الصورة الغالبة أن يجلس شخص معه النسخة الأم أو الأصلية في مكان مرتفع ويملي بصوت مسموع نصه على عدد كبير من النساخ الذين ينسخون ما يسمعونه منه؛ وبذلك ينتج عدد كبير من النسخ في وقت قياسي.

جدول الحروف اليونانية

Greek	الاسم باليوناني	الاسم الإنجليزي	النطق العربي	النطق باليونانية الحديثة
Α α	Άλφα	Alpha	ألفا	[ˈalfa]
Β β	Βήτα	Beta	بيتا	[ˈvita]
Γ γ	Γάμα	Gamma	غاما	[ˈɣama]
Δ δ	δέλτα	Delta	دلتا	[ˈðelta]
Ε ε	έψιλον	Epsilon	إبسيلون	[ˈepsilon]
Ζ ζ	ζήτα	Zeta	زيتا	[ˈzita]
Η η	ήτα	Eta	إيتا	[ˈita]
Θ θ	θήτα	Theta	ثيتا	[ˈθita]
Ι ι	γιώτα	Iota	إيوتا	[ˈjota]
Κ κ	κάππα	Kappa	كبا	[ˈkapa]
Λ λ	λάμβδα	Lambda	لامدا	[ˈlamða]
Μ μ	μι	Mu	مو	[ˈmi]

Greek	الاسم باليوناني	الاسم الإنجليزي	النطق العربي	النطق باليونانية الحديثة
Ν ν	νι	Nu	نو	[ˈni]
Ξ ξ	ξι	Xi	كسي(زاي)	[ˈksi]
Ο ο	όμικρον	Omicron	أوميكرون	[ˈomikron]
Π π	πι	Pi	پاي	[ˈpi]
Ρ ρ	ρο	Rho	رو	[ˈro]
Σ σ ς ((final	σίγμα	Sigma	سغما	[ˈsiɣma]
Τ τ	ταυ	Tau	تاو	[ˈtaf]
Υ υ	ύψιλον	Upsilon	أبسيلون	[ˈipsilon]
Φ φ	φι	Phi	فاي	[ˈfi]
Χ χ	χι	Chi	خاي	[ˈçi]
Ψ ψ	ψι	Psi	بسي	[ˈpsi]

Greek	الاسم باليوناني	الاسم الإنجليزي	النطق العربي	النطق باليونانية الحديثة
Ω ω	ωμέγα	Omega	أوميغا	[oˈmeɣa]

أسباب الأخطاء

في مخطوطات العهد الجديد

مثله مثل الطبيب؛ يجب على الناقدُ النصّي أَنَّ ي أنواع وأسباب الأخطارِ التي يمكن أن يتعرض له نَصّ مكتوب يدوياً قبل أن يعالج تلك الأخطاءَ. وبناء عليه من المهمِ أن نعرف ما الذي قَدْ يَحْدثُ، وأيضاً ما الذي قد حَدثَ فعلاً في نَسْخ المخطوطاتِ. إنّ الغرضَ من هذا المبحث أن يَصفَ ويُصنّفَ الوقائع والحوادث القابلة للوصف والتفسير العِلميين والتي تدرك بالحواس لا بالتخمين أو الحدس.

أ- الأخطاء غير المقصودة

١- أخطاء بسبب النظر

إن المترجم-أو الناسخ-إذا كان ضعيف البصر يَجدُ صعوبةً في التَمييز بين الحروف اليونانية المتشابهة، لاسيما عندما يكون الناسخ متعجلا ولم يكتب نسخته بعناية. هكذا في الحروف الكبيرةِ؛ مثل الحرف سيجما sigma (الذي يكتب بشكل هلالي)، والحروف إبليسيون وثيتا وأوميكرون epsilon، theta، omicron (C Σ Θ O))، هذه الحروف كَانتْ أحياناً تلتبس على النساخ.

على سبيل المثال: في الرسالة الأولى لتيموثاوس ٣:١٦، إحدى المخطوطات القديمة تقول "الذي هو" (OC)، بينما تقول العديد مِنْ المخطوطاتِ المتأخرة تقول (ΘC) الاختصار المعتاد لكلمة "الله" (θεός).

هكذا الحروف جاماΓ، و بي Π، وتاو T (Γ Π T) T) دائما كَانتْ عرضة للالتباس خصوصاً إذا كانت رأس الحرف الأولِ والأخير قَدْ كتبت بشكل مهمل أَو إذا الساقُ اليمنى للحرف بي Π كانت قصيرة جداً. وهذا يفسر ما نجده في الرسالة الثانية لبطرس ٢:١٣، حيث بَعْض المخطوطاتِ تَقرأ "ولائم" (ΑΓΑΠΑΙΣ)، وتَقرأ أخرى "خدع" (ΑΠΑΤΑΙΣ).

وإذا كُتِبَ حرف لامداΛمكررا ومتقارباً جداً، فإنه يُمْكِنُ أَنْ يظن أنهما حرف مو M: كما حدثَ في الرسالة للرومان ٦:٥، حيث نجد في أكثر المخطوطاتِ "لكن" (ΑΛΛΑ)، لكنها في مخطوطات أخرى "معا" (ΑΜΑ). كذلك وإذا أُتبع الحرف لامداΛ أيضاً مباشرةً بحرف آيوتا I، ويكون المجموع (ΛΙ) قَدْ يبْدو مثل حرف نو (N)، هكذا، في مخطوطاتِ الرسالة الثانية لبطرس ٢:١٨ "بصعوبة" (ΟΛΙΓΩΣ) تَتناوبُ مع "حقاً" (ΟΝΤΩΣ).

وأيضا الحرف تاو T وغاما Γ يختلطان.

وأحياناً دالتا Δ ولمدا Λ يلتبس أحدهما بالآخر، كما حصل في سفر الأَعمالِ ١٥:٤٠، حيث شبه جملة "بَعْدَ أَنْ اختار" (ΕΠΙΛΕΞΑΜΕΝΟΣ) تنقلب

في المخطوطةِ البيازا إلى "بَعْدَ أَنْ أخذ" (ΕΠΙΔΕΞΑΜΕΝΟΣ).

هناك العديدُ مِنْ الأمثلةِ الأخرى للحذفِ، التي تعرف بـ هابلوغرافي(١) Haplography، التي تقع كثيرا في مختلف المخطوطاتِ. على سبيل المثال: - فقرة كاملة في لوقا ١٠ :٣٢ تَفتقرُ إليها المخطوطة (χ) لأن الجملةَ تنتهي بنفس الفعلِ "وجاز مقابله" (αντιπαοηλθεν) كالجملة السابقة (الفقرة ٣١ من لوقا). وتَحْذفُ المخطوطةُ السكندرية Alexandrinus كامل الفقرة في الرسالة الأولى لكورنثوس٩ :٢، التي تَنتهي بنفس الكلمات" أنتم في الرب" (υμεις εστε εν χυοιω) في الفقرة السابقة. وفي الرسالة الأولى ليوحنا ٢ :٢٣ "ومن يعترف بالابنِ فله الآبُ أيضاً" سَقطَ مِن المخطوطاتِ المتأخرة (التي تعتمد عليها ترجمة الملك جيمس) بسبب وجود "الذي ينكر الآب" (τον πατεοα εγει)، في فقرة قريبة ٢ :٢٢.

وأحياناً تلتقط عينُ الناسخ نفسَ الكلمةِ أَو مجموعةً من الكلماتِ مرة ثانية، وكنتيجة تنْسَخُ مرّتين ما ينبغي نسخه مرّة واحدة، وهذا النوع مِن الخطأِ يسمى ديتوغرافي Dittography.(٢) ومثاله: ما حصل في سفر الأَعمالِ ١٩ :٣٤، عند

---

(١) هابلوغرافي: اسقاط لحرف من حرفين أو أكثر من الحروف المجاورة، أو المشابهة أو المقاطع أو الكلمات أو الأسطر في الكتابة أو النسخ، أو هو كتابة الشيء مرة واحدة إلا أن الصواب كتابته مرتين. ويسمى باليونانية هبلغرافيا أي السقط الخطي.

(٢) هو التكرار غير المقصود للحروف أو الكلمات في النسخ أو الطباعة، باليونانية ديتغرافيا أي التثنية.

بكاء الجماهير، "عَظِيمَةٌ هي أَرْطَامِيسُ أَلأَفَسُسِيين"، فقد كتبت مرّتين في المخطوطةِ الفاتيكانية. وبما أنه بعد القرن الثاني قبل الميلاد كانت الأرقام تكتب بالحروف الأبجديةِ اليونانيةِ(١) وهذا يفسر الخطأ العددي في نَصِّ سفر الأعمال ٢٧:٣٧ "وَكنا فِي السَّفِينَةِ جميع الأنفس مِئَتَيْنِ وَسِتَّةً وَسَبْعِينَ". فقد جاء في المخطوطة الفاتيكانية والترجمة المصرية الصعيدية Sahidic: "حوالي ستّة وسبعين" لأن الاختلافَ في اللغة اليونانية بين الكلمتين بسيط – (ΠΛΟΙΩCΟΣ ΠΛΙΩΩCΟΣ).(٢)

٢- أخطاء بسبب السمع

أيضاً ينشأ الخطأ بسبب ضعف السمع عندما يعتمد الناسخ على من يملي عليه أثناء النسخِ، أَو حتى عندما يكون الناسخ منفرداً مردداً بصوت جَهُورِيٍّ الكلماتِ التي ينسخها، فمن الممكن أن يخطئ أحياناً في الكلماتِ المتشابهة في النطق مع اختلافها في الخط. ومثاله في الكلمات الإنجليزية: there) و (their أو grate) و (great.

وفي القرونِ الأولى مِن العصورِ المسيحية، لم يكن هناك أحرفُ علةٍ وإدغامٍ في اللغةِ اليونانيةِ وأصواتها المميزة، فكانت تنطق مع غيرها على حدّ سواء، كما هي

(١) مثال ذلك α=1, β=2, γ=3.
(2) See: Bruce M. Metzger. 1991. The Text of the New Testament, p. 255.

اليوم في اللغة اليونانية الحديثةِ. والتشابه الصوتي بين الحرفين أوميجا ω وأوميكرون o كَانَ شائعاً، مما يفسر اختلافاتٍ مثل:- "نعمنا بسلام معه" (εχωμεν)، و "لنا سلام معه" (εχομεν) في الرسالة إلى رومية ١:٥. و"وها هو الآن" (ωδε)، و "والآن هو" (οδε)، في إنجيل لوقا ٢٥:١٦(١). ولأن الحرفين المدغمين αι وحرفِ العلّة ε متشابهان صوتياً جداً (مَع قصر الحرف ê). كنتيجة، نهاية ضمير المخَاطَب σθε تنطق تماما مثل نهاية المصدرِ والمبني للمجهول σθαι، مما يُفسّرُ الاختلافاتِ مثل: في لوقا ١٧:١٤ "تعالوا فكل شيء مهيأ (εοχεσθαι)"، و"تعالوا لأن كل شيء قد أُعِد (εοχεσθε)".(٢)

ب - الأخطاء العمدية

ما سبق هو الأنواعَ البريئةَ مِنْ الأخطاءِ التي يتوقعها المرءُ في أي عملية نسخ. لكن في أحيان أخرى هناك عبارات وفَقَراتَ وسطور وضعت أو حذفت عمداً لأسباب مختلفة. كما قلت الأخطاء الأكثر شيوعاً كَانتْ بسبب أخطاء في تهجي الكلمات، وأحياناً سطور وفَقَراتُ نسخت مكررةً أَو حَذفتْ. كون الكتّاب المسيحيون "يعدّلُون" النصوصَ لكي يَجْعلَوها "تقول" ما كَانوا يُعْتَقَدون هم أنَّها "تَعْني"؛ قضية ليست جديدة ولا مفاجأة. دائما كان المسيحيون قلقين بشأن تزييفِ

---

(1) Ibid.

(2) See: Bruce M. Metzger. 1991. The Text of the New Testament, p. 257.

النصوصِ المقدسة. وكانت التهم بالتزييف متبادلة بين الفرق المسيحية. هذا الخوف يظهر عند داعية القرن الأول يوحنا، الذي يَستعملُ صيغةَ لعنةِ قوية لِحماية نَصِّ رؤياه مِنْ العَبَث والتحريف (سفر الرؤيا: ٢٢/١٨-١٩)." وَإِنِّي أَشْهَدُ لِكُلِّ مَنْ يَسْمَعُ مَا جَاءَ فِي كِتَابِ النُّبُوءَةِ هَذَا: إِنْ زَادَ أَحَدٌ شَيْئاً عَلَى مَا كُتِبَ فِيهِ، يَزِيدُهُ اللهُ مِنَ الْبَلاَيَا الَّتِي وَرَدَ ذِكْرُهَا، ١٩وَإِنْ أَسْقَطَ أَحَدٌ شَيْئاً مِنْ أَقْوَالِ كِتَابِ النُّبُوءَةِ هَذَا، يُسْقِطُ اللهُ نَصِيبَهُ مِنْ شَجَرَةِ الْحَيَاةِ، وَمِنَ الْمَدِينَةِ الْمُقَدَّسَةِ، اللَّتَيْنِ جَاءَ ذِكْرُهُمَا فِي هَذَا الْكِتَابِ".

في الحقيقة لقد أصبحت هذه التهم مسألة متكررة في الحوارات الدينية في هذه المسيحية وليست مفاجأة. لقد اتهم الأرثوذوكس الفرق الضالة "المعارضة للأرثوذكس" ولها ميول عقائدية مخالفة لهم أيضاً بتزوير النصوص. هكذا اتهم المؤرخُ الأرثوذكسيُ يوسبيوس Eusebius بعض الفرق بهذه التهمة. مثل زنادقةِ القرنين الثالث والثاني هؤلاء الذين كَانوا يقلدون تيطس Theodotus الإسكافي، الذي كان يقول أنّ المسيح "مجرد إنسان " ولم يكن إلها. لقد استشهد يوسبيوس Eusebius بمصدر مجهول ادعى أن أتباع تيطس أقحموا هذه الفكرةِ في نصوصِ العهد الجديدِ، مؤكداً أنّ نسخاً كتبت بواسطة هذه المجموعةِ ما زالَت كانت موجودة، ويُمْكِنُ أَنْ تُقَارَنَ مع بعضها البعض لكَشْف زيفها. (١)

(١) انظر: يوسابيوس (١٩٨٩) تاريخ الكنيسة، مكتبة المحبة، القاهرة، ترجمة مرقص داوود، الكتاب الخامس لفصل ٢٨.

أيضـــا ترتليان Tertullian،" أبو المســـيحية اللاتينية"، و"مؤســـس اللاهوت الغربي" اتّهَمُ "أهل البدع" بالعَبَث بنَصِّ يوحنا ١٣:١ [1].

زعم ترتليان Tertullian، أن النص في الأصـــل كان يشـــير إلى ولادةِ المســـيح هكذا: "١٣: الذي وُلِدُ لَيْسَ مِنْ دَمٍ، وَلاَ مِنْ رَغْبَةِ جَسَـدٍ، وَلاَ مِنْ رَغْبَةِ بَشَـرٍ، بَلْ مِنَ اللهِ." لكن –بزعمه– أهل البدع، أرادَوا أَنْ يَســـتبدلَوا هذه الإشـــارةِ إلى ولادةِ المسيح العجيبة ليجَعْلوا الفقرات تُؤيد مذهبهم الخاص. لقد صـنعوا ذلك بواسـطة استعمال صـيغة الجمعِ: " وَهُمُ الَّذِينَ وُلِدُوا لَيْسَ مِنْ دَمٍ، وَلاَ مِنْ رَغْبَةِ جَسَـدٍ، وَلاَ مِنْ رَغْبَةِ بَشَـــرٍ، بَلْ مِنَ اللهِ." يســـتمرّ ترتليانَ Tertullian ليدلل على أن الفقرات تؤَكّدُ في غير لبس الطابع الغيبي لحمل المسيح؛ كونه وقع من غير معاشـرة جنسـية طبيعية [ولد لَيسَ مِنْ الدمِّ ...]. في مناسـبة أخرى يسـتشـهد ترتليان Tertullian بالفقرة (بصـــيغة المفرد) لمِوَاجَهَة فرقة الأبيونين "Ebion" [2]. قبل ترتليان Tertullian يَقتبسُ إرينوس Irenaeus الفقرة أيضـاً بصـيغة المفرد للاسـتدلال على أن المسـيح لم يكَنَ مجرد إنسان، لكنه جاءَ مِنْ عند الله وولد مِنْ عذراءِ [3].

في الحقيقـة صـــيغـة الجمعِ اليوم هي الموجودة في كُلّ المخطوطـات اليونانيـة

---

[1] See: Tertullian,) 2009) De Carne Christi Liber, (translated by Ernest Evans) Treatise on the Incarnation, P. 65

[2] De Carne Christi Liber, P. 79.

[3] (الرد على الزنادقة. الجزء الثّالث، الفصل ١٦, الفقرة: ٢; الفصل ١٩, الفقرة: ٢)
See: Irenaeus (2014)Against Heresies, Beloved Publishing LLC, 3/16/2 and 3/19/2.

المعروفة وكُلّ الوثائق المترجمة، باستثناء واحد: المخطوطة اللاتينية القديمة بيازا (D.)

والحقيقة أن ترتليان Tertullian كان مخطئاً، وعلى عكس دعواه؛ الحالة هذه هنا لَا تمثل تحريفا قام به أهل البدع بالنَصِّ، لكنها في الحقيقة تمثل عبثاً أرثوذكسيا بالنصوص. لأن التحريف يؤكد الفكرةِ الأرثوذوكسيةِ لولادةِ المسيح في الشاهد الذي لولا هذا التعديل لم نجد دليلا عليه وافتقرت هذه العقيدة المسيحية إلى دليل.

لقد عدّلَ النساخ في القرون المسيحية الأولى نصوصِ الكتاب المقدّسِ لجَعْلها تَتوافقَ أكثر مع عقائدهم حول طبيعة المسيح، لجَعْل النَصِّ أقل توافقا مع عقائد "الزنادقةِ" مثل آريوس مثلاً.[١] وهذا ما يسميه العلماء 'تحريف لأسباب مذهبية".[٢]

وهكذا يتهم ايبفانيوس Epiphanius (310-:403) فرقاً مسيحية؛ بوجه خاص المسيحيون اليهود، بتزوير انجيل متى الذي يستعملونه ويسمونه الإنجيل الذي يسمونه "وفقا لمتى" -وهو ليس كاملاً على الإطلاق، بل هو مزور ومشوه، وهو الذي وصفوه بأنه الإنجيل العبري، وينقل عنه ما يلي: "وهكذا كان هناك انسانا اسمه يسوع،". (٣) لكن مع ذلك أيضاً أثبتت الدراسات الحديثة أن نسخة انجيل متى التي في يد الأرثوذوكس هي التي تعرضت للتحريف؛ إما بالحذف أو الإدراج،

---

[١] بحثت هذا بشكل مستقل وموسع في عملي الآخر: "أثر خلاف آريوس على نص العهد الجديد".

[2] The Orthodox Corruption of Scripture, Ehrman B. D 1993. Oxford University press, p. 280

(٣)Epiphanies ، Pcnmrion، 30، 13، 2-3)

لنصوص لم تكن فيه، لأثبات عقائد؛ لولا تلك النصوص لما عاشت.[١]

هكذا في الحقيقة التهمة كانت متبادلة بين الفرق المسـيحية كما رأينا، ولكن الذي وصـل إلينا هو ما فعله وكتبه الأرثوذكس فقط، ولم يصـل إلينا أي تحريف آخر. .(٢)

والنتيجة المتفق عليها بين النقاد اليوم هي أن "النساخ في القرون مسيحية الأولى عدلوا نصوصِ الكتاب المقدّسِ لجَعْلها تَتوافقَ مع عقائدهم حول طبيعة المسيح، ولجَعْل النَصِّ أقل توافقا مع عقائد "الزنادقةِ" وهذا ما يسميه العلماء 'تحريف لأسباب مذهبية".(٣)

((1)) see Enoch pawell: the evolution of the gospel, yale university press new haven and London, pp xx- xxi

(٢) لقد تناول النقاد الغربيون هذه الحقيقة في أبحاث علمية مختلفة وأصبحت من مسلمات النقد النصي، كثير من هذه الأعمال رجع إليها المؤلف في هذا العمل وستجدها متفرقة وموثقة في ثناياه.

(3) The Orthodox Corruption of Scripture, Ehrman B. D 1996. Oxford University press, p. 280

نشأة علم النقد النصي في الغرب

مثله مثل كل شيء رائع في الحضارة الغربية المعاصرة، نشأ النقد النصّي عند اليونان حيث ارتبط ظهوره وتطوره بملاحمِ هوميروس Homeric.(١) نظراً لأن الرواة الذين كانوا يقرؤون أجزاءَ من الإلياذة والأوديسا لهوميروسِ على الجمهورِ في أماكن ومناسبات مختلفة كانوا يعدلون في النَصَّ أحيانا ليلائم المناسبةِ الخاصّةِ أو تصورهم الخاص لتكون الرواية مؤثرة، وبناء عليه فقد أصبح هناك العديد مِنْ النسخِ للملحمة. النقد العلمي لنَصِّ هوميروس والدراسات النقدية تتابعت وطُوّرَت في العصر الهيليني(٢) في مكتبةِ الإسكندرية الشهيرة قبل فترة قليلة من عام ٢٧٤ قبل الميلاد.(٣) المدراء الأوائِل للمكتبةِ أرادوا اقتناء نسخاً دقيقةِ مِنْ قصائدِ هوميروس

(١) قصائد أو ملاحم هوميروس هي الإلياذة؛ وهي ملحمة شعرية تحكي قصة حرب طروادة وتعتبر؛ مع الأوديسا، أهم ملحمة شعرية إغريقية للشاعر الأعمى هوميروس؛ المشكوك في وجوده. ويعود تاريخ الملحمة إلى القرن التاسع أو الثامن قبل الميلاد. وهي عبارة عن نص شعري. وقد جمعت أشعارها عام ٧٠٠ ق.م. بعد مائة عام من وفاته.

(٢) (هِلينيَ؛ خاص بتاريخ الإغريق أو ثقافتهم وفنّهم بعد الإسكندر الأكبر.).

(3) See Edward A. Parsons. (1952) The Alexandrian Library Glory of the Hellenic World: Its Rise, Antiquities, and Destnrctions (New York,); J. Harold Ellens, (1993) The Ancient Library of Alexandria and Early Christian Theological Development (Occasional Papers, Institute for Antiquity and Christianit),. 29; Claremont.(,

Homeric. أوّل هؤلاء كان زينودوتوسZenodotus مِنْ أفسس Ephesus (325. 240-قبل الميلاد)، فقد قام بمقارنة العديد مِنْ المخطوطاتِ لكي يُعيدَ النَصَّ الأصليَ لكل من إلياذة والأوديسا لهوميروس. التصحيحات التي قام بها زينودوتوس Zenodotus في نَصِّ هوميروس كَانتْ على أربعة أنواعِ:

(١) أزالَ الفقرات التي اعتبرها مزوّرةً.

(٢) أشار إلى فقرات أخرى باعتبارها مريبة لكنه تَركها في طبعتِه.

(٣) عدل ترتيبِ بعض الفقرات.

(٤) قدّمَ ترجمات جديدةَ لَيستْ شائعة عموماً.

هكذا كان هناك تطور علمي بشكل جيد للنقدِ النصّي والأدبِي في ذلك العصر القديم، لقد كان بصورة رئيسية في الإسكندرية وموجّهَاً بصورة أولية نحو ملاحمِ هوميروس.(١)

(1) See: Martin L. West, (1998) "The Textual Criticism and Editing of Homer," in Editing Texts, ed. by Glenn W.), pp. 94-110.

الملاحظات النقدية القديمة على نص العهد:

أما فيما يتعلق بالعهد الجديد القانوني؛ فالخطوة الأولى نحو نشأة علم نقد النص للأناجيل كانت الملاحظات النقدية:

ملاحظات أورجن النقدية:

بدأ أورجن Origen (أو أوريجانوس)، السكندري(١)؛ ثم القيصري، رئيس مدرسة الإسكندرية في أوائل القرن الثالث، وقام بدراسة نقدية لكامل نَصِّ العهد القديمِ (التناخ) في اللغة العبريةِ وفي عِدّة ترجمات يونانية. نتيجة جهده كان هو هيكسابلا Hexapla، أول نسخة نقدية للكتاب المقدس العبري، حيث عقد مقارنة بين ست ترجمات للعهد القديم، الذي تطلب العديد مِنْ السَنَواتِ من العمل والمثابرة.

هل فعل أورجن Origen أو حاولَ نقد نَصّ الأناجيل؟ هذا السؤال له إجابات كثيرة عند العلماءِ المعاصرين. لكن في رأي أكثرهم أن جُهودَ أورجن Origen النقدية لم تمتد إلى إِعْداد نسخة نقدية للأناجيل. لكنه في نفس الوقت، في كُلّ كتاباتِه وخصوصاً في أعماله التفسيريةِ، يكشف أورجن Origen عن عناية قوية بالتفاصيلِ النقدية في نَصِّ الأناجيل. إنه يَشتكي من:

إن الاختلافات بين المخطوطاتِ (الإنجيل] أَصْبَحتْ كبيرة، إمّا بسبب إهمالِ

(١) أوريجانوس كان من أبرز أوائل آباء الكنيسة المسيحية. توفي في قيصرية سنة ٢٥٤. كتاباته هامة بوصفها واحدة من أولى المحاولات الفكرية لدراسة المسيحية.

بَعْض الناسخين أَو بسبب الجرأةِ المنحرفةِ للآخرين؛ إنهم إمّا يُهملونَ تدقيق ما نَسخوه، أَو أنهم في عملية التَدقيق، يزيدون أَو ينقصونَ، كما يشتهون."

إضافةً إلى أن تعليقاته كانت ذات طبيعة عامّة حول النَصِّ، بَحثَ أورجن Origen عن المعلوماتِ التي تَتعلّقُ بالترجمات المختلفةِ في المخطوطاتِ اليونانيةِ للأناجيل. إنه يُلاحظُ على سبيل المثال (يُلاحظُ أورجن Origen) أن الترجمتين في الرسالة للعبريين (٢ : ٩) "بمعزل عن الله" (χωρίςθεοῦ) وبنعمة الله" (χάριτιθεοῦ) لكنه لَمْ يُهتَمّ بالترجيح بينهما، نظراً لأنه يَجِدُ تأويلاً صحيحاً في كلتا الترجمتين.

في أحيان أخرى يعلن أورجن Origen ترجيحه بين الترجمات المختلفةِ، لكن في أغلب الأحيان يَبْدو أن اختياره كان مستندا على اعتباراتِ غير تلك التي لها طبيعة نقدية صرفه. مثلاً عندما يَرْفضُ الترجمة "المسيح براباس Barabbas " لمصلحة الاسم غير المركب "Barabbas" (متى. ٢٧,١٦-١٧)، فإن ذلك لأنه يَعتقد بأنّ اسمَ " المسيح" لم يكن أبداً لينطبقَ على فاعلي الإثم.(١)

في مرة أخرى، يفضل أورجن Origen الترجمة بيت عبرة (بيتابارا) "Bethabara" بدلاً بَيْتَ عَنْيَا، باعتباره المكان الذي يعمد فيه يحيى (يوحنا ١ : ٢٨) لكنه بنّى على أسبابِ جغرافيةِ.(٢) ولنفس الأسبابِ يؤكد تفضيلِه لـ "Gergesa" بدلاً مِنْ

(1) See; Origen (2016) Philip Schaff (editor) “The Complete Works of Origen” Commentary on Matthew, p. 14.

(2) Origen (2016) Commentary on Joan 149.

"Gerasa" أَو "Gadara" باعتباره اسم المكانِ حيث دَخلتْ فيه الشياطينَ في قطيعَ الخنازيرِ.(١) الحقيقة حتى اليوم " جادارا"، " جيراسا"، أو " جرجيسا". هذه الاختلافات الثلاث في الأناجيل لديها ما يدعمها من المخطوطات، لكن على أساس الأدلة النصية وحدها، لا يمكننا تحديد أي من هذه هو الأصلي في أي من الأناجيل المتشابهة الثلاثة.(٢)

بشكل عام وبحسب شهادة أورجن، يَدعي أورجن Origen أن كُلّ المخطوطاتِ الموجودة في عصره كانت محرفة.(٣)

○ جهود جيروم النقدية:

طبقاً للمعاييرِ النقدية الحديثةِ، يعتبر القديس جيروم (٣٤٧-٤٢٠) هو الناقد النصّي الأكثر ذكاءً مِنْ أورجن Origen، لقد أدرك جيداً تعدد وتنوع أسباب الأخطاء التي تَظْهرُ في المخطوطاتِ. إنه يُحيلُ، على سبيل المثال، على إمكانيةِ التباس الحروف المتماثلةِ، والتباس المخْتَصَراتِ، وأخطاء عرضية مثل تكرار الكلمات أو حروف أو مقاطع dittography أو-العكس-حذف بعض الحروف

(1) Comm. On Joan. 150

(2) See: B. M. Metzger, (1963)"Explicit References in the Works of Origen to Variant Readings in New Testament Manuscripts, "in Biblical and Patristic Studies in Memory of Robert Pierce Casey, ed. by J. N. Birdsall and R. W. Thomson (Freiburg, 1963), pp. 78-95.

(3) Metzger, The text if the New testament, (1963) op. cit.

haplography، وقلب الحروفِ، والإدغام، والتصحيحات المتعمّدة مِن النساخ. وعِدّة ترجيحات واضحة تشيرُ جيداً إلى اهتمامِه بتفاصيلِ نقد النَصّ.(١)

في مقدّمةِ تحقيقه للإنجيلِ اللاتيني (فولجتا) يُعلنُ جيروم بأنّه اعتمد في تحقيق النص على أقدم المخطوطاتِ اليونانيةِ. هكذا في إحدى رسائلِه يُناقشُ جيروم عِدّة صيغ لنَصّ الرسالة الأولى لكورنثوس ١٥/٥١ ("إِنَّنَا لَنْ نَرْقُدَ جَمِيعاً، وَلَكِنَّنَا سَنَتَغَيَّرُ جَمِيعاً،"). إنه يُفضّلُ الترجمة "إِنَّنَا سنَرْقُدَ جَمِيعاً، وَلَكِنَّنَا لنَ نَتَغَيَّرُ جَمِيعاً."(٢) في مناسبة أخرى يعلن جيروم أنه في بَعْض النسخِ، خصوصاً في المخطوطاتِ اليونانيةِ، توجد إضافة واسعة عند نهاية إنجيلَ مرقص، لكنه لم يُخبر أين وَجدَ هذه المخطوطاتِ، ولم تعرف مثل هذه النسخةِ حتى القرنِ العشرينِ، عندما وجدت الفقرة في المخطوطات اليونانية المكتشفة حديثاً.(٣)

○ ملاحظات القديس أوغسطين (٣٥٤-٤٣٠):

مع ذلك كشف العالم الديني، القديس أوغسطين (٣٥٤-٤٣٠) عن آراء نقدية قوية في المشاكلِ النصّيةِ. هكذا، عندما يدرس مشكلة نص متى" (إنجيل متى ٢٧: ٩) ""حِينَئِذٍ تَمَّ مَا قِيلَ بِإِرْمِيَا النَّبِيِّ الْقَائِلِ: وَأَخَذُوا الثَّلاَثِينَ مِنَ الْفِضَّةِ، ثَمَنَ الْمُثَمَّنِ

(١) دراسة أعمالِ جيروم التي تصوّرُ كُلّ هذا، انظر:
Karl Kelchner Hulley, Principles of Textual Criticism Known to St. Jerome, Harvard Studies in Classical Philology, Vol. 55 (1944), pp. 87-109.

(2) See: Metzger B. M.1991. The Text of the New Testament, p. 201 .

(3) (Ibid. p. 202).

الَّذِي ثَمَّنُوهُ مِنْ بَنِي إِسْرَائِيلَ""" الذي ينسب إلى سفر أرميا بينما هو في الحقيقة في سفر زَكَريا (زكريا ١١/١٣). يلاحظ أوغسطين أولاً حقيقة أنّ عزو هذه الفقرة إلى أرميا ليس موجوداً في كُلّ مخطوطاتِ الإنجيلِ، وأن البعض مِنْها تقول فقط: "كما قيل بالنبي" دون اسم. لذا فإنه من الممكن أَنَّ هذه المخطوطاتِ –التي تحتوي على الاسم– في الواقع يجب أن تفسر تلك التي لا تَحتوي على اسمَ أرميا. فهذه الكلماتِ قيلت بالتأكيد مِن قِبل نبي ما، ذلك النبي كَانَ هو زَكَريا.(١)

لكن بصراحة جديرة بالثناءِ، يصرح أوغسطين بأنّه لَيسَ راضيا تماماً عن هذا التفسيرِ، لأن أغلبية المخطوطاتِ تحتوي على اسم أرميا، وأولئك الذين دَرسَوا الإنجيلَ بعناية فائقة في الترجمات اليونانية أفادوا بأنّهم وجدوها في أكثر أصول المخطوطات اليُونانِيَّة القديمَةِ." عقب ذلك، يضع أوغسطين القانون النقدي الذي يقول بأن الترجمة الأكثر إشكالاً يجب أن تقدم: "إنني أتطلع أيضاً إلى اعتبارِ آخرِ، أعني أنه لا سبب لأن يضاف هذا الاسمِ [إلى النَصِّ الأصلي] وبهذا يصنع إشكالاً؛ بينما كان هناك بالتأكيد سبباً معقولاً لمحُو الاسمِ مِنْ العديد من المخطوطاتِ، لتفادي الإشكال، يحدث ذلك بسهولة عندما حيرتهم هذه المشكلةِ المعروضة بملابسة أَنَّ هذه الفقرة لا يُمْكن أنْ تُوْجَدَ في أرميا." في مناسبةِ أخرى، يَقرر أوغسطين القاعدة النقدية المسلمة لا حقاً؛ أي أنّ الترجمات التي يجب أن ترجح هي التي تقدم معنى

(1) Metzger B. M.1991. p 202.

صحيحاً، متنبئا بنظرية نقدية تالية فيقول: "إذا كانت مخطوطات الأناجيل تلتبس في الترجماتِ اللاتينيةِ، فإنها يَجِبُ أن تفسح المكان للترجمة اليونانية."(١)

(1) Ibid.

المناهج الحديثة للنقد النصّي

مناهج علم النقد:

منهج النقدِ النصّي التي يطبقه النقاد بشكل عام لنصوص العهد الجديد؛ سواء باللغة اليونانية الكلاسيكيةِ أو النصوصِ اللاتينيةِ؛ يَتضمّن عملتين رئيستين، التحقيق والتصحيح. التحقيق هو اختيار، بعد دراسة كُلّ المادّة المتوفرة، أكثر الوثائق موثوقية والتي يبنى عليها النَصّ. والتصحيح هو محاولة إزالة الأخطاء التي تَوجدُ حتى في أفضل المخطوطات.

النقد في عصر النهضة

في العصور الوسطى، عندما كانت المعرفة باللغة اليونانية ضعيفة؛ تركزت جُهود النقد النصيِ على تنقيح نَصِّ فولجاتا Vulgate جيروم اللاتينية. ربما كان ذلك لأنه كان يتوقع أَنَّ هذه الترجمة، مع كونها تعرضت لأنواع التحريف المعتادة التي تحدث بطريق الخطأِ في كُلّ النسخ، تحفظ بَعْض الترجمات اللاتينيةِ القديمةِ التي أزالَها جيروم

مِنْ نَصِّه. (١) في عصرِ النهضة ومع انتشارِ معرفةِ اللغة اليُونانيّة القديمَةِ، بَدأَ العلماءُ بتَصحيح فولجاتا اللاتينية بواسطة اليونانية الأصلية. كان الناشرون؛ إيراسموس؛ وبيزا مثلا، في تذييلاتِهم لا يُشيرَون إلى الترجمات المختلفةِ إلا بشكل نادر في المخطوطاتِ اليونانيةِ. أول طبعة إنجليزية تحوي على ترجمةِ النصوص المختلفةِ في المخطوطاتِ اليونانيةِ (من ذلك مخطوطةِ بيازا Bezae) كَانتْ طبعة جنيف سنة ١٥٦٠، التي أعدها ويليام ويتنغهام William Whittingham.(٢)

❍ فرانسيز لوكاس وريتشارد سايمون:

أول من استعمل أصنافِ الأدلة الثلاثة في تحقيق نَصِّ العهد الجديد؛ أي المخطوطات اليونانية، والترجمات القديمة، واقتباسات الآباءِ- هو العالم الفرنسي فرانسيز لوكاس Francis Lucas في كتابه: "ملاحظات على الكتاب المقدس“سنة ١٥٨٠(٣)

لكن قرب نهاية القرن السابع عشرٍ، صدرت أربعة منشوراتِ لريتشارد سايمون (Richard Simon 1638-1712) العالم الكاثوليكي الفرنسي الذي سبق عصره في النقد النصي. عناوين هذه المجلدات هي كالتالي:

---

(1) See: Metzger B. M.1991. The Text of the New Testament, 202

(2) William Whittingham (1560) ، Thomas Gilbey , Anthony Sampson 1560 Geneva Bible, 1st Edition.

(3) Metzger, (1963) op. cit. p. 203-204.

تاريخ نقد نص العهد الجديد (روتردام، ١٦٨٩)؛ جزاءان (ترجم للإنجليزية لندن، ١٦٨٩)؛

تاريخ نقد ترجمات العهد الجديد (روتردام، ١٦٩٠)؛ (ترجم للإنجليزية لندن، ١٦٩٢)؛

تاريخ نقد التعليقات الرئيسة على نص العهد الجديد؛ جزاءان (١٦٩٣) (لم يترجم)،

وملاحظات جديدة على نص وترجمات العهد الجديد (باريس ١٦٩٥) لم يترجم.

تجاوز سايمون Simon الافتراضات التقليدية والعقائدية في عصره، ودرس بشكل نقدي نَصّ الكتاب المقدس باعتباره جزءاً من الأدبِ. إن أعماله مليئة بالملاحظات والفكّر الحادِّ وتتنبأ بالتفصيل بالعديد مِنْ الحقائق عرفها علماءِ جاءوا بَعْدَه بقرنين أو ثلاثة.

□□□□

الطريقة الكلاسيكية للنقد النصّي

منهج النقدِ النصّيِ التي يطبقه النقاد بشكل عام لنصوص اللغة اليونانية الكلاسيكيةِ والنصوصِ اللاتينيةِ يَتضمّن عملتين رئيستين، التحقيق والتصحيح. التحقيق هو اختيار، بعد دراسة كُلّ الوثائق المتوفرة، أكثر الوثائق موثوقية ليبني عليها النَصّ. والتصحيح هو محاولة إزالة الأخطاء التي تَوجِدُ عادة حتى في أفضل المخطوطات.(١) وقد ظهرت الطريقة الكلاسيكية للنقدِ النصّيِ أثناء وبعد عصر النهضة. إنّ العلماء الرهبانَ البنيديكت هم من أسس عِلْمِ (علم دراسة النصوص القديمة) paleography، الذي يعمل على تصنيف المخطوطاتِ طبقاً لتاريخها على ضوء الخطوط ونوع المادة المكتوب عليها، ودلالات أخرى.(٢)

طور تطبيق المناهج النقدية على النصوصِ الكلاسيكيةِ المنشورة ثلاثةُ علماءِ ألمانِ، هم فريدريك ولف 1759-1824 (Friedrich Wolf)، أحد مؤسسي عِلْم

---

(١) انظر: Pual Maas، النقد النصّي (أكسفورد، ١٩٥٨).

Paul Maas, (1958) Textual Criticism (Oxford, 1958).

(2) Metzger, (1963) op. cit. p.206.

فقه اللغةِ الكلاسيكي؛ وإيمانويل باركر Immanuel Bekker (1785-1871)؛ وكارل لاشمان Karl Lachmann (1793-1851). كما لقد كرّسَ باركر Bekker حياته الطويلة لإعدادِ طبعاتِ نقدية لنصوصِ العهد الجديد اليونانيةِ. ونقل العديد مِنْ المخطوطاتِ إلى المكتبات العامّةِ؛ وبعد الثورةِ الفرنسيةِ واتته الفرصةَ للمقابلة الشاملِة بين أقدمِ المخطوطاتِ.

قابل باركر Bekker حوالي ٤٠٠ مخطوطةَ، وجمّعَ المخطوطات في عوائلِ عندما تكون مشتقّة مِنْ أخرى. بينما ذَهبَ لاشمان Lachmann أبعد مِنْ باركر Bekker، مبيناً كيف أنه، بِواسطة مقارنة المخطوطاتِ، من الممكن استنتاج ما يتعلق بأصولها المفقودة أو نماذجها الأصلية، وحالة تلك الأصول، وحتى ترقيم صفحاتها.(١)

نظرية لاشمان Lachmann: القاعدة الأساسية في نظرية لاشمان التي هي الأساس النظري لعمليةِ بِناء رسم بياني، أو شجرة نسب للمخطوطاتِ عند لاشمان Lachmann؛ هي؛ ما عَدا الخطأ والنسيان، " هوية القراءة تَدلُّ على هويةِ الأصلِ." (٢)

مثلاً نَفترضُ بأنّ هناك سبعة مِنْ المخطوطاتِ لكتابِ قديمِ وأنه في فقرة معينة

(1) See: Metzger B. M.1991. The Text of the New Testament, p. 207.

(2) See: Kurt Aland and Barbara Aland, (1995) The Text of the New Testament: An Introduction to the Critical Editions and to the Theory and Practice of Modern Textual Criticism, p.11.

ثلاثة منها تتفق في أنها تفتقر إلى جملة موجودة في المخطوطاتِ الأربع الأخرى. مِنْ هذه الملابسة نَستنتجُ: إمّا بأنّ أصلاً مشتركا للثلاثة حَذف الجملةَ أَو أنّ أصلاً مشتركاً للأربعة أضاف الجملة. نفترضْ، علاوة على ذلك، أنّنا وجِدنا أنّ المخطوطات السبعة كثيراً ما تصطفُ بحيث تكون إحداها (التي يمكن أن نرمز إليه بـ أ) تَقِفُ منفردة، لا تتشابهَ مع أيّ مخطوطة من الستة الأخرى، بينما المخطوطة "ب ‘‘، و "ج" و "د"، من ناحية، و "هـ"، "و"، و "ز"، من ناحية أخرى، يشبه بعضها بعضاً كثيراً، مع ذلك هي تختلف بعض الشّيء عِنْ البقيةِ. يُمْكِنُنا أَنْ نعبر عن هذا بالقول بأنّ "ب ‘‘، و "ج"، و "د" تشكل عائلة، انحدرَت مِنْ أصل مشترك افتراضاً؛ فلنسمه ق، وأن "هـ"، و "و"، و "ز" تشكل عائلة أخرى، انحدرَت مِنْ أصل افتراضا نسميه ك. ونصوص المخطوطة ق (الافتراضية والتي يُمْكِنُ أَنْ تُستَنتجَ قراءتها بمُقَارَنَة المخطوطات ب، ج، ود) سَتُكون أعلى سنداً وأعظم موثوقيةِ مِنْ النصوص التي تؤخذ منفردة من المخطوطات ب، ج، ود؛ ونفس الشيء يُقالُ عن المخطوطة ك عندما تقَارن بالمخطوطات "هـ"، و"و"، و "ز".(١) في الحقيقة، يمكن أن نذِهب إلى أبعد من ذلك: فيمكن أن نُقارن نصوص المخطوطتين "ق" و "ك‘‘مَعاً من ناحية وبتلك التي في أ من ناحية أخرى فنستنتج نصوصاً ذات أصل أكثر قدماً يمكن أن نرمز له Z، ونعتبره هو النموذج الأصلي الافتراضي لكُلّ المخطوطات.

---

(1) Metzger, (1963) op. cit. p. 207.

هكذا، نسب كُلّ العشْرة المخطوطاتِ (السبعة الموجودة أصلاً والثلاثة الافتراضية نتيجة المقارنات) سَتَكُونُ كالتّالي:

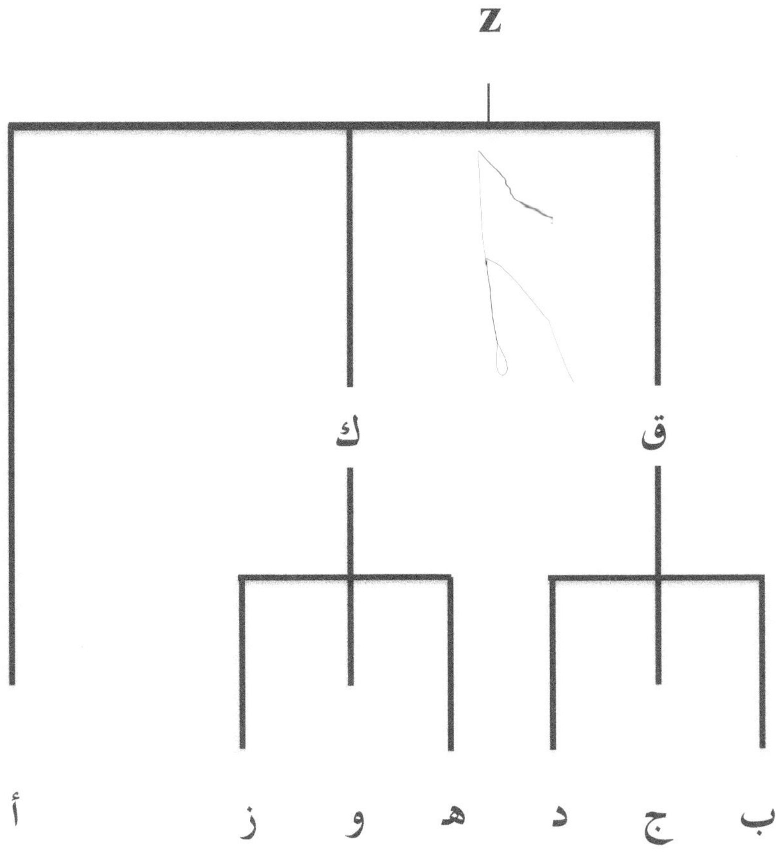

z

ك ق

أ ز و هـ د ج ب

□□□□

الفترة النقدية الحديثة

▤ يوهان يعقوب جرباخ Johann Jakob Griesbach (١٧٤٥ - ١٨١٢)

إن "كل النقاد أصبحوا عيالاً على جرباخ Griesbach، ففي الجزءِ الأخيرِ من القرن الثامن عشرٍ، وضع العالم الألماني يوهان يعقوب جرباخ Johann Jakob Griesbach (1745-1812) كل الأسس لكُلّ الأعمال التالية في النقد النَصّي للعهد الجديدِ اليونانِي. (١)

كان جرباخ Griesbach أستاذَ العهد الجديدِ في جامعةِ جينا مِنْ ١٧٧٥ حتى موتِه. سافر إلى إنجلترا، وهولندا، وفرنسا لكي يقابل المخطوطاتَ، وركز جهوده لدراسة اقتباسات الآباء اليونان من العهد الجديدَ وكذلك إلى عِدّة ترجمات للعهد الجديدِ التي لم تدرس سابقاً بشكل كاف، مثل القوطيةِ، الأرمنية، والترجمة السريانية القديمة الفيلوكسينية Philoxenian version. في بادئ الأمر، كان جرباخ Griesbach

(1) Kurt Aland and Barbara Aland, (1995) The Text of the New Testament, pp. 3-9.

يريد تَقسيم الوثائق الموجودة إلى خمسة أو ستّ مجموعاتَ مختلفةَ؛ قصرها بعدئذ إلى ثلاثة: النصوص المنقّحة البيزنطية والغربية والسكندرية.

بالنسبة لمعيار النَصِّ السكندري يُعتقد جرباخ بأن أورجن Origen، الذي كتب العديد مِنْ أعمالِه في فلسطين، ويفترض أنْه حمل مَعه إلى بيزنطة نسخ الكتب المقدّسةِ؛ نفسها، أو المشابهة لتلك التي كانت يستعملها في مدينتِه. ضم جرباخ Griesbach لهذه المجموعةُ المخطوطات ذات الحروف الكبيرة بـ C سي، إل I، وكْي K؛ ومخطوطات الحروف الصغيرة ١, ١٣, ٣٣, ٦٩, ١٠٦، و١١٨؛ والترجمات المصرية بهريك (البحرية) Bohairic، والأرمنية، والأثيوبية، والسريانية؛ بالإضافة إلى اقتباسات أورجن Origen، وكليمنت السكندري، ويوسبيوس Eusebius، وسيريل السكندري، وإيزيدور مِنْ البلوسيوم Pelusium.(١)

بالنسبة للمجموعةِ الغربيةِ اعتمد المخطوطةً بيازا D، والترجمات اللاتينية، والترجمة بيشتا Peshitta السريانية والترجمة العربية. ومجموعة النصوص القسطنطينية Constantinopolitan، التي اعتبرها متأخرة عِنْ المجموعتين الأخريين، اعتمد فيها المخطوطة السكندرية A Alexandrinus (بالنسبة للأناجيل) وبعدد كبير من مخطوطات الحروف الكبيرة المتأخرة، ومخطوطاتِ الحروف الصغيرة بالإضافة إلى عدد

(١) البلوسيوم كانت مدينة هامة في الشرق من دلتا النيل، على بعد ٣٠ كم إلى الجنوب الشرقي من بورسعيد الحديثة، أصبحت عاصمة مقاطعة رومانية ومطرانية متروبوليتان.

كبير من اقتباسات الآباء. كشف جرباخ Griesbach عن مهارةٍ وكياسة عظيمةً في تَقييم وثائق النصوص المختلفةِ. على سبيل المثال، حكم، مستنداً على وثائق اقتباس الآباء ووثائق الترجمة، أن الصيغة الأقصر لصلاةِ المسيح في لوقا ١١،٣-٤ هي الصحيحة أو الأصلية ولذا يجب أن تقدم، وهو ما تأُكّد بعد سَنَوات قليلة عندما نشرت نصوص المخطوطةِ الفاتيكانية، حيث وُجِد أن كُلّ النص القصير تدعمه تلك المخطوطةِ المبكّرةِ. إنّ أهمية قواعد جرباخ Griesbach لنقدِ نص العهد الجديدِ لا خلاف عليها. للمرة الأولى في ألمانيا يخاطر عالم ويهمل النص القياسي Textus Receptus ويطبع نَصِّ العهد الجديدِ في الشكلِ الذي أدت إليه تحقيقاتِه.(١) طبعاته الرئيسية نُشِرتْ في هالي Halle في ١٧٧٥، ثم في هالي Halle أيضاً ولندن في ١٧٩٦-١٨٠٦، وفي ليبزج Leipzig في ١٨٠٣-١٨٠٧. صدرت عِدّة طبعات أخرى أيضاً في المطابعِ الجريئةِ في إنجلترا، أسكوتلندا، وأمريكا.(٢)

□□□□

---

(1) See: Metzger, the text, p. 167.
(2) Ibid.

الفصل الثالث

أثر النقد على طبعات العهد الجديد

"النص القياسي"

Textus Receptus

طبعات العهد الجديد

في عصر ما قبل النقد

الطبعات الأولى للعهد الجديد باليونانية:

١-طبعة فرانسيسكو زيمينس: (١٤٣٦-١٥١٧)(١)

في سنة ١٥١٤، أول مشروع طبعة للعهد الجديد اليوناني، كان جزءاً مِنْ الكتاب المقدس متعدد اللغات. وكان الذي خطّطَ له في سنة ١٥٠٢ هو الكاردينال الأول لإسبانيا، فرانسيسكو زيمينس -1436 Francisco Ximenes de Cisneros 1517) هذه الطبعةِ كانت متعددة اللغات؛ الآرامية والعبرية، واليونانية، واللاتينية، وقد طُبِعتْ في بلدةِ جامعةَ القلعة(٢)Alcala.(٣).

---

(1) Kurt Aland, Text of the New Testament, p.3

(٢) جامعة القلعة هي جامعة عامة تقع في إسبانيا إلى جهة الشرق من مدريد. تأسست الجامعة عام ١٤٩٩، ومن ثم نقلت إلى مدريد عام ١٨٣٦.

(3) See; Lyell, J. P. (2015) Cardinal Ximenes, Statesman, Ecclesiastic, Soldier and man of Letters, With an Account of the Complutensian Polyglot Bible. Van Kampen, Kimberly and Paul Saenger, (1999) The Bible As Book: The First Printed Editions, , one of the editors, pp. 101-18.

٢- طبعة إيراسموس: (Erasmus1469-1536)(١)

لكن في الواقع أول طبعة للعهد الجديد اليوناني نشرت فعلاً (أو طرحت في الأسواقِ) كَانت هي الطبعةَ التي أعدها العالِمِ الهولنديِ المشهورِ ديسيديريوس إيراسموس Desiderius Erasmus من روتردام.(٢) نظرا لأن إيراسموس لم يَجدْ مخطوطة تحتوي على كامل العهد الجديد باليونانيةِ، فقد استعمل عِدّة أجزاءِ مُخْتَلِفةِ مِنْ مخطوطات العهد الجديدِ. بالنسبة لأغلب النَصِّ اعتمد إيراسموس على مخطوطتين سيئتين جداً ومتأخرتين؛ حصل عليهما مِنْ المكتبة الرهبانية في بازل، إحداهما للإنجيل والأخرى لسفر أعمال الرسل والرسائلِ، كلتاهما يرجع تاريخها إلى القرن الثاني عشر. (٣) قارن إيراسموس بينهما وبين اثنين أو ثلاث مخطوطات أخرى وأدَخل تصحيحاتٍ سريعة للمطبعة في الهوامشِ أَو بين سطور الجزء اليوناني. بدلاً مِنْ أنْ يُؤخّرَ إيراسموس نشرَ الطبعة ويُحاولُ الحصول على نسخ أخرى مِنْ أسفار العهد الجديد باليونانية، اعتمد على فولجاتا Vulgate اللاتينية وترجمَ الفقرات المفقودةَ إلى اليونانية. نتيجة

(1) See: Kurt Aland, Text of the New Testament, p.2-3.

(٢) أغلب المخطوطاتِ التي استعملها إراسموس في إعداد طبعاتِه للعهد الجديدِ مِنْ المجموعةِ التي كَانتْ قَدْ أوقفت في ١٤٤٣ إلى الديرِ الدومنيكي في بازل. هي الآن في مكتبة الجامعةِ في بازل.

See: Kurt Aland and Barbara Aland, (1995) The Text of the New Testament: An Introduction to the Critical Editions and to the Theory and Practice of Modern Textual Criticism, p. 5.

(3) See: Metzger B. M.1991. The Text of the New Testament, p. 143.

هذه التصحيحاتِ بينها Clark، Kenneth W. كينيث دبليو. كلارك، "ملاحظات اراسموس Erasmian في المخطوطةِ ٢،

See: K.W. Clark, (1959) Observations on the Erasmian Notes in Codex2, pp. 749-56.

لهذا التصرف، نجد في نَصِّ إيراسموس اليوناني نصوص لا تُوجد في أيّ مخطوطة يونانية لهذه الفقرات؛ ومع ذلك ما زالَت تلك الفقرات الشاذة خالدة حتى اليوم في طبعات ما يسمى بـ Textus Receptus للعهد الجديدِ اليونانِي الذي اعتمدت عليه نسخة الملك جيمس في سنة ١٦١١.(١)

في أماكن أخرى مِنْ العهد الجديدِ أضاف إيراسموس أحياناً إلى النَص اليوناني مادة أَقتبسها مِنْ فولجاتا Vulgate اللاتينية. هذه الإضافات لا تُوْجَدُ في أي مخطوطةَ يونانيةَ في هذه الفقرة، ومع ذلك أصبحَت أيضاً جزءَا من Textus Receptus، الذي اعتمدت عليه نسخة الملك جيمس في سنة ١٦١١. لكن التهمة الأكثر أهمية أنّ نَصّ إيراسموس افتقر إلى جزءِ من الفصلِ الأخير للرسالة الأولى ليوحنا، أعني فاصلة الثالوث أو فاصلة يوحنا(٢) "(رسالة يوحنا الأولى ٥,٧-٨، طبعة الملك جيمس). أجاب إيراسموس على منتقديه بأنّه لَمَ يَجِدَ أيّ مخطوطة يونانية تحتويْ على هذه الفاصلة، على الرغم من مراجعته لعِدّة مخطوطات، إضافةً إلى تلك التي اعتمدها عندما كان يُحقق النَصّ أولاً. لكن وعد إيراسموس منتقديه بأنّه سيُدخلُ فاصلةَ يوحنا، في الطبعات القادمة إذا استطاع أن يجد ولو مخطوطة يونانية وحيدة تحتوي على الفقرة. المفاجأة أن هذه المخطوطة المنتظرة وجدت لاحقاً، هذه النسخةِ وُجِدتْ أَو

---

(1) See: Metzger B. M.1991. The Text of the New Testament, 146.

(٢) مرة أخرى كلمة فاصلة تعْني فقرة قصيرة من الجملة. وستأتي قصتها كاملة.

الأحرى صنعت حسب الطلب! كما يَظْهرُ الآن للنقاد، هذه المخطوطة اليونانية كُتِبتْ في أكسفورد حوالي ١٥٢٠ بواسطة راهب فرانسيسكاني اسْمُه فوري Froy (أو روي)، وقد أَخذَ كلماتَ الفاصلة المتَنازَع عليهاَ مِنْ فولجاتا Vulgate اللاتينية.(١) أدخلَ إيراسموس الفقرة في طبعتِه الثالثةِ (١٥٢٢)، لكن في هامش طويل أعلنَ بصراحة وشجاعة شكه أن المخطوطة كَانتْ قَدْ أعدت بشكل واضح لدَحْضه.(٢)

أخذت طبعة اراسموس أولويةَ غير مستحقّةَ، ولاحقاً أصبح هو ما يعرف بـ Textus Receptus للعهد الجديدِ، هذا النص الذي قاوم لمدة ٤٠٠ سنةِ كُلّ الجُهود العلمية لإزاحته لمصلحة نَصٍّ أدق ومخطوطات أسبق.

٣- طبعة روبرت استيفانوس (Robert Stephanus 1503-1559):(٣)

أصدر الناقد الباريسي الشهير روبرت استيفانوس (١٥٠٣-٥٩)، أربع طبعات للعهد الجديد اليوناني، ثلاثة في باريس (١٥٤٦ و١٥٤٩ و١٥٥٠) وآخرها في جنيف (١٥٥١). الطبعة الثالثة هي أول طبعة للعهد الجديد اليوناني يحتوي على قواعد نقدية. كذلك أدرج استيفانوس في هوامش الصفحات النصوص المختلفة في

(1) Metzger, 202.
(2) Metzger B. M.2005. A Textual Commentary on the Greek New Testament, p. 674, Metzger, The text, p. 88-89.
(3) See: Kurt Aland, Text of the New Testament, p. 6.

أربعة عشر مخطوطة يونانية، وكذلك العديد من النصوص من الكتاب المقدس متعدد اللغات (Complutensian Polyglot)، ومن المخطوطات التي اعتمد عليها المخطوطة بيازا (D) الشهيرة. كان نص طبعات استيفانوس لعام ١٥٤٦ و١٥٤٩ عبارة عن طبعة مختلطة من الطبعة متعددة اللغات وطبعة إيراسموس؛ الطبعة الثالثة (١٥٥٠) تقترب بشكل أكر من نص إيراسموس في 'الطبعات الرابعة والخامسة. ولقد أصبحت الطبعة الثالثة لإستيفانوس بالنسبة لكثير من الناس، وخاصة في انكلترا، هي النص المقبول أو القياسي للعهد الجديد اليوناني. الطبعة الرابعة لإستيفانوس (١٥٥١)، كانت تحتوي على ترجمتين لاتينيين (نص فولجاتا ونص إيراسموس) مطبوعة على جانبي النص اليوناني، وفي هذه الطبعة ولأول مرة تم تقسيم النص إلى فقرات مرقمة.

○ ثيودور دي بيازا (Beza 1519–1605):

نشر ثيودور دي بيازا Beza ما لا يقل عِنْ تسع طبعاتِ للعهد الجديد اليوناني فيما بين ١٥٦٥ و١٦٠٤، وطبعة عاشرة ظَهرتْ أخيراً في ١٦١١. أربعة منها، فقط هي طبعاتَ مستقلةَ (هذه هي ١٥٦٥, ١٥٨٢, ١٥٨٨، و١٥٩٨)، الأخرى هي إعادةَ لطبعات أصغرَ. وتَحتوي هذه الطبعاتِ، مصحوبة بالتذييلاتِ ونسختِه اللاتينيةِ الخاصةِ، بالإضافة إلى فولجاتا جيروم اللاتينية Vulgate، على كمية هامة من المعلوماتَ النصّيةَ مقتبسة مِنْ عِدّة مخطوطات يونانية قابلها Beza نفسه، بالإضافة إلى المخطوطاتِ اليونانيةِ التي قابلها هنري إستيفانوس، ابن روبرت استيفانوس.

ظهور وانتشار النص القياسي

Textus Receptus

في سنة ١٦٢٤ نشر إلزيفير أبراهام Elzevir Abraham في مطبعة ليدن Leiden، طبعة صغيرة للعهد الجديد اليوناني. (١)

وفي مقدّمة الطبعةِ الثانيةِ، التي ظَهرتْ في ١٦٣٣، تَفاخُرَ الناشر بأن " [القارئ] بين يديه الآن النص المقبول من الكافةّ، الذي لا يوجد فيه شيء مَغيّر أَو محرف" وهكذا مِنْ عبارة عارضة، نشأ الاصطلاح أو تعبير "Textus Receptus" أي النص المقبول عموماً، أو "النَصّ القياسي"، فقط بسبب هذه الجملة العفوية؛ الذي من خالفة يكفر.(٢)

النَصّ اليونانِي كان مجرد دمجاً للطبعاتِ السابقة؛ التي نشرها إستيفانوس، وبيازا Beza، وإلزيفير Elzevirs، ومع ذلك نجح في فرض نفسه باعتباره "النَصّ الحقيقي الوحيد" للعهد الجديدِ وأُعيدَ طباعته باستسلام في مِئاتِ الطبعاتِ اللاحقةِ. إنه النص الذي يكمن خلف نسخة الملكِ جيمس وكُلّ الترجمات البروتستانتية الرئيسة

---

(1) See: Kurt Aland, Text of the New Testament, p. 6 , 39.
(2) See: Metzger B. M.1991. The Text of the New Testament, p.152.

في لغاتِ أوروبا قبل ١٨٨١. لقد كَانَ الوقارُ الذي قوبل به Textus Receptus مبالغاً فيه جداً، حتى إنه في بَعْض الحالاتِ التي حاولُ أحدهم انتقادها أَو تَصحيحها اعتبر ذلك تدنيسِا للمقدسات. ورغم أنه بني على قاعدة نصّية هزيلة عبارة عن حفنة من المخطوطاتِ المتأخر والصغيرةِ المجمّعةِ بشكل عشوائي، وفي عشرات من الشواهد التي توردها لا يدعمها ولا وثيقة يونانية واحدة. تقريباً لمدة قرنين نقب العلماء في المكتبات العامة والمتاحف، في أوروبا بالإضافة إلى الشرق الأدنى، عن وثائق نص العهد الجديد. لكن تقريباً كُلّ ناشري العهد الجديدِ أثناء هذه الفترةِ كَانوا قانعين بإعادة طباعة Textus Receptus المحرفة، متجاهلين علم وفن وأدوات النقدِ. فكان أي شخص شجاع يخاطر لطِباعَة نص نقدي إمّا يدان أَو يهمل.

▤ بداية سقوط النص القياسي:

أول ضربة يوجهها عالم للنص القياسي Textus Receptus كَانَت الضربة التي وجهها لاشمان Lachemann عندما نَشرَ طبعةَ للعهد الجديد اليوناني تعتمد كليةً على تطبيقِ قواعد النقدِ النصّي. في تَحقيق العهد الجديدِ، هدف لاشمان Lachmann لم يكَنْ أن يعيد إنتاج النَصِّ الأصلي، لأنه كان يعتقد أنها مهمّة مستحيلة، لكن أراد أن يقدم بناءً على وثائق المخطوطات، وليس على أيّ نسخ مطبوعة سابقاً، تيار النَصَّ في المسيحيةِ الشرقيةِ في نهايةِ القرن الرابعِ (حوالي ٣٨٠بعد الميلاد.). ولم يستعمل مخطوطاتِ الحروف الصغيرةَ، فقد أعتمد في نَصِّه على عِدّة مخطوطات

متقدمة ذات الحروف الكبيرةِ، وعلى مخطوطات اللغة اللاتينية القديمة وفولجاتا Vulgate جيروم، واقتباسات إيرنيوس Irenaeus، وأورجن Origen. بعد خمس سنوات من العملِ، وتحديداً في سنة ١٨٣١ نَشرَ في برلين طبعة النَصِّ اليونانِي، مَع قائمة الشواهد التي تَختلفُ عن النص القياسي Textus Receptus. واستعمل الأقواس للإشارة إلى كلماتِ المريبة نصّياِ. اتفق معظم العلماء في وقت لاحق مع ويستكوت وهورت في تثمين لاشمان وعمله.(١)

لكن ليس من المفاجئ أن علماءِ الدين، حتى أحد أحرارهم مثل دي ويت De Wette، أساءَ فهم نوايا لاشمان Lachmann عموماً وهاجموه بعنفِ شديدِ، ونبذوه بالألقاب. في مقدّمةِ طبعتِه الثانيةِ (الجزء الثاني، برلين، ١٨٤٢-٥٠)، أجاب لاشمان Lachmann بطريقة مماثلة، لائماً نقّادَه لتفضيلِهم الأعمى للنَصِّ المتأخر لكونه مألوفِاً مع أنه محرف، على النص المتقدم والصيغة الأنقى.

---

(1) B. F. Westcott and F. J. A. Hort, (1881) the new Testament in the Original Greek, Introduction [and] Appendix (London,), p. 13.

▤ طبعة وستكوت Westcott وهورت: Hort

في عام ١٨٨١ نشرتِ أبرز وأهم طبعةِ نقديةِ للعهد اليوناني أنتجتْها الثقافةِ البريطانيةِ. فبعد عَمَل دام شاق دام ٢٨ سنةً تقريباً (مِنْ حوالي ١٨٥٣ إلى ١٨٨١) أصدر هذه الطبعةِ، بروك وستكوت Westcott، 1825–1901)) شماس بطرسبورغ وأستاذ اللاهوتِ في كامبردج (لاحقاً أصبح أسقفاً لدورهام في ١٨٩٠)، وجون أنتوني هورت 1828–92) Hort)، أستاذ اللاهوتِ في كامبردج، أصدرَا مجلدين: العهد الجديدَ في اللغة اليونانية الأصليةِ. المجلد الأول يَحتوي على النَصّ اليونانيَ للعهد الجديد؛ والمجلد الثاني يَشْملُ مقدمة وملحق، أثبتت فيه المبادئ النقدية التي اتبعها الناشران. درس بالتفصيل هورت، بالتعاون معِ زميلِه، بعض الشواهد المشكلة. وعندما لا يتفق الناشران على بَعْض التفاصيلِ، يميز رأي كُلّ منهما بحروف اسمه. الطبعة الثانية للمجلدِ الثانيِ، نَشرَت في ١٨٩٦، وكانت تَحتوي على بَعْض الملاحظاتِ الإضافيةِ التي كتبها إف. سي بوركيت. F. C. Burkitt على المخطوطةِ السينائية Sinaitic السريانية المكتَشَفة حينها. (١)

على خلاف المحققين السابقينِ، لا وستكوت Westcott ولا هورت Hort اهتم بتَرتيب المخطوطاتِ، ولم يقدموا قوانين وأدوات نقدية. بدلاً من ذلك اَستعملا مجموعاتَ سابقةَ مِنْ النصوص المختلفةِ، ونَقّحوا عِلْمَ المنهج النقدي الذي طوّره

(1) Kurt Aland, The Text of the New Testament, pp.37-40.

جرباخ Griesbach، ولاشمان Lachmann، وآخرون؛ وطبّقاه بصرامة، على وثائق نصِّ العهد الجديدِ.(١) يَبْدأُ هورت Hort "المقدمة" بمُناقَشَة ما يسميه "الدليل الداخلي للنصوص."

"أكثر أشكال النقد بدائية يتمثل في التعامل مع كل اختلاف بشكل مستقل، وتبني في كل مرة من خلال قراءتين أو أكثر من الاختلافات النصية القراءة التي تبدو أكثر احتمالا..... الدليل الداخلي للنصوص هو أحد نوعين، لا يُمْكن أنْ يُميّزا بحدّة عِنْ بعضهم البعض؛ الاحتمالِ الباطني؛ في الإشارةِ إلى المؤلفِ، والاحتمالِ النسخي في الإشارة إلى الناسخين. في الحالة الأولى: نَسْأَلُ ماذا من المحتمل أَنْ يَكُونَ كتبه المؤلف: في الحالة الثانيةِ، نَسْأَلُ ماذا من المحتمل أنْ يكون قد كتبه النساخ".(٢) ولكي يَتجاوزَ التعقيداتَ المتأصّلَة في المنهج والمستندة فقط على الدليل الداخلي للنصوص، يجب على الناقد النصّي أيضاً أَنْ يَستعملَ الدليل الداخليَ للوثائقِ نفسها. عند تقييم الوثائق في الحالاتِ الفرديةِ، يطمئن قلب الناقد إذا رأى أن الوثيقة موثوقة ومؤتمنة. لذا، بدلاً من أنْ يكتفي بتَقييم النصوص واحدة بعد أخرى، معزولاً بعضها عن بعض، يجب على الناقد أَنْ يَجْمعَ المعلوماتَ عن خصائص المخطوطاتِ. فإذا اكتشف الناقد أن مخطوطةً ما تَدْعمُ دائماً أو كثيراً بَعْض النصوص التي يؤيدها

(1) B. F. Westcott and. J. A. Hort,(1881) the new Testament in the Original Greek, Introduction [and Appendix (London,), pp. 19-20.

(2) Ibid.

بشكل واضح الاحتمال النسخي، فمن الطبيعي أن يَفْضل نصوصها في الحالاتِ الأخرى؛ أي عندما يكون الدليل الداخليِ للنصوص لَيسَ واضحَاً بما فيه الكفاية لاتخاذ قرار بشأن نص ما. يُلخّصُ هورت هذه النقطةِ ببيان قاعدةِ أن: " معرفةِ الوثائقِ يَجِبُ أَنْ تَسْبقَ الحكم النهائيَ على النصوص."

الخطوة التالية هي فحصَ علاقةِ عِدّة وثائق بعضها ببعض. فالمخطوطات يجب أن تُجمّعُ وتُدرس في ضوء أصلها. على سبيل المثال، إذا وجدنا مِنْ بين عشْرة مخطوطاتِ، تسعة تتُوافقُ ضدّ واحدة؛ لكن التسعة لَهُا أصل مشترك واحد؛ فإن الأكثرية العددية لا تنفع هنا. وأوضح دليل على تتبع نسب الوثائق هو وجود نصوص متشابكة، أي النصوص التي نشأت عن دمج للنصوص التي كانت موجودة في مخطوطات منفصلة. هنا، يعلن هورت Hort مبدأ نقدياً آخر هو أن " "كل ترميم جدير بالثقة للنصوص المحرفة يجب أن يتأسس بناءً على دراسة تاريخها، أي علاقات النسب أو التقارب التي تربط عدة وثائق. "(١)

تعتمدُ صلاحيةُ الاستدلالات المستندة على هذا الإجراءِ على المبدأِ النسبيِ أن "وحدةِ القراءة تَدْلُّ على وحدة الأصلِ" (٢) هذه القواعد التي تتمحور على قيمة مجموعات الوثائق، بدورها، تساعد الناقد في التوصل إلى قرار عندما يسبب امتزاج

---

(1) Ibid p. 40.
(2) Ibid p. 60 .

أصول المخطوطات صعوبة رسم شجرة النسب.

الفَقَرات السابقة تَحتوي على خلاصة المبادئِ النقديةِ التي تَبنّاها ووسّعها وستكوت Westcott وهورت Hort. نَتائِج تطبيقِ هذه المبادئِ على مخطوطاتِ العهد الجديدِ المعروفةِ آنذاكِ هي معرفة وتمييز "أنواع النصوص".

□□□□

أنواع النصوص

توصل وستكوت وهورت إلى أنه في منتصفِ القرن الثاني، كان هناك أعدادَ كبيرة مِنْ المخطوطاتِ تناوبت التَأثير إحداهما على الأخرى، لأَنَّ الناسخ كَانَ يُقارنَ عدة نماذجَ من المخطوطات إحداهما بالأخرى لاختيار واحدة أو -تلفيق- نسخة من بينها؛ وتحديد شكلِ النَصِّ الذي سينسْخه. من ناحية، كان هذا الخلط يُعقّدُ الصورةَ النصّيةَ، مما يَجْعلُ من المستحيل أن نتَتَبُّع التطور النسبيِ للمخطوطاتِ؛ نتيجة لأن سلسة النسب النصّي "تَخْتلطُ وتَتداخلُ". من ناحية أخرى، هذا التصرف أيضاً يَعْني بأنّ بَعْض أنواعِ التصرفات النسخية؛ على سبيل المثال، التوافقية؛ أي لتوفيق نص في فقرة مع نص فقرة أخرى، وضعف الصياغة، واستبدال كلمة شائعة بأخرى غريبة، أصبحت كثيرة ومطردة بانتظام في المخطوطاتِ؛ لذلك فإن هذه النسخ لا تُجسّدُ فقط أنواعَ متشابهة مِنْ التصرفات النسخية لكنها في الحقيقة تعيد إنتاج التحريفات نفسها تماماً. وعلى أساس تتبع العِلاقاتِ بين الوثائق بالنسبة لنَصِّ العهد الجديدِ، ميّزَ Westcott وهورت Hort ثلاثة أنواعِ رئيسيةِ مِنْ النَصِّ هي: البيزنطي والغربي والسكندري:

النص البيزنطي أو السوري أو القوني: في الواقع هذه كلها أسماء لنوع واحد من

النصـوص، الذي هو خَليطَ نَصِّـي ناتجَ مِنْ تنقيح صـنعه محرّرُ أَو محررون في القرن الرابعِ عندما أرادوا إخراج نصاً سلساً وكاملاً. هذا النَصِّ الخليط، الذي أصبح بعيدا عن النصـوص الأصـلية، نُقِلَ إلى القسـطنطينية Constantinople، ومن هناك انتشِرَ على نحو واسـع في كافة أنحاء الإمبراطوريةِ البيزنطيةِ. إن أفضـل ما يمثل النص السـوري اليوم هو المخطوطةِ A السـكندرية Alexandrinus (في الأناجيلِ فقط، دون سـفر أعمال الرسـل والرسـائلِ)، والمخطوطات ذات الحروف الكبيرة المتأخرة، وعدد كبير من المخطوطاتِ ذات الحروف الصـغيرة، وإن النص القياسـي Textus Receptus هو آخر شكلِ للنَصِّ السوريِ.

وصف هورت الكلاسيكي للنَصِّ السوريِ كالتّالي:

"الخواص التي يَبْدو أن مُؤلفي النَصِّ السوريِ أرادوا أن يؤكدوا عليها هي الوضوحُ والكمالُ. لقد كَانوا حريصين بشكل واضح لإزالة كُلّ العقبات من طريق القارئِ العاديِ دون استخدام إجراءاتِ عَنيفةِ. لقد كَانوا مهتمين أيضا بأَنْ ينتفعوا بالمادة العلميةِ الموجودة في كُلّ النصوصِ المتاحة لهم، ما لَمْ يُفسد السياقَ أَو يُقدّمُ تناقضاتَ ظَاهِرةَ. وفقاً لذلك؛ الأخطاء الجديدة نادرة، وإذا وقعَت فإنّها عادة تكون بهدف "التوضيح". من ناحية أخرى: الزيادات الجديدة وفيرة، معظمها بسبب محاولة التوفيق بين النصوص أَو أي من أنواع التعديل الأخرى. النَصّ السوري في كل من الأسلوب والموضوع، هو نَصّ كامل. وهو مولع بالضمائرِ، وحروف العطف، والبدل،

والإضافاتِ الكثيرة. النص السوري يقدّمُ العهد الجديدَ في شكل متناسق وجذّاب.(١)

يتفق العلماءِ اليوم عموماً على أنّ أحد المساهماتِ الرئيسيةِ التي وضعها وستكوت Westcott وهورت كَانَ هو إثباتهم أن النص السوري (أَو البيزنطي) نَصّ متأخر عِنْ الأنواعِ الأخرى للنَصِ. وهناك ثلاثة أدلة تؤيد هذا الحكمِ:

أ- النَصّ السوري يَحتوي على نصوص مشتركةً أَو مختلطة تكونت بشكل واضح من خليط من الأشكال السابقةِ للنَصِّ.

ب- لا أحد من الآباء قبل مجمع نقيا يقتبس قراءة وفقاً للنصوص السورية بشكل واضح.

ج- عندما تقارن النصوص السورية بالنصوص الأخرى يظهر بوضوح ثانوية النص السوري، أي أنها غير أصلية.

٢. النوع الثاني النص الغربي: النوع الغربي للنَصِّ الذي ميزه وستكوت Westcott وهورت، هو قديم، يرجع تاريخه إلى القرن الثاني، وواسع الانتشار؛ فالنصوصِ الغربيةِ للإنجيلِ، وسفر أعمال الرسل، ورسائلَ بولس كانت منتشرة على نحو واسع، لَيسَ فقط في شمال أفريقيا، وإيطاليا وشمال فرنسا وبلجيكا (بلاد الغال الغربي) بل في

(١) المرجع نفسه ص. ١٢٢-١٢٤. ١٩

مصر والشرق (لكن في صيغ أشد اختلافاً للنص).(١) أكثر العلماءَ يعتقدون أن النَصِّ الغربِي هو نتاج للنشاط النسخي في القرن الثاني. النَصَّ الاسم "النص الغربيَ" هو مجرد علامة على نوع مخصوص من النصوص، وليس اسما لنوع وُجِدَ في الأجزاء الغربية للإمبراطورية الرومانيةِ، لأنه وُجِدَ أيضاً في غير الأجزاء الغربية للإمبراطورية الرومانيةِ. علاوة على ذلك، شكّكَ بعضهم في وجودِه كنوع من أنواع النَصِّ لأن الوثائق التي تثبته لا يوجد بينها تناسق وتَفتقر إلى التجانس الذي نجده في الأنواعِ الأخرى مِنْ النَصِّ. مع هذا، هناك بَعْض أنواعِ من التعديلات والتغييراتِ انعَكستْ في الوثائق الغربية و(لدرجة أقل في أنواعِ النَصِّ الأخرى) ونصوص أخرى مشتركة بينهما. بسبب الترابط الضعيف للوثائق المخْتَلِفة للنَصِّ الغربِي، أكثر العلماءِ لا يَعتبرونَه من إنشاء فردِ أَو عِدّة أفراد ينقحون نَصًّا سابقًا بل، بالأحرى، هو نتيجة للتكاثر العشوائي وغير المنضبطِ و"الطائش" لتراث المخطوطات في القرن الثاني.(٢) يمثل النص الغربي بَعْض المخطوطاتِ الكبيرةِ الثنائية اللغةِ، بشكل خاص المخطوطة بيازا Bezae للإنجيلِ وسفر أعمال الرسل (D) ومخطوطة (Claromontanus (Dp (٣)للرسائلِ (Dp)، والترجمة اللاتينية القديمة (s)، والسينائية Sinaitic والمخطوطة

(1) Metzger, The text of the new testament, p. 267.
(2) Metzger, The text of the new testament, P.276.
(٣) المخطوطة كلومونتانوس، التي يرمز إليها D p هي مخطوطة مزدوجة اللغة (يونانية إنشيه –لاتبنية) يرجع تاريخ المخطوطة إلى القرن الخامس أو السادس، المخطوطة. تغفل القائمة الرسائل في هذه المخطوطة، لرسالة إلى فيلبي،ورسالتي تسالونيكي،والعبرانيين، ولكنها تشمل العديد من الأعمال التي لم تعد تعتبر قانونية ك رسالة برنابا، وراعي هيرماس وسفر أعمال بولس، ورؤيا بطرس.

كورتيون Curetonian السريانية، و جميعها تتمَيَّز بالإضافاتِ الطويلة أَو القصيرةِ وببَعْض الأخطاءِ المميّزة، وينتمي إليه الكتاب المتقدمون مثل مركيون Marcion، وتتيان Tatian، وجوستين الشهيد، وإرينوس Irenaeus، وهيبولتس Hippolytus، وترتليان Tertullian، كُلّ منهم استعمل -قليلا أو كثيراً- الشكل الغربي للنَصّ.(١)

إحدى الخصائصِ الملحوظةِ للنصّ الغربي. طبقاً لهورت، الشغف بإعادةِ الصياغة: كلمات، وفقرات، وجُمَل كاملة غُيّرتْ، أو حْذُفت، وأخرى أدرجت بحريةٍ مُدهِشةٍ، كلما بَدا أنّ المعنى يُمْكِنُ أَنْ يُظهَرَ بقوةٍ ووضوحِ أكبرِ؛ أو بدافع التوفيق بين الفقرات والنصوص، والقصد من التغييرات النسخية كان هو إثراء القصةِ بإدراجِ مادّةٍ ولو مزوّرةٍ، ولو مِنْ المصادرِ غيرِ التوراتيةِ. النَصّ الغربي يُمَيّزُ أيضاً بإضافة ومضاعفة الضمائرِ، وأحياناً حذفها إذا كانت مُزعجة؛ وبإدراج المفاعيلِ، وشبه الجمل، أَو ادراج مفعول بَعْدَ الأفعالَ اللازمة، والعطفِ في الجُمَلِ التي لم يكن فيها شيء من ذلك، والتبديل بين أدوات العطفِ. إذ يميل النساخ في النصوص الغربيةِ إلى التقليد، مما يفقدنا ميزة تنوع التعبير، حيث تتكرر نفس مادةِ الفعل كجزء مِنْ جملتين أو فقرتينِ متجاورتين أو أكثرِ، أَو مُصحّحُة عيوبَ ظاهرةَ للتشابه النصي. لكن أكثرها خطورة هو التحريف التوافقي بين النصوص "harmonistic"، أي، المحو الجزئي أَو

(1) Ibid. p. 277.

الكليّ للاختلافات بين الفقرات.(١)

٣. النوع الثالث: هو النص السكندري أو المحايد:(٢) في المسيحيةِ المبكّرة، في مدينتي الإسكندرية، المعروفة على نطاق واسع في جميع أنحاء العالم القديم كمركز رئيسي للعلم والثقافة، ولها تاريخ طويل من الثقافة والفلسفة، وتشتهر كذلك بمتحفها ومكتبتها الشهيرة مما كان له تأثير على الجزء الأكبر من سكانها. ليس من المفاجئ، إذن، أن نجد أن الوثائق النصية السكندرية تتمتع بنوعية عالية من الدقة في نسخ النصوص منذ فجرها القديم، كان هناك قانون واع ومسئول في نَسْخ كُتُبِ العهد الجديدِ، كما يظهر ذلك في كتابات آباء الإسكندرية مثل أورجن وكليمنت وغيرهما. في ضوء دراسة المخطوطات المتشابهة والمميّزةِ في النَصِّ بين مخطوطة القرن الرابعِ مثل المخطوطة الفاتيكانية Vaticanus B) وأوراق بردي أوائِل القرن الثالثِ P75 يتضح أنّ العلماء المسيحيين في الإسكندرية عَملوا بعناية ليحفظوا صيغة دقيقَة مِنْ النَصِّ.(٣) وتمتاز أعمالهم بالكياسة اللغوية والحسّاسية في تَصحيح الصيغ والنحو وفي التغييراتِ غير الملحوظةِ والموضوعة لمصلحة تحقيق أكبر درجة مِنْ الصقلِ في اللغةِ والأسلوبِ (مثل إعادةِ تنظيم وترتيب الكلماتِ لتَفادي الانقطاع). إنّ النَصَّ السكندريَ، طبقاً لوستكوت Westcott وهورت، يوجد قليلاً أو كثيراً في المخطوطةِ

---

(1) B. F. Westcott and F. J. A. Hort, (1881) the new Testament in the Original Greek, P. 124.
(2) Westcott and Hort, the new Testament in the Original Greek. 128 and beyond .
(3) Metzger, The text of the new testament, pp.277-278.

افرامي (C Ephraemi)، ومخطوطة (L Regius)، والمخطوطة ٣٣، والترجمات المصرية (خصوصاً البحرية Bohairic)، بالإضافة إلى اقتباسات الآباءِ السكندريينِ؛ وكليمنت، وأورجن Origen، وديونيسيوس الأعمى Dionysius..(١)

---

(1) B. F. Westcott and F. J. A. Hort, p. 124

نصوص غير المدرج الغربي

النَصّ السكندري أو المحايد، كما يدل عليه اسمِه، في رأي وستكوت Westcott وهورت Hort، هو أكثر النصوص خلواً من التحريف والخَلْطِ وهو الأقرب إلى نَصِّ الأصل. وإن أفضل ما يمثله هو المخطوطةِ الفاتيكانية B (Vaticanus) ويليه المخطوطةِ السينائية Sinaiticus (א). إنّ توافق هاتين المخطوطتين قوي جداً ويبين أنّهما لا يُمكنُ أَنْ يَكُونا بعيدينَ مِنْ النَصِّ الأصلي.

باستثناء بضع فقرات، استثناها وستكوت Westcott وهورت Hort يُعلنانِ: إننا نعتقد:

(l) أن نصوص السينائية א والفاتيكانية B يَجِبُ أَنْ تُقْبَلَ باعتبارها النصوص الحقيقية حتى إذا كان الدليل الداخلي يقول عكس ذلك.

و(٢) أنه لا شيء من نصوص א B يُمْكِنُ أَنْ ترفض تماماً، لكن أحياناً يمكن أن توضع فقط على سبيل الاحتمالِ، خصوصاً عندما لا تجد دعمِا مِنْ الترجمة أَو كتابات الآباءِ. من هذه الاستثناءات لتقديم النَصِّ المحايدِ هو عِدّة فقرات سموها

"غير المدرج الغربي." (١) ففي فقرات معينة يعتقد وستكوت Westcott وهورت Hort أن النَصّ الغربي أثبت الصيغةِ الأصليةِ. السبب هنا فيَ تْرُكهم شهادةَ المخطوطتين א B في هذه الفقرات بالذات هو أنّ النَصِّ الغربِي فيها، الذي عادة يميل للإسهاب والادراج، يأت هنا في صياغة قصّيرة، مقاومَاً (كما يَعتقدونَ) في هذه الفقرات تحديداً؛ الميل لإدراج مادّةٍ أجنبية عن النص، بينما النَصُّ المحايدُ هو الذي يُقدّمُ القراءة المسهبة أو المدرجة؛ هذه الاستثناءات هي التي فضلوا فيها النَصِّ الغربي على المحايدِ وهو عِدّة فقرات سموها "غير المدرج الغربي." (٢)

النظرية باختصار هي: أنه في بعض الحالات النادرة حفظت الوثائق النصية "الغربية" النص الأصلي على عكس جميع الوثائق الأخرى. هذه الحالات، بالنسبة إلى وستكوت وهورت، هي نصوص تكون فيها القراءة الغربية أقصر من البديلة، وهو ملابسة متناقضة، نظرا لأن النزعة العامة لهذا التقليد الغربي هو توسيع النص من أجل المساعدة في "توضيح معناه".(٣)

وعلاوة على ذلك، وهذه هي النقطة الرئيسية -أنهم لم يرفضوا على الإطلاق النصوص غير الغربية في هذه الحالات لمجرد أنها كانت أطول؛ لكنهم بحثوا الاحتمالات الموضوعية والنسخية في كل حالة لتحديد ما إذا كانت الكلمات المعنية

(1) B. F. Westcott and F. J. A. Hort, p. 171.
(2) B. F. Westcott and F. J. A. Hort, p. 173.
(3) Ibid. p. 153.

يجب تفسيرها على أنها إدراج أو حذف. وفي النهاية، جادلوا عن ثلاثة أنواع من النصوص الغربية الأقصر (في الأناجيل):

١-اعتبرت ستة منها، على أساس الدليل الداخلي، من غير المحتمل أنها تمثل النص الأصلي هي فقرات:(متى ١٥:٤، ٢٥؛ ٣٣:١٣؛ ٢٦:٢٣؛ مرقص ١٠: ٢؛ لوقا ٢٤: ٩).

٢-اثني عشر فقرة اعتبروها ربما، ولكن ليس على الأرجح، أنها النصوص الأصلية هي فقرات (متى ٣٤:٩؛ ٤٤:٢١؛ مرقص ٢٢:٢؛ ٣٩:١٤؛ لوقا ٣٩:٥؛ ٩٠: ٤١ و؛ 19 :L2، 21، 39؛ ٢٢: ٦٢؛ يوحنا ٣: ٣٢؛ ٤: ٩).

٣-واعتبروا تسع فقرات أخرى أنها على الأرجح تمثل النص الأصلي (وبالتالي "غير المدرج الغربي هي فقرات " متى ٤٩:٢٧؛ لوقا ٢٢: ١٩ ٢٠؛ ٢٤: ٦،٣، ١٢، ٣٦، ٤٠، ٥ ١، ٥٢).

□□□□

سقوط النص القياسي

Textus Recptus

كانت الضربة القاضية التي وجهت للنص القياسي هي اصدار النسخة المنقحة للكتاب المقدس؛ الترجمة النقدية البريطانية التي صدرت في أواخر القرن التاسع عشر لنسخة الملك جيمس (KJV) لعام ١٦١١. كانت نسخة الملك جيمس؛ و لاتزال في بعض الكنائس المسيحية لها المكانة الأولى والوحيدة المعتمدة والمعترف بها رسميًا للكتاب المقدس، وهي كلمة الله التي لا يمكن أن ينقص منها نقطة ولا حرف واحد، لكن بعد صدور النسخة المنقحة (RV) للكتاب المقدس؛ أصبحت الترجمة المراجعة هي الوحيدة المعتمدة رسميًا لنسخة الملك جيمس (KJV)، والتي تُسمى أيضًا النسخة المعتمدة (AV)، وعُهد بالعمل فيها إلى حوالي خمسين عالمِا من مختلف الطوائف في بريطانيا العظمى. ولقد نُشر الجزء الخاص بالعهد الجديد في عام ١٨٨١، والجزء الخاص بالعهد القديم في عام ١٨٨٥، ونشرت الكتب الأبوكريفا في عام ١٨٩٤. كان على رأس أعضاء اللجنة -طبعاً بروك فوس ويستكوت Westcott وفنتون جون أنتوني هورت Hort -؛ وكان أشد منتقدي ذلك العمل جون ويليام

برجن. كان الهدف المعلن لمترجمي RV هو "ملائمة نسخة الملك جيمس مع الوضع المعاصر للغة الإنجليزية دون تغيير المصطلحات والمفردات"، و "تكييفها مع المعيار المعاصر للثقافة الكتابية". علاوة على ذلك، كان هذا العمل لتصبح هذه النسخة المراجعة "أفضل إصدار ممكن في القرن التاسع عشر، كما كانت نسخة الملك جيمس هي الأفضل التي يمكن إصدارها في القرن السابع عشر." (١)

تحقيقًا لهذه الغايات، أهمل المحققون النص اليوناني الفاسد المستخدم في ترجمة العهد الجديد والذي اعتقد البعض خطأ أنه النص الموثوق أو المعتمد، واعتمدوا نصاً أعلى وأفضل من النص المستخدم في نسخة الملك جيمس.

في العهد الجديد وحده، تم إجراء أكثر من ٣٠٠٠٠ تغيير، أكثر من ٥٠٠٠ منها على أساس نص يوناني أفضل. بدأ العمل في عام ١٨٧٠. تم الانتهاء من العهد الجديد في عام ١٨٨١، وأصدرت النسخة المنقحة من العهدين القديم والجديد في ١٩ مايو ١٨٨٥. وطبعتها جامعات أكسفورد وكامبردج.

بينما يدعي معظم مؤيدي الإصدار الحديث أن العقيدة المسيحية لن تتأثر بالتغييرات في الإصدارات الحديثة، كان الدكتور جورج فانس سميث الباحث الموحد الذي عمل في لجنة ترجمة RV كتب كتابًا يوضح أن نصوص RV الجديدة تؤيد مذاهب التوحيد Unitarian. سماها: "نصوص وهوامش العهد الجديد المنقح التي تؤثر

(١) انظر مقدمة الطبعة، صورة في قسم الملاحق نهاية هذا البحث.

على العقيدة اللاهوتية".(١) نظرا لأن نسخة الملك جيمس البالغة من العمر ٣٠٠ عام كانت لا تزال الكتاب المقدس الإنجليزي الوحيد المقبول والقابل للحياة في إنجلترا؛ عندما نشرت النسخةِ المرَاجَعةِ، أو المجازة، للملكِ جيمس، في سنة ١٨٨١، لتخرج نسخة أو طبعة ١٦١١ من دائرة الأصالة بناء على تنقيح وستكوت وهورت، أثار ذلك غضب الأرثوذوكس، لَيس فقط بسبب إنجليزيتها غير الفصحِى لكن بدرجة أكبر لأن المراجع قلد نَصًّا يونانيا مماثلاً للذي نشره وستكوت Westcott وهورت Hort. طبعا ليس غريباً أن يقابل عمل وستكوت Westcott وهورت في الازاحة الكليّة تقريباً لنص Textus Receptus باعتبارها النَصَّ الأصليَ للعهد الجديد بالرفض والهجوم عديم النظير باعتباره اساءةً "لكلمة الله" وتلويثاً لها. هكذا في العقودِ الأخيرة من القرن التاسع عشرِ، النَصّ التقليدي Textus Receptus وَجدَ مدافعاً شجاعاً هو العميد جون وليم برجن. 88–1813) Burgon)، في سلسلة مِنْ ثلاثة مقالاتِ واسعة في (لندن) بعنوان "مراجعة فصلية"، وأُعيدتْ طباعتها في مجلد بعنوان "تنقيح المراجعة" (لندن، ١٨٨٣)، استعمل برجن Burgon كُلّ قدراته البلاغية لمهَاجَمَة العهد الجديد اليوناني لـ Westcott و Hort. حجّة برجن Burgon كَانتْ عقائدية فقط. ككاهن كبير متحمس، هو لا يَستطيعُ أَنْ يَتخيّلَ؛ لأن كلماتِ الكتاب المقدّسِ قَدْ كتبت بإلهامِ روحِ القدس، أن الله لم يكن بشكل حاسم قادراً على حفظها من

(1) See: George Vance Smith, (2015) Texts and Margins of the Revised New Testament Affecting Theological Doctrine Briefly Reviewed.

التحريف أثناء نسخها عبر القرون، ولذلك، هو لا يصدّقَ؛ بالنسبة إلى برجن Burgon أن Textus Receptus، التي كَانَت تستعمله الكنيسةِ لقرونٍ، يُمكنُ أَنْ تَكُونَ فِي حاجةِ للتحقيق والدراسات النقدية الصارمة كما فعله وستكوت Westcott وهورت Hort.(١) لكن "الكاهن الكبير المنتمي للمدرسةِ القديمةِ " الذي أصبحَ سيئ السمعة باعتباره" القائد البطلَ للقضايا الخاسرةِ والاعتقاداتِ المستحيلةِ؛ خسر المعركة وسقط النص الشائق المعتمد على أصول هزيلة الضربة القاضية أمام النص المراجع والمحقق والمبني على قواعد علمية ونقدية، قام بها مؤمنون مثله يبذلون حياتهم وأموالهم في سبيل معرفة كلمة الله الحقيقية.

---

(1) See: John William Burgon, (2012) The causes of the Corruption of The Traditional Text of the Holy Gospels.

THE NEW TESTAMENT

IN THE

ORIGINAL GREEK

THE TEXT REVISED BY

BROOKE FOSS WESTCOTT, D.D.

CANON OF PETERBOROUGH, AND REGIUS PROFESSOR OF DIVINITY, CAMBRIDGE

AND

FENTON JOHN ANTHONY HORT, D.D.

HULSEAN PROFESSOR OF DIVINITY, CAMBRIDGE

AMERICAN EDITION

WITH AN INTRODUCTION

BY PHILIP SCHAFF, D.D., LL.D.

PROFESSOR IN THE UNION THEOLOGICAL SEMINARY, NEW YORK
PRESIDENT OF THE AMERICAN BIBLE REVISION COMMITTEE

NEW YORK

HARPER & BROTHERS, FRANKLIN SQUARE

1881

رسم توضيحي ١ غلاف الطبعة القياسية 1880

الفصل الرابع

تدريبات على نقد نص العهد الجديد

تدريبات على النقد النصي

بما أن النقد فن فهل يمكن أن نتعلم النقد النصي؟ إن محاولة أن تعلم شخصاً ما كَيفَ يُصبحَ ناقداً نصّيا تماماً مثلما تعلمه كَيفَ يُصبحَ شاعراً!

على أية حال يمكننا أن نبين ونشرح المبادئ والمعايير الأساسية كما يُمْكِنُ أَنْ نصف أو نقوم ببَعْض العملياتِ النقدية؛ كممارسة عملية، لكن التطبيقَ الصحيح لهذه المعايير والعمليات في الحالاتِ الفرديةِ تَعتمد على المهرات الذاتية للناقد ومنها الحصافةِ والبصيرةِ النافذة الخاصةَ. مع أخذ هذا المعنى في الاعتبار، يمكن للمبتدئ أنَ يَعْرفُ كَيفَ يقوم بممارسة بسيطة لعملية نقدية تطبيقاً وممارسة لعلم النقد النصي.

الخطوات العملية لممارسة نقد النصي

إذن في هذا الفصل ننتقل من النظرية إلى التطبيق. فما مضى كان هو الجانب النظري والتاريخي للنقد النصي؛ أما من الناحية العملية، فالخطوة العملية هي عملية تحليل وتقييم الأدلة النقدية التي أشرت إليها فيما سبق، التي يجب أن تنظم في جداول أو قوائم؛ فالترجمات والوثائق الأخرى المختلفة؛ ينبغي أن توضع في قائمة، كل منها

مع ما يساندها ويشهد لها من الوثائق. وسيساعد ذلك الناقد لأن يرى بوضوح القضية الأساسية في الموضوع، وإذا ما كانت الوثائق الرئيسة تشتمل على قرءتين أو أكثر؛ على التفصيل التالي:

١. الدليل الخارجي

في دراسة الأدلة المختلفة، الخارجية والباطنية، أو تَقييم ودراسة الأدلة؛ يجب أن يبدأ الناقد بالاعتبارات الخارجية (الظاهرية أو الوثائقية)، فيَسْأَلُ: أَيّ الترجمة تدعمها الوثائق؛ المخطوطاتِ الأقدم والنوعِ الأقدم للنَصِّ؛ على سبيل المثال:

القراءات والترجمات والوثائق المبكّرة والمدعومة بوثائق أخرى مِنْ مناطق جغرافية عريضة وواسعة شهادتها أقوى، ولها أولوية كبيرة وشهادة قوية لصالحها. من ناحية أخرى، الترجمة المدعومة بوثائق ضعيفة أو مشتقة من غيرها أو تقليد لنوع آخر من أنواع النصوص، تكون شهادتها ضعيفة. على سبيل المثال القراءة أو النص المدعوم فقط بالوثائق القونية Koine أو البيزنطية (أو حسب تسمية هورت Hort: السورية) يجب أن تطرح جانباً باعتبارها ثانوية أي مشتقة من أصل أو أصول أخرى. والسبب الذي يبرر للناقد نَبْذ النص القوني Koine هو أنّه نوع نَصِّ متأخر، صيغ اشتقاقاً من الأنواعِ النص الأسبق منه. (١)

---

(١) رغم ذلك؛ وفي الواقع، النص القوني الثانوي والمتأخر هذا هو الذي نجده يَظْهرُ في أغلبية كبيرة مِنْ المخطوطاتِ اليونانيةِ، لكن ليس لقيمته النقدية، بل نظرا لأنه النص الذي آمنت به الكنيسة؛ مع تعديلاتِ لاحقةِ أدخلت عليه، باعتباره
=

بعد أن يَتحقّقَ الباحث أو الناقد من تحرير أنواعِ النَصِّ وما يشهد له من الوثائقِ المختلفة، على الناقد يَجِبُ أَنْ يَتوصّلَ إلى استنتاج تقريبي فيما يتعلق بأي النصين هو الأصلي أو المقدم أو المفَضَّل على أساس الاعتبارات النقدية؛ مثل عُمرِ المخطوطاتِ، الانتشار الجغرافي للوثائق التي تدعم الترجمة أو القراءة محل النظر، وكذلك نوع النصّي الذي يَعُودُ إليه الوثائق وصفاته وأهميته.

إن نتيجة دراسة العلاقةِ النسبيةِ بين المخطوطاتِ يَمْنعُ الناقد من الوقوع في خطأ فاحش كتَفْضيل ترجمة أو قراءة لمجرّد أن عدد كبير مِنْ الوثائق يثبتها.

٢. النقد أو الدليل الداخلي (النسخي والموضوعي)

أ- الدليل النسخي:

الخطوة التالية في عملية تَقييم الترجمات المختلفةِ هو الاحتكام إلى الدليلَ الداخليَ، بْدأً بالاحتمالاتِ النسخية. فيسأل الباحث: أي الترجمة هي الأكثر صعوبةً، أي، أكثر صعوبةً بالنسبة للكاتبِ؟ فإذا تساوت العوامل الأخرى؛ كالوثائقية، فالترجمة التي حيّرتْ النساخ أو المترجمين؛ في الغالب، تَكُونَ هي الأصلية.

لكن لماذا تمثل قراءة ما أو ترجمة ما صعوبة لناسخ أو مترجم؟ عندما نسأل عن أي الترجمة هي الصعبةُ وتمثل صعوبة، وبناءً عليه نعتبرها أصلية.

النَصّ المقبول للكنيسةِ الأرثوذكسية اليونانيةِ Textus Recptus، إلا أن وفرة الوثائق بشكل عددي لا يهم نظراً للأصلِ الثانوي لنوعِ النَصّ ككُلّ كما شرحت.

هنا نقطة حاسمة يجب بيانها:

لقد فضل النساخ والمترجمون بَعْض القراءات والترجمات لأنها دَعمت المعْتَقَدات السائدةَ والممارساتَ في البيئة التي يعيشون فيها من العالمِ المسيحيِ. لِذلك، على الناقد النصّي أَنْ يَكُونَ لديه معرفة تامة بتطورِ المذهبِ والعقيدة والعبادة المسيحيةِ، بالإضافة إلى معرفته بالبدع والانحرافات الضالة في الكنيسةِ المبكّرةِ.

ويجب على الناقد أن يجمع بين المعرفة بالميزّاتِ البيوغرافية للمخطوطات ذات الحروف الكبيرة والصغيرةِ، مع معرفة الاختلافات العقدية، وكذلك معرفة قواعدِ الإملاء والنحو اليونانيِ، مما يمكنه من التقييمَ الصحيحَ في أغلب الأحيان وترجيح قراءة او ترجمة مختلفة. هكذا عندما يَتعاملُ الناقد مع شاهد في الإنجيلِ المتشابهة، من الضروريُ أن نفَحْص الشواهد المتوازيةِ له. وبما ان من عادات النساخ التوفيق والتنسيق بين نصوص الأناجيل؛ لذا فلدينا قاعدة أخرة تتعلق بالنقد، هذه القاعدة الأساسية بالنسبة لمحققي النَصِّ هي أن يميز كل إنجيل ويوصف بوصف خاص به، بعيداً عن تنسيق النساخ والمترجمين. هذا يَعْني أن القراءة أو الترجمة التي تَختلفُ لفظاً أو معنى عن شاهد موازي لها (خصوصاً عندما يكون الأدلة على هذه الترجمة الموازية قويّ) يَجِبُ أَنْ تقدم. كذلك في الاقتباسات مِنْ العهد القديمِ، نصّ الترجمة السبعينيةِ يجب أنْ يكون محل مراجعة الناقد؛ لأن النساخ دائما يميلون إلى جَعْل اقتباسات العهد الجديدِ تتوافقُ بشكل خاص مع نَصِّ الترجمة السبعينيةِ. والترجمات

التي تختلف عنْ العهد القديمِ لا يَجِبُ أَنْ تَرفض بدون دراسة كافية وحذرة.

أخيراً، الناقد قد يحتاج إلى دراسة الاحتمالات الموضوعية؛ أي تناسق القراءة مع سياق المؤلف واسلوبه. فالترجمة التي تَعتبرُ أصلية يَجِبُ أَنْ تَكُونَ متوافقة مع أسلوبِ المؤلف واستعماله في جميع أو أغلب مؤلفه أو مؤلفاته. وهكذا أحياناً الترجمة الوحيدة التي تَبْدو أنها تتوافق مع استعمالِ المؤلفَ في أماكن أخرى تكون قد تكون مدعومة بدليلِ خارجيِ أو وثائقي ضعيف.

لكن توجد ملاحظتان هامتان عند ممارسة النقد النصي:

الأولى: أنه لَيسَت كُلّ هذه المعاييرِ قابلة للتطبيق في كُلّ حالة؛ فعلى الناقدَ أَنْ يَعْرفَ متى يكون الضابط قابلاً لتطبيقه على الحالة النصية التي بين يديه دون ضابط آخر.

ونظرا لأن النقدِ النصّيِ هو فَنٌّ بالإضافة إلى أنه عِلْم، فمن المتوقع أن يختلف العلماء في تقييم كثير من الحالاتِ؛ سواء فيما يتعلق بتقييم أو اعتبار دليل دون آخر. هذا الاختلاف حتمي لاسيما عندما تتساوى الأدلة أو تتعادل بصورة لا يمكن حسم الخلاف على أساسها، أو يكون النص المشكل موجوداً بصورة ضعيفة أو وثائق متأخرة.

الثاني: أهم الصعوبات التي تواجه الناقد وتتكرر بشكل دائم، هو الميول الذاتية،

أي الميلُ إلى أن تكون في جانب أحد النصوص لا لأسباب علمية بل لميولٍ ذاتية أو عقائدية، أو أن يبالغ الناقد في تبسيط التحليلِ وجواب الأسئلةِ أو الشكوك المطروحة حول النص. هذا الميلِ في النقدِ النصّيِ، وفي الواقع في كل علم، يفسد النتائج؛ لاسيما عندما يكون العالم، مَفْتُوناً بطريقة وحيدة أَو معيار شخصي للنقد النصّيِ، مطبّقًا له عشوائياً على أنواع مختلفة مِنْ المشاكلِ النصية.

على سبيل المثال، في بِداية القرنِ العشرونِ كرس أدالبرت ميركس Adalbert Merx ثلاث مجلداتَ علمية لمحاولةِ إثْبات أن النَصِّ الغربِي أقربُ إلى النص الأصلي من سواه من أنواع النصوص، وبأنّ أفضل من يمثل النص الغربي، هو المخطوطة السينائية Sinaitic السريانية؛ وليست بيازا D.

النقد النصّي ليس فرّعاً مِنْ الرياضياتِ، بل هو من العلوم الاجتهادية، التي تخضع لقدرات الإنسان وفهمه وميوله وتقديره وحياده أمام القضايا التي يناقشها. وهو أيضا يتعامل مع ثمار عمل بشري؛ تأليف ونسخ وترجمة، وهذه في الحقيقة ليست مثل الأعداد والخوط المستقيمة أبداً. ولاريب يظهر فيها ما يظهر في كل نشاط بشري، أعني الضعف والانحرافات العقلية والميول والنزوات الإنسانية.

لذا فقواعد النقد هذه لَيستْ صارمة، نعم ربما يكون النقد أفضل وأسهل لو كانت كذلك، وربما هذا هو السبب في أن كثيرين يحاولون التظاهر بأنها كذلك، أو على الأقل يتعاملون معها كما لو كانوا يعتقدون أنها كذلك؛ ولكنها في الواقع ليست

كما يقولون.

بالطبع يمكنك أن تتأول وتخترع المبررات لتجعل نقاشك وقواعدك حاسمة وصارمة لو شئت، ولكن عندئذ سيكون لديك قواعد زائفة، وسوف تقودك إلى الخطأ لأن بساطتها الزائفة سوف تجعلها غير قابلة للتطبيق على المشاكل التي ليست بسيطة، بل معقدة؛ بسبب ميول الناقد الذاتية.

الناقد النصي وهو يؤدي عمله لا يشبه أبدا أبحاث العلامة الخوارزمي الرياضية، أو إسحاق نيوتن عن حركات الكواكب؛ لكنه يشبه ضابط الشرطة مع كلب بوليسي يبحث عن جريمة وفاعلها.

□□□□

(١) انجيل متى

قد يبدو منطقيا أن نبدأ بإنجيل متى، لأنه الإنجيل الأول ترتيباً؛ سواء في الترتيب القانونيِ: متى، مرقص، لوقا، ويوحنا أَو حتى فيما يسمّى بالترتيب الغربِي: متى، يوحنا، لوقا، ومرقص. ومع ذلك هذا ليس الاختيار الأفضل: فعلى الرغم من أن متى هو أول كتاب في العهد الجديد، لكنه ليس أول هذه الكتب كتابة. أول كتب العهد الجديد كتابة هو على الارجح هو الرسالة الأولى لتسالونيكي (١ تسالونيكي)، إحدى رسائل بولس الرسول. لهذا السبب، يبدأ بعض الغربيين دراستهم عن العهد الجديد بحياة وكتابات بولس. في حين أن هذا الخيار ربما يبدو أكثر منطقية من البداية بمتى، إلا أن هذا يحمل في طيه مشاكل أخرى؛ لأن لقد عاش بولس بعد المسيح واستند في العديد من تعاليمه على اعتقاده في موت المسيح وقيامته. بينما نحن نريد أن نبدأ بحياة وتعاليم المسيح؟

مشكلة البداية هنا هو أننا ليس لدينا أي كتابات تنسب للمسيح، وقد كتبت الأناجيل التي تسجل أقواله وأفعاله بعد فترة طويلة من الأحداث، بل في الواقع متأخراً جداً حتى بعد عصر بولس. مهما يكن من شيئ فقد حظي الكتاب المعروف باسم انجيل متى منذ فجر المسيحية بمكانة فريدة منذ أن وضع أو جمع في مجلد واحد مع

الأسفار الأخرى التي يتألف منها "العهد الجديد"، حيث جاء انجيل متى أول الأناجيل ترتيباً، سواء في الترتيب القانوني (متى، مرقص، لوقا، يوحنا) أو فيما يعرف بالترتيب الغربي (متى، يوحنا، لوقا، مرقص)، وحديثاً؛ وفقاً لأحدث النظريات النقدية، يعتبر انجيل متى هو أول الأناجيل كتابة وقد استقى منه الآخرون؛ مرقص ولوقا، وربما لم يستندا إلى مصدر آخر غيره؛ و هو ما يسميه النقاد "نظرية "أولية متى".(١) إنّ نتائجَ الدراسات النقدية على انجيل متى بعيدة الأثر: لأنها تكْشفُ أن لإنجيل متى نَصّاً ومتناً سابق حُرّف قديماً بشكل فادح، لمقاصد عقائدية وجدلية، وأن النسخة الناتجة دمجت فيما بعد بالنَصِّ الأصلي ليخرج الإنجيلِ كما نراه اليوم. فضلاً عن أن النَصِّ الأصلي نفسه كان نتاجَ لعملياتِ سابقةِ تَضمّنَت عدة مراحل وسلسلةِ من الإضافاتِ الرئيسيةِ المتتابعة.

قديماً حظي الكتاب المعروف باسم انجيل متى منذ أمد بعيد بمكانة فريدة عندما تم وضعه أو جمعه في مجلد واحد مع الأسفار الأخرى التي يتألف منها "الأناجيل"، حيث وضع انجيل متى أول الأناجيل ترتيباً، سواء في الترتيب القانوني (متى، مرقص، لوقا، يوحنا) أو ما يعرف بالترتيب الغربي (متى، يوحنا، لوقا، مرقص)، وحديثاً؛ وفقاً لأحدث النظريات النقدية، هو أول الأناجيل كتابة وقد استقى منه الآخرون؛ مرقص

---

(١) انظر هذا الرأي وأدلته عند: باول، اينوك، ١٩٩٤، تطور الانجيل، ترجمة ايبش؛ أحمد، دار قتيبة- بيروت- دمشق، الأولى، ص ٤٩.

ولوقا، وربما لم يستندا إلى مصدر آخر غيره؛ و هو ما يسميه النقاد "نظرية "أولية متى".(١)

إنّ نتائجَ الدراسات النقدية على انجيل متى بعيدة الأثر: لأنها تكْشفُ أن لإنجيل متى نَصّاً ومتناً حُرّف سابقاً بشكل فادح، لمقاصد عقائدية وجدلية، وأن النسخة الناتجة دمجت فيما بعد بالنَصِّ الأصلي لإصدار الإنجيلِ كما نراه اليوم. فضلاً عن أن النَصّ الأصلي نفسه كان نتَاجَ لعملياتِ سابقةِ تَضمّنَت عدة مراحل وسلسلةِ من الإضافاتِ الرئيسيةِ.

---

(١) انظر هذا الرأي وأدلته عند: باول، اينوك، ١٩٩٤، تطور الانجيل، ترجمة ايبش؛ أحمد، دار قتيبة- بيروت- دمشق، الأولى، ص ٤٩.

▤ نسب المسيح: متى ١: ١-١٧

بدأ مؤلف متى بذكر نسب عيسى، متتبعاً الآباء والأبناء لكن بدءاً من إبراهيم (فقرة ٢) إلى داود (فقرة ٦)، ثم من داود الى السبي البابلي (فقرة ١٢)، ثم من السبي إلى يعقوب، أبو يوسف (فقرة ١٦). هنا بالضبط تنشأ المشكلة:

1كِتَابُ مِيلاَدِ المسيح الْمَسِيحِ ابْنِ دَاوُدَ ابْنِ إِبْراهِيمَ:

2إِبْراهِيمُ وَلَدَ إِسْحاقَ. وَإِسْحاقُ وَلَدَ يَعْقُوبَ. وَيَعْقُوبُ وَلَدَ يَهُوذَا وَإِخْوَتَهُ.

3وَيَهُوذَا وَلَدَ فَارِصَ وَزَارَحَ مِنْ ثَامَارَ. وَفَارِصُ وَلَدَ حَصْرُونَ. وَحَصْرُونُ وَلَدَ أَرَامَ.

4وَأَرَامُ وَلَدَ عَمِّينَادَابَ. وَعَمِّينَادَابُ وَلَدَ نَحْشُونَ. وَنَحْشُونُ وَلَدَ سَلْمُونَ.

5وَسَلْمُونُ وَلَدَ بُوعَزَ مِنْ رَاحَابَ. وَبُوعَزُ وَلَدَ عُوبِيدَ مِنْ رَاعُوثَ. وَعُوبِيدُ وَلَدَ يَسَّى.

6وَيَسَّى وَلَدَ دَاوُدَ الْمَلِكَ. وَدَاوُدُ الْمَلِكُ وَلَدَ سُلَيْمَانَ مِنَ الَّتِي لأُورِيَّا.

7وَسُلَيْمَانُ وَلَدَ رَحَبْعَامَ. وَرَحَبْعَامُ وَلَدَ أَبِيَّا. وَأَبِيَّا وَلَدَ آسَا.

8وَآسَا وَلَدَ يَهُوشَافَاطَ. وَيَهُوشَافَاطُ وَلَدَ يُورَامَ. وَيُورَامُ وَلَدَ عُزِّيَّا.

9وَعُزِّيَّا وَلَدَ يُوثَامَ. وَيُوثَامُ وَلَدَ أَحَازَ. وَأَحَازُ وَلَدَ حِزْقِيَّا.

10وَحِزْقِيَّا وَلَدَ مَنَسَّى. وَمَنَسَّى وَلَدَ آمُونَ. وَآمُونُ وَلَدَ يُوشِيَّا.

11وَيُوشِيَّا وَلَدَ يَكُنْيَا وَإِخْوَتَهُ عِنْدَ سَبْيِ بَابِلَ.

12وَبَعْدَ سَبْيِ بَابِلَ يَكُنْيَا وَلَدَ شَأَلْتِئِيلَ. وَشَأَلْتِئِيلُ وَلَدَ زَرُبَّابِلَ.

13وَزَرُبَّابِلُ وَلَدَ أَبِيهُودَ. وَأَبِيهُودُ وَلَدَ أَلِيَاقِيمَ. وَأَلِيَاقِيمُ وَلَدَ عَازُورَ.

14وَعَازُورُ وَلَدَ صَادُوقَ. وَصَادُوقُ وَلَدَ أَخِيمَ. وَأَخِيمُ وَلَدَ أَلِيُودَ.

15وَأَلِيُودُ وَلَدَ أَلِيعَازَرَ. وَأَلِيعَازَرُ وَلَدَ مَتَّانَ. وَمَتَّانُ وَلَدَ يَعْقُوبَ.

16وَيَعْقُوبُ وَلَدَ يُوسُفَ رَجُلَ مَرْيَمَ الَّتِي وُلِدَ مِنْهَا المسيح الَّذِي يُدْعَى الْمَسِيحَ.

17فَجَمِيعُ الأَجْيَالِ مِنْ إِبْرَاهِيمَ إِلَى دَاوُدَ أَرْبَعَةَ عَشَرَ جِيلاً، وَمِنْ دَاوُدَ إِلَى سَبْيِ بَابِلَ أَرْبَعَةَ عَشَرَ جِيلاً، وَمِنْ سَبْيِ بَابِلَ إِلَى الْمَسِيحِ أَرْبَعَةَ عَشَرَ جِيلاً."

هذا النسب واضح أنه ليوسف الذي هو رجل مريم، المرأة التي ولد منها عيسى. لكن وفقا لمتى، يوسف ليس والداً للمسيح، لأنه في هذا الإنجيل مريم أم عيسى كانت وبقيت عذراء. لهذا السبب، يكون متى مضطراً لتغيير صيغة العلاقات بين الأب والابن عندما يأتي إلى نهاية الفقرة ١٦قائلاً: "ومتان ولد يعقوب، ويعقوب ولد يوسف، رجل مريم التي ولد منها عيسى، المدعو المسيح". وكان يجب أن يقول – طرداً للصيغ- ".. ويوسف ولد عيسى.."!!!

فالمشكلة تكمن في تتبع سلالة نسب عيسى والعودة بها إلى داود وإبراهيم، في

حين أنه لا علاقة للمسيح بهذه السلسلة؟ الصلة الوحيدة له هي من خلال يوسف، الرجل الذي هو في الحقيقة ليس والده.

إن الأمر محير، على الرغم من أن المؤلف يحاول أن يجعل المسألة واضحة. إنه يحاول إظهار أن عيسى له جذور يهودية، وبشكل أكثر تحديدا، من نسل داود، الذي هو ضرورة لكونه "ابن داود"، لأن المسيح المنتظر لابد أن يكون من نسل داوود. وهكذا، على الرغم من أن سلسلة النسب قد تبدو غير ذات صلة للوهلة الأولى، حيث أن عيسى لا ينتمي إلى السلالة التي يسردها، ويعني ذلك بوضوح أنه لابد من شرح توضيحي: لأن يوسف كان بمعنى "الأب" لعيسى (عن طريق التبني؟)، ارتبط عيسى من خلاله بالعظماء في تاريخ إسرائيل.

لكن في سياقِ خطبةِ بطرس في (سفر الأَعمال ٢)، عند الكَلام عن قيامة المسيح، يستشهد بطرس بدليل كتابي (مزمور ١٦) على أن الله سيقيم المسيح ليجلسه على عرشِ داوود، وهو الإنسان الذي سيأتي "مِنْ ثمرة ذكره" أي داود (سفر الأفعال ٢:٣٠)؛ وهو ما يعني البنوة الحقيقية الجسدية!! كيف اتصل المسيح بداود "جسدياً" و "حقيقة" بينما هو ليس ابناً حقيقياً " من ثمرة ذكر" يوسف؟

وعندما وضعت قائمة النسب هذه في بداية الكتاب تم استبدال اسم ابراهيم باسم "عيسى المسيح" وأضيفت كلمات "ابن داود، ابن ابراهيم" وبالطبع كان وصف "ابن داوود " هاماً، ولكن وصفه بأنه "ابن ابراهيم" لم يكن كذلك، حيث أن جميع

اليهود من أبناء ابراهيم (قارن مع ٣ : ٩) ومن هنا تنشأ الحيرة التي يشعر بها القراء عندما يجدون قائمة نسب تبدأ بإبراهيم موجودة في بداية كتاب عن المسيح.

إن القسم من سلسلة نسب ابراهيم إلى داوود يطابق سفر أخبار الأيام الأول ١: ٣٤ و ٢ : ١٥ أما من داوود إلى يكنيا فيطابق سفر أخبار الأيام الأول ٣ : ٥-١٦ ولكن مع حذف ثلاثة أسماء بعد أخزيا واسم رابع هو يهوياقيم بعد يوشيا. أما الأسماء التسعة بين زربابل ويوسف فليست كافية لسد الفجوة بين التي تمتد ٥٠٠ عام بين زربابل (٥٣٦ م) وبين هرودوس. وقد رأى مؤلف لوقا هذه الصعوبات وخصوصاً الأولى وهي بداية كتابه بقائمة ذرية من ابراهيم، والثانية هي القائمة التي تضع عيسى في القرن الثالث أو الثاني قبل الميلاد. وقد تعامل مع الأولى بأن انتظر حتى بدأت قصته بشكل جيد (٣ : ٢٣) ثم أدخل قائمة نسب تبدأ بعيسى وتمتد إلى آدم ابن الله" [(١)] والجزء الذي يمتد من داود إلى ابراهيم عنده مطابق عدا أنه يضم اسمين هما أرني وأدمين بدلا من اسم آرام ولكن السلسلة التي تصل إلى داود لم تمر عبر سليمان وإنما عبر واحد آخر من أبناء داود هو ناتان، ربما لتجنب نبوءة إرميا (٢٢ : ٣٠) السابقة.

مشكلة أخرى في هذا الفصل تستدعي النظر هي الفقرة ١٧، أو لغز [١٤\١٤\١٤] : حيث تقسم الفقرة سلسلة النسب بهذه الطريقة: بين إبراهيم

(١) انظر : باول، اينوك. تطور الانجيل، ص ١٤٦-١٤٧.

وداود أربعة عشر جيلا، وأربعة عشر جيلا بين داود والسبي البابلي، وأربعة عشر بين السبي البابلي والمسيح عيسى. هذه صدفة مدهشة.!! بين والد اليهود وأعظم ملك لليهود كان أربعة عشر جيلاً، وبين أكبر ملك لليهود وأعظم كارثة لليهود (تدمير دولتهم على يد البابليين) أربعة عشر جيلاً، وبين أكبر كارثة لليهود والمخلص "المسيح" أربعة عشر جيلاً!!

تقسيم سلسلة النسب بهذه الصورة موحي جدا؛ أي أن كامل تاريخ إسرائيل كان مرتباً وفقا للعناية أو الخطة الإلهية. وهذا التاريخ والعناية قد توجت بعيسى. في كل جيل رابع عشر يحدث شيئا هاماً في تاريخ إسرائيل: أعظم ملوكهم، أسوأ كارثة لهم، والآن خلاصهم. ولادة عيسى بعد أربعة عشر جيلا من السبي البابلي تبين أن الله كان على وشك أن يفعل شيئا كبيراً، شيئا لا مثيل له لشعبه إسرائيل.

ولكن هل هذا التسلسل ١٤- ١٤ — ١٤ قابل للحياة فعلا؟

إن ما يقرب من ثلثي الأسماء في سلسلة النسب مذكورة في الكتاب المقدس اليهودي، مصدر متى نفسه للأجيال من إبراهيم إلى السبي. لسوء الحظ، عندما يتم فحص هذا تسلسل ومقارنته مع هذا المصدر، يبدو أن هناك بعض المشاكل.

الأكثر وضوحا هو في الفقرة ٨، حيث تقول أن يورام هو أب عزيا. لأننا نعرف من الكتاب المقدس سفر أخبار الأيام الأول، ٣: ١٠-١٢ أن يورام لم يكن والد عزيا، ولكنه جد الجد الأكبر له -. (كما يتبين من خلال مقارنة ٢ ملوك

١٤:٢١ مع سفر أخبار الأيام الثاني ٢٦: ١) لماذا، إذن، يقول متى إنه كان والده؟

الإجابة واضحة: إذا كان متى يريد أن تشمل السلسلة جميع الأجيال بين أورام وعزيا (ابيه امصيا، وجده يوآش، والجد أخزيا)، فانه لم يعد قادرا على ادعاء أن هناك أربعة عشر جيلا بين داود والسبي البابلي!

هذا من شأنه أن يفسد الفكرة بأكملها التي تقول في كل أربعة عشر جيلا حدثا كارثيا يحدث في تاريخ الشعب. وهذا، بدوره، سيعود بالضرر على ادعائه الضمني بأن المسيح عندما ولد كان شخصاً مميزاً وهاما في الخطة الإلهية لشعب اسرائيل. لهذا لا يمكن أن تكون سلسلة النسب صحيحة تاريخياً.

حذف سلسلة النسب:

كما سبق يحذف انجيل لوقا في اثنتين مِنْ المخطوطات اليونانية (Wو 579) حيث سلسلة أنساب يوسف تحذف بالكامل، كما سيأتي.

وهناك انجيل آخر يحمل اسم متى، كان مفقوداً ثم استطاع العلماء أن يجمعوا شتاته من بطون الكتب ومن بين أسطرها، هذا هو انجيل متى العبري. [1]

هذا الانجيل عرفه واستشهد به آباء الكنيسة الأوائل منهم: آباء الكنيسة الذين

([1]) الذي ظهر للباحث أن هذا الانجيل غير القانوني هو الانجيل الأصلي الذي أضيف إليه لاحقاً وحذف منه، وأصبح قانونياً "بعد التعديل".

اتصلوا مع مدينة الإسكندرية، مصر - كليمان، واوريجانوس، ديديموس الأعمى، وجيروم (الذي درس مع Didymns في الإسكندرية)؛ لهذا السبب، يفترض العلماء أن هذا الكتاب استخدم، وربما كتب، هناك على الأرجح خلال النصف الأول من القرن الثاني. للأسف، فإن الكتاب لم يبق منه نسخة سليمة، ولكن نجده فقط في المراجع المنتشرة التي تشير إليه في كتابات هؤلاء الكتاب وآخرين.

حذف سلسلة النسب عند أباء الكنيسة:

أيضا نحن نفتقد هذه الفصل الافتتاحية من مصادر أخرى أكثر قدما من جميع المخطوطات الحالية. من بين هؤلاء الكُتّابِ الآباء، تتيان Tatian؛ السوري، مِنْ بلاد ما بين النهرينِ، المعَروفَ بصورة رئيسة بسبب كتابه Diatessaron، أَو الأناجيل الأربعة المنسقة. لقد دمج عباراتِ الأناجيل مع الموجودة في الآخر، وساق الأناجيل المختلفة في سياق قصة واحدة. استطاع Tatian في الواقع أن يحفظ كامل محتويات الأناجيل المنفصلُة وسبكها في إنجيل واحد فقط. الاسم الذي عْرَفَ به هذا العمل Diatessaron، مُشتَقّ مِنْ العبارةِ اليونانيةِ διατεσσαρων، يعنى "بواسطة الأربعة [الأناجيل]."

سعى تتيان Tatian لصياغة كتابه Diatessaron بعناية كبيرة. لقد صاغه مِنْ أربع مخطوطاتِ منفصلةِ، مخطوطة لكُلّ إنجيلِ؛ وكما صاغ العبارات في نسق، مرة مِنْ هذا الإنجيلِ وأخرى من ذلك، فهو بلا شَكَّ حذف تلك العباراتِ التي كانت في

المخطوطاتِ التي كَانَ يَنْسخُها.

لقد حذف تتيان سلسلة نسب المسيح في متى وفي لوقا، الأولى التي ترجع نسبَ المسيح مِنْ إبراهيم فصاعداً والأخيرة التي تعود به إلى آدم.

الطبعة الوحيدة التي أشارت إلى ثانوية سلسلة النسب ووضعت عليها علامة الشك هي طبعة اينوك بأول، كما في الصور. لقد أعاد الدكتور إينوك باول Enoch pawell طبع و ترجمة الإنجيل طبقا لمتى من اللغة "اليونانية" إلى اللغة الإنجليزية مع دراسة نقدية رائعة ووافية بين فيها القيمة العلمية لفحوى هذا الإنجيل وتتبع بدقة عالية مواطن النقل منه وإليه؛ وأهم ما توصل إليه من نتائج هو:

١- إن إنجيل متى هو أقدم الأناجيل المعروفة وليس إنجيل مرقص كما كان شائعاً.

٢- أن هناك متناً أصليا لإنجيل متى مفقود وأن الإنجيل الأصلي قد تعرض لتحريفات وتعديلات جذرية على متنه خلال عملية إعادة صياغة إنجيل متى "الجديد" منه.((١))

((1)) see : Enoch pawell: the evolution of the gospel, yale, university press new haven and London, pp xx- xxi

📄 نهاية إنجيل متى: وصية متى المزيفة

متى ٢٨: ١٩-٢٠

أحد أهم النصوص التي تناولها علم النقد يتعلق بنهاية انجيل متى أو "وصية متى المزيفة" وهي نَصُّ الفقرة ١٩ — ٢٠ من الإصحاح ٢٨ في إنجيل متى ونصها:" ١٩فَاذْهَبُوا وَعلموا كل الأُمَمِ، وَعَمِّدُوهُمْ بِاسْمِ الآبِ وَالابْنِ وَالرُّوحِ الْقُدُسِ؛ ٢٠ وَعَلِّمُوهُمْ أَنْ يَعْمَلُوا بِكُلِّ مَا أَوْصَيْتُكُمْ بِهِ. وَهَا أَنَا مَعَكُمْ كُلَّ الأَيَّامِ إِلَى انْتِهَاءِ الزَّمَانِ!». لقد آمن المسيحيون بكلمات الوصية الكبرى حرفياً باعتبار أنها مِن كلام المسيح. وكذلك فعلت كنيسة ما بَعْدَ الإصلاح الديني، حتى جاء عصر التنويرِ، الذي أوجد منهج النقدِ التأريخيِ وفي ضوئه أعيد النظر في الكتاب المقدس.

لقد كرس أثناسيوس بطل الأرثوذوكس في القرن الرابع، الجزء الرابع كله للحديث عن الثالوث فدافع عن ألوهية الابن مع الآب، وعن الروح القدس مع الاثنين، واستشهد بأدلة كتابية، لكل واحد منها على حدة، وبدا أنه يحتاج إلى نص يجمع الثلاثة، هذا النص لم يكن موجوداً قبل مجمع نيقية، ولكنه أوجدته الحاجة الضرورية بعد مجمع نيقية والخلاف الآريوسي. فبدلاً من الاستشهاد بنصوص كثيرة والشرح الطويل أن يكون هناك نص "واضح " ليحسم القضية. في نقاشه مع آريوس: " الثالوث ليس مخلوقا، بل هو أزلى، بل يوجد لاهوت واحد في ثالوث، وهناك مجد

واحد للثالوث القدوس. وأنتم تتجاسرون على تمزيقه إلى طبائع مختلفة"(١). هذا الأمر ربما لم يحسم حتى في مجمع خيلقدونيا الذي عقد خصيصاً لهذا الغرض، ومع ذلك بقي هذا الخلاف حتى اليوم.

"بسبب أن عديمي الإيمان يستخدمون هذه الآيات أيضا ويجدفون على الرب، ويوبخوننا قائلين (طالما أن الله يدعى الواحد والوحيد والأول، فكيف تقولون إن الابن هو الله؟ لأنه لو كان هو الله لما كان الله قد قال "ليس إله معي" (تث ٣٩، ٣٢) ولا "الهنا واحد" (تث ٤، ٦) لذلك فمن الضروري أن نوضح معنى هذه الآيات، بقدر الإمكان، لكي يعرف الجميع من هذه الآيات أن الآريوسيين محاربون الله."(٢) و "إنه تجاسر مرة أخرى أن يقول الكلمة ليس إلها حقيقيا، وحتى إن كان يدعى إلها لكنه ليس الها حقيقيا. وإنما هو إله بمشاركة النعمة مثل جميع الآخرين، وهكذا فإنه يُسمى إلها بالاسم فقط. وكما أن جميع الكائنات غريبة عن طبيعة الله ومختلفة عنه في الجوهر. هكذا الكلمة أيضا يعتبر غريبا عن جوهر الأب وذاتيته ومختلفا عنه، بل هو ينتمي إلى الأشياء المخلوقة والمصنوعة. وهو نفسه أحد هذه المخلوقات"(٣). فالكافرون – مثل آريوس – " ولكن حيث أن الكافرين لم يفهموا هذا فيجولون قائلين: "إن كان هو بكر كل خليقة فمن الواضح أنه هو نفسه أيضا واحد من

(١) أثناسيوس: ١: ٢٩
(٢) أثناسيوس: ٣: ١٢
(٣) أثناسيوس: ١: ١٤.

الخليقة". يا لهم من حمقى !"(١) "لأنه توجد خاصية واحدة للألوهية، وهي موجودة أيضا في الكلمة. وإله واحد هو الآب، كائن بذاته، إذ هو فوق الكل وظاهر في الابن حيث أنه يتخلل كل الأشياء بواسطته، وظاهر في الروح حيث أنه فيه يعمل في كل الأشياء بواسطة الكلمة. لأننا بهذا نعترف أن الله واحد في ثالوث، ونقول أن هذا الإيمان بالإله الواحد في ثالوث هو أكثر تقوي جدا من التعليم بإله الهراطقة بأنواعه الكثيرة وأجزائه العديدة."(٢)

"هكذا فإن الله واحد والإيمان بالآب والابن هو واحد. لأنه رغم إن الكلمة هو إله، فالرب إلهنا رب واحد. لأن الابن هو خاص بذلك الواحد وغير منفصل عنه بحسب ذاته وخصوصية جوهره.."(٣)

ويقول أثناسيوس: "لأن "الكلمة" والروح القدس لم يوجدا بعد (الآب)، بل منذ الأزل، وإلا كان الله بلا "كلمة"، كما يزعم الآريوسيون.(٤)" فمن يتجاسر إذن ويفرق بين "الكلمة والأبن، فليفرق بين الروح والباراقليط. لكن إن كان الروح لا يمكن تقسيمه، فإن "الكلمة" أيضا لا يمكن تقسيمه، إذ هو ذاته ابن وحكمة وقوة."(٥)

---

(١)أثناسيوس ٢: ٨١.

(٢) أثناسيوس ٣: ٢٢.

(٣) أثناسيوس ٣: ٢٣

(٤) أثناسيوس:١: ١٩

(٥) أثناسيوس ٤: ٣٢

الحقيقة أن هذا المذهب الأرثودوكسي كان سابقاً على وجود النص، والحقيقة أيضاً أن هذا النص وضع لتأكيد العقيدة الأرثوذكسية، هكذا آمن الأرثوذكس بهذا النص قبل وجوده!

اليوم يؤمن المسيحيون بكلمات الوصية الكبرى حرفياً باعتبار أنها مِن كلام المسيح. وكذلك فعلت كنيسة ما بَعْدَ الإصلاح الديني، حتى جاء عصر التنويرِ، الذي أوجد منهج النقدِ التاريخي وفي ضوئه أعيد النظر في الكتاب المقدس.

لهذا فإن كان الكلمة والروح القدس موجودين منذ الأزل، فإن الله كان متسعا منذ الأزل، ولم يكن "واحد" أولا."(١) وبناءً عليه يقول: " فإن المخلص لم يأمر فقط بالعماد، بل قال أولا "تلمذوا" ثم بعد ذلك قال "عمدوا باسم الأب والابن والروح القدس" لكى يأتي الإيمان المستقيم من التعليم، ومع الإيمان يأتي إتمام المعمودية."(٢) هذه أحد النصوص الهامة التي تعرضت للتحريف بسبب الخلاف مع الآريوسيين، هو نص متى ٢٨: ١٩.

الوصية المزيفة قد أدرجت بشكل عشوائي مثل الفقرات الأخيرة في انجيل مرقص، بسبب النزاع مع آريوس، على التفصيل التالي:

---

(١) أثناسيوس. نفسه.
(٢) أثناسيوس نفسه.

▤ النقد الوثائقي: وصية متى في المخطوطات:

الدليل الخارجي أو الوثائقي: وصية متى في المخطوطات:

في أقدم المخطوطاتِ التي من المفترض أنها تحفظ أقدمَ نص للأناجيل، أعني المخطوطة السينائية Sinaiticus السريانية والمخطوطة الفاتيكانية اللاتينية، الصفحات التي فيها نهايةَ متى غير موجودة. ولَيْسَ لَدينا مخطوطة أقدم مِنْ سَنَةِ ٤٠٠.

ونحن نفتقد إلى أي وثيقة تحتوي على هذا النص قبل هذا التاريخ، ورغم أنه قبل فترة طويلة من هذا التاريخ كان هناك خلاف قوي ومنتشر حول إدراجِ "روحِ القدس" كإله وبدرجة متساوية في الثالوثِ المقدس، إلا أن نصّ الوصية؛ الذي كان سيعد سلاحاً قوياً وحاسماً في المعركة، وشيئا ثميناً جداً لحزبِ المثلثين؛ الذين انتصروا في النزاع؛ وكان لابد أَنْ يَجِدَ طريقه إلى كُلّ مخطوطة، بغض النظر عن أصالتهِ، وهذا ما لم يحدث.((١)

لكن بعد مجمع نيقيا اختلف الحال؛ فإن وجود وصية متى في كُلّ المخطوطات، سواء في المخطوطات اليونانية أو اللاتينية، ليس غريباً. لقد أصبحت وصية متى موجودة في المخطوطات بدءا من القرن الخامس، لكن رغم ذلك هناك صعوبات

---

(1) See: Fred. C. Contbeare, A Doctrinal Modification Of A Text OF The Gospel, Oxford, The Hebert Journal, Vol. I. No. 1 OCTOBER 1902, PAGES 102-108.

عظيمة وعقبات كداء في سبيل قبولها.((١)

"وصية متى" في كتابات آباء الكنيسة:

ماذا تقول كتابات " آباءِ الكنيسةِ الأوائِل" الذين اطلعوا على المخطوطاتِ الأقدمِ من كل المخطوطات التي بين أيدينا اليوم. كيف كان النص في مخطوطاتهم؟ وكيف اقتبسوا "وصية متى"؟ لقد وجدت ثلاث صيغ لنص "وصية متى" عند آباء الكنيسة على النحو التالي:

صيغة وصية متى عند يوسابيوس القيصري: (٢٦٥ - ٣٣٩م)

اقدم اقتباس لآباء الكنيسة لهذا النص نجده عند يوسابيوس القيصري (٢٦٥ - ٣٣٩م) وينطوي اقتباس يوسابيوس للنص على أهمية بالغة؛ نظراً لأنه عاشَ في أعظمِ مكتبةٍ مسيحيةٍ في ذلك الوقت، تلك المكتبة التي جمعها أورجن السكندري 254 - 185)] Origen] وبامفيلوس Pamphilus القيصري [النصف الأخير من القرن الثالث]. وليس مبالغةَ أن نقَول أنه مِنْ هذه المجموعةِ من المخطوطاتِ في القيصرية Caesarea يشتقُّ الجزءَ الأكبرَ الباقي من مؤلفات ما قبل مجمع نيقية Nicene. إذن لابد أن يوسابيوس Eusebius استعمل هذه المخطوطات الأقدم بحوالي مائتي سنة مِنْ أسبقِ مخطوطة يونانية توجد الآن في مكتباتنا. كما أن

(1) See: Bullinger E. W. (June 30, 1979) Word Studies on the Holy Spirit, Kregel Academic & Professional. pp 47, 48،

يوسابيوس كان مشهوراً أيضاً بتفسيرِ كلمات أورجن Origen، وكليمنت السكندري، وبانتنيوس Pantaenus، والعديد مِنْ المفسرين القدماء للكتاب المقدس الذين لم تصل إلينا أعمالهم إلا في ترجمات لاتينيةٍ مجهولةٍ؛ لكل هذا فإن اقتباسات يوسابيوس لها أهمية بالغة في موضوعنا. عند يوسابيوس يوجد صيغتان لنص وصية متى: صيغة ما قبل مجمع نيقية وصيغة ما بعد مجمع نيقية! لقد استشهد يوسابيوس بالفقرة مراراً وتكراراً في أعمالِه التي كَتبَها بين سنتي ٣٠٠ و٣٣٦م، قبل مجمع نيقية؛ بعد بحث معقول في أعمالِ يوسابيوس Eusebius هذه وُجدت ثمانية عشرَ اقتباسِاً لوصية متى وكلها كانت في الصيغ التالية: " ١٩فَاذْهَبُوا إِذَنْ، وَتَلْمِذُوا جَمِيعَ الأُمَمِ، وَعَمِّدُوهُمْ بِاسْمِي ٢٠وَعَلِّمُوهُمْ أَنْ يَعْمَلُوا بِكُلِّ مَا أَوْصَيْتُكُمْ بِهِ." في تعليقاتِه الطويلةِ على المزاميرِ، و على سفر أشعيا(١)، و في كتابه " برهان الإنجيل" أو " Demonstratio Evangelica"،(٢) وكتاب التجلي(٣) وفي تأريخه المشهورِ للكنيسةِ(٤)، وفي مدحِه للإمبراطور قسطنطين. وكذلك في كتاب "مدح قسطنطين" يقول النص: "باسمي"(٥) ولم يكتف يوسابيوس Eusebius بمجرّد الاسْتِشْهاد بالفقرة في هذه

---

(1) Joel C. Elowsky (2013), Eusebius of Caesarea, Commentary on Isaiah) IVP Academic; First edition, p. 91.

(2) See: Eusebius of Caesarea: (2010) Demonstratio Evangelica (The Proof of the Gospel)pp. 18 , 212.

(3) See: Eusebius (Author) and Samuel Lee (editor),) 2010) On the Theophania, or divine manifestation of Our Lord and Saviour Jesus Christ: a Syriac version (Syriac Edition.(

(٤) انظر: تاريخ الكنيسة الكتاب الثالث الفصل الخامس الفقرة ٢.

(5) The Oration of Eusebius Pamphilus, In Praise of the Emperor Constantine, chapter 16 verse 8.

الصيغة، لَكنَّه أكثر مِنْ مرة يعلق عليها بطريقة ما ليبين ما تعنيه هذه الكلمة "باسمِي." حسب ما يفهم هو وحزبه.(١)إنَّ هذا النَصَّ المكتشف عند يوسابيوس Eusebius في المخطوطاتِ القديمةِ جداً التي جَمعها أسلافه قبل خمسين إلى مائة وخمسين سنة من ولادتِه. وقبل ذلك لم يعرف يوسابيوس أي صيغة أخرى للنص، حتى زارَ القسطنطينية Constantinople وحَضرَ مجمع نيقية. بعد ذلك في عملين جدليين كَتبَهما في شيخوختِه المتأخرة، أحدهما، "ضدّ مارسيلوس " استعملَ صيغة الوصية الشائعة(٢)، وما حدث في مجمع نيقية أصبح معروفاً الآن. "يوسابيوس Eusebius، المؤرخ الكنسي، ماتَ سنة ٣٤٠ بعد الميلاد، فعمله يرجع إلى القرن الثالثِ. علاوة على ذلك، لقد عاشَ في أحد أكبر المكتبات العامةِ المسيحيةِ ذلك اليومِ. إذا كانت المخطوطات اليونانية آنذاك تحتوي على هذه الكلماتِ ["عمّدُوهم باسم الأبَّ، والابنِ، وروحِ القدس "]، فيَبْدو أنه من المستحيل أن يَقتبسَ يوسابيوس هذا الفقرة ثمان عشْرة مرةَ بدون أن يضمنها تلك الكلمات." لكن ردة يوسابيوس Eusebius إلى النَصِّ الأطولِ بعد مجمع نيقية يُشيرُ بأنّه في ذَلِك الوَقت بدأ النص يُقدّمَ كشعار مسيحيي يدرج في كُلّ المخطوطات. صيغة الوصية عند أورجن Origen: في كتاباتِ

(١) هكذا فعل في كتابه "برهن الإنجيل"

See: Eusebius of Caesarea: (2010) Demonstratio Evangelica (The Proof of the Gospel)pp. 18 , 212.

(2) See: Kelley McCarthy, (2017) Eusebius, Against Marcellus and On Ecclesiastical Theology (Fathers of the Church Patristic Series), p. 77 .

أورجن Origen السكندري ليس هناك حالة واضحة لنص وصية متى في صيغتها المشهورة. في كتابات أورجن Origen، الجزء الأول من الفقرة يوجد ثلاث مرات، لكن الاقتباس يَتوقّفُ دائماً عند الكلماتِ τά έθνη" الأمم "؛ والكلمة التالية "باسمِي" مشطوبة، وهو ما يوحي في نفسه بأنّه مضطرب في الاقتباس.(١)

○ نص الوصية عند كليمنت السكندري:

في كتابات كليمنت السكندري: النَصّ المشابه بعض الشّيء لصيغة وصية متى اقتبس مرّة واحدة؛ لكنه نقله عنْ زنديق اسمه تيطس Teodotus، وليس باعتباره النَصِّ القانونِي.

○ نص الوصية عند جوستن الشهيدِ:

كان جوستن يكَتب فيما بين سنتي ١٣٠ و١٤٠ بعد الميلاد، ويوجد في كتاباته الشاهد الذي اعتبرَه عدد من العلماء اقتباسا أَو صدى لوصية متى ورأى النقاد في هذا الاقتباس تلخيصا للنَصِّ العادي. إنّ الشاهد في حوارِ جوستن مَع أحد معارضيه هكذا(٢): "إن الله لم يأت بعد بالدينونة، كما يعرف بعضِ الذين ما زالَوا حتى اليوم

---

(1) See: Frederick C. Conybear, (1902) Three Early Doctrinal Modifications of the Text of the Gospels, Oxford Hibbert Journal 1:101 Vol. I. No. 1 OCTOBER 1902, Pp. 102-108. And Daniel L. Butler (2009) "Go into All the World" A Study of the Great Commission, pp. 53-57.

(٢) الترجمة لكاتب البحث، وانظر:
See: Frederick C. Conybear, Pp. 105. And Daniel L. Butler (2009) "Go into All the World" A Study of the Great Commission, pp. 53-57.

يعلمون باسم مسيح الله، ويَنغمسون في طريق الخطإ، الذين يأخذون العصايا كأنهم أحق بها، معلمين باسمِ المسيح." وجه الشاهد في هذا النص أنه يذم معارضيه لأنّهم أهملوا صيغةَ الثالوث الشركية "عمّدُوهم باسم الأبّ والابن وروحَ القدس." لكن كما يبدو من هذا النص أيضاً أن جوستن كان مطلعاً على نفس النَصَّ المختصر "باسمي"؛ بدون الثالوث، في حدود سَنَةَ ١٤٠، وقت كتابته، النص الذي قرأه يوسابيوس Eusebius دائما في مخطوطاتِه في سنة ٣٠٠-٣٤٠. قبل مجمع نيقية.(١)

○ نص الوصية عند ترتليان Tertullian:

كما أننا نَجِد نص الوصية الشركي مرّتين عند ترتليان Tertullian:

أ- في صيغة مختلفة قليلاً، في كتابه "عهود المعموديةِ", بلغته اللاتينية: " وترجمته العربية: (انتشروا إذن وعلموا الأمم وعمدوهم باسم الأب والابن والروح القدس).(٢)

ب- وفي كتابه " أصول البدع" أو: De Praescriptione haereticorum, يقتبسه بصيغة قريبة هكذا: " (أيها الأحد عشر عمدوا بالآب والابن والروح القدس). لكنه هنا حذف: in nomen "باسم ".(٣)

---

(1) Daniel L. Butler (2009) "Go Into All the World" A Study of the Great Commission, pp .

(2) See: Ernest Evans, 2016 Tertullian's Homily on Baptism, p. 40.

(3) See: See: Frederick C. Conybear, (1902) Three Early Doctrinal Modifications of the Text of the Gospels, Oxford Hibbert Journal 1:101 Vol. I. No. 1 OCTOBER 1902, Pp. 102-108. And Daniel L. Butler (2009) "Go into All the World" A Study of the Great =

صيغة الوصية عند أفارتس Aphraates:(١)

هناك شاهد آخر هام يجب أن نذكره. هو نص أفارتس Aphraates الأبّ السرياني من أصل فارسي، والذي كان يكَتبَ بين سنتي ٣٣٧ و٣٤٥. إنه يَستشهدُ بالنص بالصيغة التّالية: "علموا كُلّ الأمم، ليؤمنوا بي." العبارة الأخيرة " ليؤمنوا بي " هي شرح وتفسير لنص يوسابيوس Eusebius "باسمِي." لكنها أيضاً تعارض النص الشائع textus receptus باسمِ الثالوث. لو كَانتْ رواية أفارتس Aphraates وحيدة، فربما ننظر إليها باعتبارها اقتباساً غير دقيق لوصية متى، لكن في وجود نص يوسابيوس ونَصّ جوستين الشهيد؛ وحجج "أعداء الروح القدس" فإن هذا الفرض غير ممكن.

لدينا الآن الصيغ التالية للوصية:

"باسمي": عند جوستن ويوسابيوس و "أعداء الروح القدس" Pneumato-machi

"ليؤمنوا بي، " عند Aphraates، ممثل أقدم ترجمة سريانية.

Commission, pp. 53-57.

And Loose Leaf (2012) Tertullian" Quinti Septimii Florentis Tertulliani de Praescriptione haereticorum, University Reprints.

(١)Aphraates هو الترجمة اليونانية للاسمِ الفارسيِ Aphrahat أو Pharaoh), وهو كاتب سرياني يَعُودُ إلى منتصفِ القرن الرابعِ A. D.، ألف كتابا فيه ثلاثة وعشرون موعظة في موضوعات مسيحية مختلفة، باللغة السريانية وترجمت إلى الإنجليزية، انظر:

Aphrahat demonstrations (Catholic theological studies in India) by Aphraates, The homilies of Aphraates, The Persian sage by Aphraates.

ومما كتب عنه:

Connolly, R. H. "Aphraates and Monasticism" in Journal of Theological Studies 6 (Oxford and London, July 1905): pp. 522-539.,The creed of Aphraates by H. Leonard Pass.

"عمّدُوهم باسم الأبّ، والابن وروح القدس، " أَو الصيغة المشابهة له عند تيطس Teodotus المعرفي اليوناني؛ كما نقله عنه كلمنت السكندري، وترتليان Tertullian، والمخطوطات اليونانية الباقية اليوم.

نَستنتجُ أنّ النَصَّ لَمْ يكن قد استقر "تماماً" عندما كان ترتليان Tertullian يَكْتبُ في القرن الثالثِ، أيضا قبل مجمع نيقية، الذي استقر بعده النص "تماماً".

▤ النقد الموضوعي:

من ناحية الدليل الداخلي الموضوعي؛ أي اتساق النص مع سياق المؤلف في كافة أنحاء كتابه، نجد النتيجة التالية:

لماذا يناقض متى نفسه فيورد وصية ثم أخيراً ينقضها تماماً بوصية لا توجد في أي مكان آخر؛ لا في متى ولا في غيره من الأناجيل؟ طبقاً لإنجيل لمتى- [متى ١٠/٥-٧] أو وصية متى الأصلية، رسالة المسيح ليست لكل الأمم، بل فقط "لخراف إسرائيل الضالة". فقد جمع المسيح هؤلاء الاثني عشر أنفسهم وقال لهم: «لاَ تَسْلُكُوا طَرِيقاً إِلَى الأُمَمِ، وَلاَ تَدْخُلُوا مَدِينَةً للسَامِرِيِّين. ٦ بَلِ اذْهَبُو فقط إِلَى الْخِرَافِ الضَّالَّةِ، إِلَى بَيْتِ إِسْرَائِيلَ. ٧ وَفِيمَا أَنْتُمْ ذَاهِبُونَ، بَشِّرُوا قَائِلِينَ: قَدِ اقْتَرَبَ مَلَكُوتُ السَّمَاوَاتِ." ثم مرة أخرى؛ في الفقرة الأخيرة من الكتاب نفسه، بغير المسيح خطته وهدفه وعقيدته؛ مرة واحدة في نص واحد، فيدعو الاثني عشر؛ أنفسهم، ويأمرهم بالذهاب لكل الأمم؟ قائلاً لهؤلاء أنفسهم:

" ١٩فَاذْهَبُوا وَتَلْمِذُوا جَمِيعَ الأُمَمِ، وَعَمِّدُوهُمْ بِاسْمِ الآبِ وَالابْنِ وَالرُّوحِ الْقُدُسِ؛
٢٠وَعَلِّمُوهُمْ أَنْ يَعْمَلُوا بِكُلِّ مَا أَوْصَيْتُكُمْ بِهِ. وَهَا أَنَا مَعَكُمْ كُلَّ الأَيَّامِ إِلَى انْتِهَاءِ
الزَّمَانِ!».

والثاني: هل غير المسيح رأيه أخيراً؛ كما قيل فعلاً؟ لكن لماذا يتجاهل التلاميذ إحدى الوصيتين بينما يعملون بالأخرى؟ عندما يأمر ملك من الملوك وزراءه بالقيام بمهمة ما ثم يتبين أن أحدا منهم —وهم مثلا ثلاثة عشرة وزيرا- لم يمتثل الأمر فإننا نشك في أن الأمر الملكي قد صدر أصلا. وهذه هي العقبة الأخرى في طريق الوصية، فالحواريين أنفسهم —الثلاثة عشرة- لم يمتثلوا هذا الأمر؛ وفي بقيّة العهد الجديدِ ليس هناك إشارة أبداً إلى أن أي واحد منهم فعل ما أمر به.

○ نص سفر أعمال الرسل ١٠| ٢٠- ٣٦

يقرر القديس بطرس ما قررته النصوص السابقة من أن المسيح أرسل لبني إسرائيل فيقول:

"وقد أَرْسَلَ كَلِمَتَهُ إِلَى بَنِي إِسْرَائِيلَ، وَبَشَّرَهُمْ بِالسَّلاَمِ بِاسم يَسُوعَ الْمَسِيحِ...."

ولا ريب أن القديس بطرس صرح بهذا في سفر أعمال الرسل الذي يروي جهود التلاميذ الدعوية بعد المسيح.

عمل التلاميذ:

عندما يأمر ملك من الملوك وزراءه بالقيام بمهمة ما ثم يتبين أن أحدا منهم – وهم مثلا ثلاثة عشرة وزيرا- لم يمتثل الأمر فإننا نشك في أن الأمر الملكي قد صدر أصلا. وهذه هي العقبة الأخرى في طريق الوصية، فالحواريين أنفسهم –الثلاثة عشرة- لم يمتثلوا هذا الأمر؛ وفي بقيّة العهد الجديدِ ليس هناك إشارة أبداً إلى أن أي واحد منهم فعل ما أمر به.

لاحقا يرفض بطرس دعوة غير اليهود (أعمال الرسل ١٠ | ٢٠- ٢٧) بينما تفترض وصية متى المزيفة أن المسيح خاطب الأثني عشر بهذه الوصية وبالطبع من المفترض أن أول هؤلاء هو القديس بطرس رئيس الحواريين إلا أن المفاجأة التي تستحق الملاحظة هي أن القديس بطرس يرفض دعوة غير اليهود والذهاب إليهم ويعني ذلك أنه يعمل بالوصية الأصلية للمسيح دون الوصية المزيفة، هذا هو المفهوم من قوله في سفر الأعمال:

وَدَخَلَ بُطْرُسُ وَهُوَ يُحَادِثُهُ، فَرَأَى جَمْعاً كَبِيراً مِنَ النَّاسِ، ٢٨فَقَالَ لَهُمْ: «أَنْتُمْ تَعْلَمُونَ أَنَّهُ مُحَرَّمٌ عَلَى الْيَهُودِيِّ أَنْ يَتَعَامَلَ مَعَ الأَجْنَبِيِّ أَوْ يَزُورَهُ فِي بَيْتِهِ. غَيْرَ أَنَّ اللهَ أَرَانِي أَلاَّ أَقُولَ عَنْ إِنْسَانٍ مَا إِنَّهُ دَنِسٌ أَوْ نَجِسٌ. ٢٩" مما يوحي بأنه لم بسمع بهذه الوصية المزيفة التي يعتمد عليها المثلثون والمنصرون.

ومن الصعب افتِراض بأنَّ هناك كَانَ هذا الإهمالِ العام لهذه الوصية من التلاميذ

الأثني عشر، إذا كَانَت فعلا قَدْ صدر أبداً، أَو إذا كانت تشكّلَ جزءَ حقيقياً من النَصِّ الأصلي لإنجيل متى:

١- فالمعمودية كَانتْ دائماً بالاسم المفرد لشخصِ المسيح.

٢- والدعوة لم تكن إلا لبني إسرائيل.

الترجمات والطبعات الحديثة لإنجيل متى:

وضعت وصية متى الشاذة في جميع الطبعات القديمة والحديثة لنص الأناجيل؛ حتى جاء عصر النقد الحديث واكتشاف الحقائق والوثائق التي كانت مفقودة أو "المخفية". أول طبعة وترجمة حديثة تشير إلى الشك في نص الوصية وتقدم النص الأصلي لمتى هي لأحد أكبر الباحثين في الأناجيل واللغة اليونانية: الدكتور إينوك باول Enoch pawell.

عندما وصل المؤلف في تعليقاته إلى وصية متى الشركية؛ الفقرات ٢٨/ ١٧-٢٠ محور اهتمامنا في هذا البحث، قال المؤلف:

"إن الكلمات الشاذة والإشارة الفريدة للثالوث تؤكد الانطباع بأن العمود الأخير من الكتاب مثله مثل نهاية إنجيل مرقص مفقودة، وتم التعويض عنها بلا مبالاة بخطبة

الوداع المنسوبة لعيسى."(١)

وهذه أول طبعة وترجمة للإنجيل طبقا لمتى ترى أن هذه الفقرة غير قانونية ومزيفة ويجب أن تحذف من متن هذا الكتاب.

وإذا حذف هذا النص من سائر طبعات انجيل متى؛ ليلحق بصاحبه في رسالة يوحنا، وقد سبق الإشارة على حذف النص المماثل من رسالة يوحنا الأولى؛ فاصلة يوجنا، فلن نجد ذكراً للثالوث المقدس عند المسيحيين في كافة كتابهم المقدس، وحتى لو قيل إنه إجماع المسيحية الحالية وسر من أسرار الكنيسة السبعة ولغز الدين المسيحي، فلا ريب أن الإجماع على نص غير موجود هو أمر ضعيف جداً.

□□□□

(١) هذه الترجمة للكاتب، وانظر الطبعة الإنجليزية:

Enoch pawell: the evolution of the gospel, p 221.

وانظر ترجمته العربية: ايش، تطور الإنجيل، ص ٣٩٦.

(٢) انجيل مرقص

▤ تعريف انجيل مرقص:

انجيل مرقس هو أحد الأناجيل الأربعة التي اعترفت بها الكنيسة في القرون الأولى. وهو أقصر الأناجيل إذ يحتوي على ستة عشر إصحاحاً بما يساوي خمسة وعشرين صفحة في اللغة الإنجليزية. ينسب هذا الانجيل إلى مرقس تلميذ الحواري بطرس. وقيل إن مؤلف هذا الانجيل هو بطرس نفسه وكتبه عنه مرقس، دون أن يشير إلى ذلك. الحقيقة أننا لا نعرف من كتب انجيل مرقس؟ لكن يقول النقاد إنه رجل من المتحدثين باللغة اليونانية وكان يعيش خارج فلسطين، سمع حكايات كثيرة حول المسيح. يروي كاتب الانجيل حياة المسيح بداية من بعثه ومعموديته حتى قيامته. بجانب الروايات السماعية لمؤلف الانجيل اعتمد على مصادر مكتوبة صاغ منها روايته، هذه المصادر ليست متوفرة بأيدي العلماء اليوم. وفي أحدث الآراء النقدية استعمل مرقس (سنظل نسميه هكذا رغم جهالتنا للمؤلف الحقيقي) انجيل

متى كأحد مصادره وليس العكس كما في النظرية الشائعة.(١)

نقد مرقس ١:١

للأسف نحن لا نعرف كيف بدأ مرقس انجيله؟!! فالبداية الأصلية لإنجيل مرقس ضاعت، شأنها شأن نهايته وحاول بعضهم سد الخلل ببداية ونهاية كاذبة.(٢)

الأغلبيةُ الواسعةُ للمخطوطاتِ تبدأ إنجيلَ مرقس بالكلماتِ التالية: " بداية إنجيلِ المسيح، ابن الله" لكن عبارةَ "ابن الله " غير موجودة في عِدّة وثائق مهمة: منها:

٢- المخطوطاتِ: (Θ 28c 1555, syrp arm geoϰ)

٢-واقتباس لأورجن Origen.

من الناحية العددية، أدلة النَصّ القصيرِ طفيفة. لكن من ناحية القدمِ والمميزات، لَا يمكن اهمال هذه الوثائق.

اثنان مِنْ أفضل المخطوطات السكندرية الثلاثة لمرقس تدعم هذا النَصّ. علاوة على ذلك، أورجن Origen يَقتبسُه في هذا الصيغة لَيسَ فقط في الإسكندرية، لكن

---

(1) See: A BRIFE INTRODUCYION TO THE NEW TESTAMENT, Ehrman B. D. 1991. Oxford university press. pp 59-60.

(٢) انظر: باول، اينوك. ١٩٩٤. تطور الانجيل، ترجمة أحمد ايبش، مطبعة جامعة ييل، ص ١٤٥. وهناك أيضاً:
Head, Peter M. (1991). "A Text-Critical Study of Mark 1.1 `The Beginning of the Gospel of Jesus Christ,' " NTS 37 .
Slomp, J..(1977). "Are the Words `Son of God' in Mark 1.1 Original?" BT 28

أيضاً في كتاب الرد على Celsum، الذي كَتبَه في القيصرية Caesarea، بالطبع، إنه تذكّر، أَو؛ استعمل مخطوطاته السكندريةَ بعد انتقاله إلى القيصرية. لَكن يُلاحظُ أنّ القراءة توجد أيضاً في واحدة أخرى مما يسمّى بالنصوصِ القيصريةِ، وفي أفضلَ من يمثلها؛ المخطوطة Koridethi، والترجمات الفلسطينيّة، والأرمينية، والجورجية. علاوة على ذلك، القراءة تُوْجَدُ في وثيقة متأخرة تثبتها من ناحية أخرى بشكل أساسي هي (المخطوطة ١٥٥٥). هذه القائمة مِنْ الوثائق متنوّعةُ من ناحية النسب النصي والجغرافي. هذا التنويعِ هو الذي سبب الصعوبةَ البالغة لتفسيرِ بسيط للمشكلةِ.(١)

قال بعضهم إنّ القراءة الأقصرَ جاءت صُدفَة: لأن الكلمتَين (χριστοῦ) و (θεοῦ) صادف أنهما تنتهيان بنفس الحروف(υ–ο) فعينُ الكاتبِ انتقلت بشكل غير مقصود مِنْ حرف إلى آخر، مما دفعه لإسقاط العبارة التي بينهما.(٢)

لكن نظرا لأن موضع هذا التغيير وجد في مثل هذا الانتشار العريضِ للتراث، فإنه لا يمكن أَنْ يفسر بهذه السهولة باعتباره مصادفة. لأنه عندئذ الحذف يكون قد تم بشكل مستقل؛ مِن قِبل عِدد من الكتّاب، تماماً بنفس الطريقِة وفي نفس الموضع!(٣)

---

(1) (See: Ehrman, Bart D. The Orthodox Corruption of Scripture, p 60).

(2) See: METZGER, B. ATEXTUAL COMMENTARY ON THE GREEK NEW TESTAMENT, SECOND Edition. P 62.

(3) See: Ehrman, B. D. The Orthodox Corruption of Scripture, p 71

وأيضاً الاعتبار العملي: عملية نسخ النصوص كانت طويلة وصعبة، ويمكن أن يُؤدّي الإعياء إلى الإهمالِ وكنتيجة إلى مجموعة كبيرة من الأخطاء الشاذة جداً.(١)

لكن هنا القراءة التي تعطي المعنى الصحيح، والموجودة في بداية النَصّ، ثابتة بشكل مستقل في عدد مِنْ الوثائق. ثم أليس غريباً أن هذا الخطأِ المتعلق بالإهمال المزعوم الذي حَدثَ في هذا المكان؟!، أي حذف كلمتين مهمتينِ جدا، يَحْدثُ في الكلماتِ الستّة الأولى مِنْ بِداية الكتاب. إنَّ الكاتب يَبْدأُ عملَه في إنجيلِ مرقس بَعْدَ أَخذ استراحة تامة، وسيبدأ عملِه بالقوّةِ والحماسةِ المتجدّدةِ. وحتى لا يظْهرُ هذا ببساطة على أنه فكرةَ رومانسيةَ لناقد في القرن العشرين، يَجِبُ عليّ أَنْ أُلاحظَ بأنّ تحليلاتِ المخطوطةِ الأخيرةِ في الحقيقة بَيّنتْ بأنَّ الكتّابَ كَانوا أكثرَ وعياً في بِداية الوثيقة. علاوة على ذلك، وربما أكثر أهميةً، وما هو جدير بالملاحَظَة، أن الكتّابَ في الواقع الذين كتبوا المخطوطتين الأسبق اللتان أثبتتا الحذف؛ المخطوطتان السينائية ومخطوطة Koridethi؛ قد اتجهتا بتوسع لزخرفة نهاية العمل السابق في كتابة متى، وإلى التنويه ببداية العمل الجديد (مرقس).(٢)

لكُلّ هذه الأسبابِ، يظهر بأن المشكلةِ النصّيةِ لمرقس ١:١ لَمْ تكن صُدفَة. هذا يعني أنه من المرجح أنَّ النص الأصلي لإنجيلِ مرقس افتقر إلى العبارةِ.

---

(١) انظر نماذج منها عند:

METZGER, B. The text of the New Testament, Pp. 250-268 .

(2) Ehrman, Bart D. The Orthodox Corruption of Scripture. p 73

إننا يمكن أَنْ نَفْهمَ أن الكاتب الذي لَمْ يَجدْ العبارةَ في فقرةِ الكتابَ الافتتاحية لماذا يُريدُ إضافتها. وفقاً للبيئة الخلافية حول نسب وطبيعة المسيح؛ هناك أكثر مِنْ سبب ليعَمَل ذلك. لكن من الصعب جداً أن يفهم المرء لِماذا أراد الكتّابَ الأرثوذكسي إزالة العبارة التي تؤيد مذهبه.(١)

أثر هذا النقد على نص الانجيل:

فيما يتعلق بالطبعة العربية الوحيدة النقدية وهي طبعة الرهبانية العيسية فقد أشارت في الحاشية إلى القضية النقدية وإلى وجود خلاف بين المخطوطات في ذلك.

أما في المتن فقد أثبتت الزيادة (ابن الله).

بينما لم تشر طبعة الملك جمس بأي طريق للملاحظة النقدية على نص مرقس ١\١(٢) بينما أشارت طبعة AMPLIFIED بناء على هذه الملاحظة النقدية بأن وضعت العبارة ابن " الله" في المتن بخط مائل مميز عن النص الأصلي، بينما لم تشر طبعة LIVING NEW TESTAMENT إلى الخلاف في العبارة لا في المتن ولا في الحاشية. وأشارت طبعة REVISED STANDARD(٣) في الحاشية إلى أن بعض

(1) See: Head, Peter M. (1977). "A Text-Critical Study of Mark 1.1 `The Beginning of the Gospel of Jesus Christ,' " NTS 37 (1991). Slomp, Jan. "Are the Words `Son of God' in Mark 1.1 Original?" BT 28. Burgon, John William. The Last Twelve Verses of the Gospel According to S. Mark Simultaneous Device Usage.

(2) See: KING JAMES, the gospel according to ST. MARK, THE LYYMANS PARALLEL NEW TESTAMENT P. 114.

(3) THE LYYMANS PARALLEL NEW TESTAMENT, P 115 NOTE N. a.

المخطوطات القديمة حذفت العبارة. بينما طبعة NEW AMERICAN BIBLE وضعت العبارة بين قوسين معكوفين مشيراً في الحاشية إلى نفس الحقيقة.(١)

(1)See NEW AMERICAN BIBLE, P 69.

NEW TESTAMENT

Mark 1

King James

THE GOSPEL ACCORDING TO

St. Mark

CHAPTER 1

Amplified

THE GOSPEL ACCORDING TO

Mark

CHAPTER 1

Living New Testament

Mark

CHAPTER 1

Revised Standard

THE GOSPEL ACCORDING TO

Mark

رسم توضيحي 2نص مرقس ١ : ١ في الطبعة المقارنة (صورة ٢)

MARK 68 *Introduction*

34—9, 1; 9, 33-50). For the disciples do not grasp the mystery being revealed (9, 32; 14, 32-38). One of them will betray him, Judas (14, 10-11 43-45); one will deny him, Peter (14, 27.31 54 66-72); all eleven men will desert Jesus (14, 27 50).

The passion account, with its condemnation of Jesus by the Sanhedrin (14, 53 55-65; 15, 1a) and sentencing by Pilate (15, 1b-15), is prefaced with the entry into Jerusalem (11, 1-11), ministry and controversies there (11, 15—12, 44), Jesus' Last Supper with the disciples (14, 1-26), and his arrest at Gethsemane (14, 32-52). A chapter of apocalyptic tone about the destruction of the temple (13, 1-2 14-23) and the coming of the Son of Man (13, 24-27), a discourse filled with promises (13, 11 31) and admonitions to be watchful (13, 2.23 37), is significant for Mark's Gospel, for it helps one see that God, in Jesus, will be victorious after the cross and at the end of history.

The Gospel of Mark ends in the most ancient manuscripts with an abrupt scene at Jesus' tomb, which the women find empty (16, 1-8). His own prophecy of 14, 28 is reiterated, that Jesus goes before the disciples into Galilee; "there you will see him." These words may imply resurrection appearances there, or Jesus' parousia there, or the start of Christian mission, or a return to the roots depicted in 1, 9 14-15 in Galilee. Other hands have attached additional endings after 16, 8; see the note on 16, 9-20.

The framework of Mark's Gospel is partly geographical: Galilee (1, 14—9, 49), through the area "across the Jordan" (10, 1) and through Jericho (10, 46-52), to Jerusalem (11, 1—16, 8). Only rarely does Jesus go into Gentile territory (5, 1-20; 7, 24-37), but those who acknowledge him there and the centurion who confesses Jesus at the cross (15, 39) presage the gospel's expansion into the world beyond Palestine.

Mark's Gospel is even more oriented to christology. Jesus is the Son of God (1, 11; 9, 7; 15, 39; cf 1, 1; 14, 61). He is the Messiah, the anointed king of Davidic descent (12, 35; 15, 32), the Greek for which, Christos, has, by the time Mark wrote, become in effect a proper name (1, 1; 9, 41). Jesus is also seen as Son of Man, a term used in Mark not simply as a substitute for "I" or for humanity in general (cf 2, 10 27-28; 14, 21) or with reference to a mighty figure who is to come (13, 26; 14, 62), but also in connection with Jesus' predestined, necessary path of suffering and vindication (8, 31; 10, 45).

The unfolding of Mark's story about Jesus is sometimes viewed by interpreters as centered around the term "mystery." The word is employed just once, at 4, 11, in the singular, and its content there is the kingdom, the open secret that God's reign is now breaking into human life with its reversal of human values. There is a related sense in which Jesus' real identity remained a secret during his lifetime, according to Mark, although demons and demoniacs knew it (1, 24; 3, 11; 5, 7); Jesus warned against telling of his mighty deeds and revealing his identity (1, 44; 3, 12; 5, 43; 7, 36; 8, 26 30), an injunction sometimes broken (1, 45; cf 5, 19-20). Further, Jesus teaches by parables, according to Mark, in such a way that those "outside" the kingdom do not understand, but only those to whom the mystery has been granted by God.

Mark thus shares with Paul, as well as with other parts of the New Testament, an emphasis on election (13, 20 22) and upon the gospel as Christ and his cross (cf 1 Cor 1, 23). Yet in Mark the person of Jesus is also depicted with an unaffected naturalness. He reacts to events with authentic human emotion: pity (1, 44), anger (3, 5), triumph (4, 40), sympathy (5, 36; 6, 34), surprise (6, 9), admiration (7, 29; 10, 21), sadness (14, 33-34), and indignation (14, 48-49).

Although the book is anonymous, apart from the ancient heading "According to Mark" in manuscripts, it has traditionally been assigned to John Mark, in whose mother's house (at Jerusalem) Christians assembled (Acts 12, 12). This Mark was a cousin of Barnabas (Col 4, 10) and accompanied Barnabas and Paul on a missionary journey (Acts 12, 25; 13, 3; 15, 36-39). He appears in Pauline letters (Phlm 24; 2 Tm 4, 11) and with Peter

The Baptism of Jesus 69 MARK, 1

(1 Pt 5, 13). Papias (ca. A.D. 135) described Mark as Peter's "interpreter," a view found in other patristic writers. Petrine influence should not, however, be exaggerated. The evangelist has put together various oral and possibly written sources—miracle stories, parables, sayings, stories of controversies, and the passion—so as to speak of the crucified Messiah for Mark's own day.

Traditionally, the gospel is said to have been written shortly before A.D. 70 in Rome, at a time of impending persecution and when destruction loomed over Jerusalem. Its audience seems to have been Gentile, unfamiliar with Jewish customs (hence 7, 3-4 11). The book aimed to equip such Christians to stand faithful in the face of persecution (13, 9-13), while going on with the proclamation of the gospel begun in Galilee (13, 10; 14, 9). Modern research often proposes as the author an unknown Hellenistic Jewish Christian, possibly in Syria, and perhaps shortly after the year 70.

The principal divisions of the Gospel according to Mark are the following:

I. The Preparation for the Public Ministry of Jesus (1, 1-13)
II. The Mystery of Jesus (1, 14—8, 26)
III. The Mystery Begins to Be Revealed (8, 27—9, 32)
IV. The Full Revelation of the Mystery (9, 33—16, 8)
The Longer Ending (16, 9-20)
The Shorter Ending
The Freer Logion (in the note on 16, 9-20)

I. THE PREPARATION FOR THE PUBLIC MINISTRY OF JESUS*

CHAPTER 1

1 The beginning of the gospel of Jesus Christ [the Son of God].*

The Preaching of John the Baptist. 2 As it is written in Isaiah the prophet:*

"Behold, I am sending my messenger ahead of you;
he will prepare your way.
3 A voice of one crying out in the desert:
'Prepare the way of the Lord,
make straight his paths.' "

4 John [the] Baptist appeared in the desert proclaiming a baptism of repentance for the forgiveness of sins. 5 People of the whole Judean countryside and all the inhabitants of Jerusalem were going out to him and were being baptized by him in the Jordan River as they acknowledged their sins. 6 John was clothed in camel's hair, with a leather belt around his waist.* He fed on locusts and wild honey. 7 And this is what he proclaimed: "One mightier than I is coming after me. I am not worthy to stoop and loosen the thongs of his sandals. 8 I have baptized you with water; he will baptize you with the holy Spirit."*

The Baptism of Jesus. 9 It happened in those days that Jesus came from Nazareth of Galilee and was baptized in the Jordan by John. 10 On coming up out of the water

نص مرقس ١:١ في طبعة نيو أمريكان بايبل (صورة ٣)

نهاية انجيل مرقس

نحن لسوء الحظ أيضاً لا ندري كيف ختم مرقس إنجيله؟!! أكثر ما يمكن قوله هو أن هناك أربع نهاياتَ مختلفة توجد في المخطوطات لكن ربما لا واحدة منها تمثل نهاية مرقس الأصلية. هذه النهايات الأربع تسمى النهاية القصيرةِ، النهاية المتوسّطة، النهاية الطويلة، والنهاية الموسعة. دليل كل منها كما يلي:

١. الاثنا عشر فقرة الأخيرة مِنْ فقرات مرقس (١٦،٩-٢٠) مفقودة في المخطوطتين الجلديتينِ الأقدم، B و א، وفي المخطوطةِ اللاتينيةِ القديمةِ K، و السينائية السريانية Sinaitic، و العديد مِنْ مخطوطاتِ الترجمة الأرمينية القديمةِ، و مخطوطات Adysh و Opiza للترجمة الجورجيةِ القديمةِ، وعدد مِنْ مخطوطات الترجمة الأثيوبية لا يبدي كليمنت السكندري، و أورجن Origen، و Ammonius أي معرفةَ بوجودِ هذه الفقرات. آباء كنيسة آخرون يعلنون أن هذا القسم يغيب عن النسخ اليونانية لمرقس المعَروفة لهم (على سبيل المثال جيروم Jerome، هبديا Epist, cxx, to Hebidia " تقريباً كُلّ النسخ اليونانية ليس فيها هذا الجزءِ الختاميِ"). الشكل الأصلي لأجزاء يوسبيوس لا تقدم فقرات بعد ١٦،٨. عدد غير قليل من المخطوطات التي تَحتوي على الفقرة يُصرّحُ في التعليقات بأنّ النسخِ اليونانيةِ الأقدمِ تَفتقرُ إلى هذه الفقرات (ومثال على ذلك: المخطوطات. ١, ٢٠, ٢٢).

وفي الوثائق الأخرى، الفقرة معلمة بالنجومِ أَو بعلامة الشك التقليدية التي كان يستعملها النساخ للإشارة إلى إضافة مزوّرة في وثيقة أدبية.

٢. النهاية المتوسّطة ("لكن هن أبلغن بطرس وأولئك الذين كانوا مَعه بكل ما أخبرن. وبعد هذا السيد المسيح نفسه ظهر لهم، مِنْ الشرقِ إلى الغربِ، الإعلان المقدّس والخالد للإنقاذِ الأبديِ ") موجودة في عِدّة مخطوطات كبيرة من القرن السابعِ، والثامن والتاسع (L، 099, 0112، ψ) وكذلك في بضعة مخطوطات صغيرة (mg274 [صورة.٢٥] و ٢٥١, ٥٧٩) وعِدّة ترجمات قديمة (EThcodd syrh mg k COPpt).

٣. النهاية الطويلة: وهي الأشهر بسبب ترجمة الملك جيمس وترجمات أخرى للنص المقبول textus receptus، موجودة في عدد كبير من الوثائق (منها عِدّة مخطوطات تَحتوي على النهاية المتوسطة أيضاً)، أعني A C D، L، W، Θ، والغالبية العظمى من مخطوطات الحروف الصغيرةِ، وأغلب الوثائق القديمة اللاتينية، مثل Vulg، Syrc,p و CopPt ". ومن المحتملُ أن الشهيد جوستين، في منتصفِ القرن الثاني، عَرفَ هذه النهاية؛ مهما يكن من شيء، تلميذه تاتيان Tatian، وضعها في مؤلفه " Diatessaron.

٤. النهاية الموسّعة: أخبرنا عنها جيروم Jerome، أنه وجدها في النسخِ اليونانيةِ الموجودة في زمنه، ونظراً لاكتشافِ المخطوطة W في وقت سابق من هذا القرن،

أصبح الآن عِنْدَنا النَصُّ اليونانيُ المختص بهذه النهاية الموسّعِة.

لا شيء من هذه الأربع النهاياتِ أصلي. رائحة التزويّر الواضحة والواسعة الانتشار للإضافة الموسعة جداً في الدليلِ الذي يَدْعمُه يُدينُها كإضافة ثانوي كلياً.

النهاية الطويلة، مع أنها موجودة في تَشْكِيلة من الوثائق، البعض مِنْها قديم، يَجِبُ أيضاً أَنْ يحكم عليها بناء على الدليلِ الداخليِ بأنها ثانويةِ. على سبيل المثال، وجود سبع عشرة كلمة غير مرقسية أَو كلمات استعملتْ في معنى غير مرقسي، لا يوجد اتصال متناغم بين الفقرتين ٨ و٩ (الفاعل في فقرة ٨ هو النِساءُ، بينما الفاعل المفتَرَضُ في الفقرة ٩ هو المسيح)، والطريقة التي عرفت بها مريم في فقرة ٩ بالرغم من أنَّها ذُكِرتْ سابقاً (في فقرة ١) تُشيرُ بأنّ هذا القسمَ أُضيفَ بواسطة شخص عَرفَ أن صيغة مرقس انتهت فجأة بفقرة ٨ وأراد أن "يضع" خاتمةً مناسبة.

الأدلة الداخلية لما يسمّى بالنهاية المتوسّطةِ بالتأكيد ضدّ أصالتها. إضافةً لكونها تحتوي على نسبة عالية من كلمات غير مرقسية، فإنها تَختلفُ نغمتَها البلاغيةَ كلياً عن الأسلوب البسيط لإنجيلِ مرقس. العبارة الزائدة (الرسالة المقدّسة والخالدة للخلاص الأبديِ ") تنم عن يَدَّ عالم ديني يوناني متأخر.

هكذا، فإننا نبقى مع النهاية القصيرةِ، الثابتة بواسطة الوثائق والترجمة، وكتابات آباء الكنيسة اليونانية الأقدم. تَقُودُ كل من الاعتبارات الخارجية والداخلية المرء لأن يستنْتج أن النَصّ الأصليِ للإنجيلِ الثانيِ، كما هو معروف اليوم، ينتهي في ١٦،٨.

لكن هَلْ مرقس أراد أن يختم إنجيلِه بالعبارة الكئيبة أن " النِساءِ كُنّ خائفات" (ἐφοβοῦντο γάρ)؟ على الرغم مِنْ دعاوى أن كامبردج، ١٩٧,١١).
لكن هذا التفسيرِ غير مرضٍ:

عِدّة علماء معاصرين جادلوا لتأييد وجهة النظر هذه فمن الصعب أن نصدق أنَّ مُلاحظة الخوف كان يمكن أن تعتبر خاتمة مناسبة لرواية إنجيل مِنْ الأناجيلِ (البشارة)، أَو الأخبار السارة. علاوة على ذلك، مِنْ وجهة نظر أسلوبية، كون الجملة تنهي يونانية بالكلمةِ γάρ هو غير طبيعي ونادر جداً: نسبياً فقط بِضْعَة أمثلةِ وُجِدتْ في كافة أنحاء المدى الواسعِ للأناجيل، ولا في حالةَ وُجِدتْ (γάρ)(الآن) في نهايةَ كتاب. علاوة على ذلك، من المحتملُ أنه في فقرة ٨ يَستعملُ مرقس الفعلَ ἐφοβοῦντο ليعني "هن كَن خائفات من " (كما فعلِ في أربع مرات لوقوع هذا الفعل في إنجيلِه). في هذه الحالة نحتاج شيئاً ما لختام الجملة.

بناء على ذلك يبدوا أن ἐφοβοῦντο γάρ لمرقس ١٦,٨ لا يُمثّلُ ما أراد مرقس أن يجعله نهايةِ لإنجيلِه. هل هو توقف أثناء الكتابة ومَنعَ بعد ذلك (ربما بسبب الموتِ) مِنْ تكملة عملِه الأدبي أَو أن الورقةِ الأخيرةِ من النسخة الأصليةِ فُقِدتْ عرضياً قبل ما تكتب النسخِ الأخرى، في الواقع إننا، ولا احد آخر، يَدري. كُلّ ما يعرف هو أن أكثر مِنْ شخص في الكنيسةِ المبكّرةِ أدرك بأنّ الإنجيلَ مرقص ينقصه

أهم حدث في المسيحية؛ وحاولَ بطرقٍ مُخْتَلِفةٍ تقريباً أن يضيف خاتمةً مناسبة.(١)

أثر النقد على طبعات الانجيل:

أثبتت طبعة الملك جيمس النص بالنهاية الطويلة حتى ١٦: ٢٠ دون إشارة لأي خلاف وكذلك طبعة امبلفيد، بينما أشارت —مع إثبات الفقرات–طبعة الإنجيل الحي في الحاشية إلى المشكلة باختصار، وحذفت الفقرات كاملة في الطبعة القياسية المنقحة من المتن وأثبتتها في الحاشية.

بينما أثبتت نيو أمريكان بايبل جميع النهايات في المتن وأشارت إلى القضية النصية بالحاشية.

---

(١) تقريباً كُلّ الدِراسات النصّية والتعليقات النقدية على الإنجيلِ طبقاً لمرقص يُوافقُ بأنَ الفقرات الأخيرةَ الـ ١٢ لا يُمْكن أنْ تُعتَبرَ مرقسية Marcan؛

نهاية انجيل مرقس في الطبعة المقارنة لعهد الجديد وقد حذفت النهاية بالكلية من الطبعة القياسية

(صورة ٤)

stone had been rolled back; it was very
large. 5 On entering the tomb they saw a
young man sitting on the right side,
clothed in a white robe, and they were ut-
terly amazed.[c] 6 He said to them, "Do not
be amazed! You seek Jesus of Nazareth,
the crucified. He has been raised; he is not
here. Behold, the place where they laid
him. 7 But go and tell his disciples and
Peter, 'He is going before you to Galilee;
there you will see him, as he told you.' "[d]
8 Then they went out and fled from the
tomb, seized with trembling and bewilder-
ment. They said nothing to anyone, for
they were afraid.

THE LONGER ENDING*

The Appearance to Mary Magdalene.
[9 When he had risen, early on the first
day of the week, he appeared first to Mary
Magdalene, out of whom he had driven
seven demons. 10 She went and told his
companions who were mourning and
weeping. 11 When they heard that he was
alive and had been seen by her, they did
not believe.

The Appearance to Two Disciples. 12
After this he appeared in another form to
two of them walking along on their way to
the country. 13 They returned and told the
others; but they did not believe them
either.

The Commissioning of the Eleven.
14 [But] later, as the eleven were at table,
he appeared to them and rebuked them for
their unbelief and hardness of heart be-
cause they had not believed those who saw
him after he had been raised. 15 He said
to them, "Go into the whole world and
proclaim the gospel to every creature.
16 Whoever believes and is baptized will be
saved; whoever does not believe will be
condemned. 17 These signs will accompany
those who believe: in my name they will
drive out demons, they will speak new lan-
guages. 18 They will pick up serpents [with
their hands], and if they drink any deadly
thing, it will not harm them. They will lay
hands on the sick, and they will recover."

The Ascension of Jesus. 19 So then the
Lord Jesus, after he spoke to them, was
taken up into heaven and took his seat at
the right hand of God. 20 But they went
forth and preached everywhere, while the
Lord worked with them and confirmed the
word through accompanying signs.]

THE SHORTER ENDING*

[And they reported all the instructions briefly to Peter's companions. Afterwards Jesus himself, through them, sent forth from east to west the sacred and imperishable proclamation of eternal salvation. Amen.]

c Jn 20, 12. — d Mk 14, 28. — Jn 20, 11-18. — Jn 20, 11. Lk 24, 10-11; Jn 20, 18. — Lk 24, 13-35. — Lk 24, 36-49; 1 Cor 15, 5. — Mt 28, 18-20; Lk 24, 47; Jn 20, 21. — Lk 10, 19; Acts 28, 3-6. — Lk 24, 50-53. — 1 Tm 3, 16.

16, 9-20: This passage, termed the Longer Ending to the Marcan gospel by comparison with a much briefer conclusion found in some less important manuscripts, has traditionally been accepted as a canonical part of the gospel and was defined as such by the Council of Trent. Early citations of it by the Fathers indicate that it was composed by the second century, although vocabulary and style indicate that it was written by someone other than Mark. It is a general resume of the material concerning the appearances of the risen Jesus, reflecting, in particular, traditions found in Luke (24) and John (20).

The Shorter Ending: Found after v 8 before the Longer Ending in four seventh-to-ninth century Greek manuscripts as well as in one Old Latin version, where it appears alone without the Longer Ending.

The Freer Logion: Found after v 14 in a fourth-fifth century manuscript preserved in the Freer Gallery of Art, Washington, DC, this ending was known to Jerome in the fourth century. It reads: "And they excused themselves, saying, 'This age of lawlessness and unbelief is under Satan, who does not allow the truth and power of God to prevail over the unclean things dominated by the spirits [or, does not allow the unclean things dominated by the spirits to grasp the truth and power of God]. Therefore reveal your righteousness now.' They spoke to Christ. And Christ responded to them, 'The limit of the years of Satan's power is completed, but other terrible things draw near. And for those who sinned I was handed over to death, that they might return to the truth and no longer sin, in order that they might inherit the spiritual and incorruptible heavenly glory of righteousness. But ...

THE GOSPEL ACCORDING TO LUKE

INTRODUCTION

The Gospel according to Luke is the first part of a two-volume work that continues the biblical history of God's dealings with humanity found in the Old Testament, showing how God's promises to Israel have been fulfilled in Jesus and how the salvation promised to Israel and accomplished by Jesus has been extended to the Gentiles. The stated purpose of the two volumes is to provide Theophilus and others like him with certainty—assurance—about earlier instruction they have received (1, 4). To accomplish his purpose, Luke shows that the preaching and teaching of the representatives of the early church are grounded in the preaching and teaching of Jesus, who during his historical ministry (Acts 1, 21-22) prepared his specially chosen followers and commissioned them to be witnesses to his resurrection and to all else that he did (Acts 10, 37-42). This continuity between the historical ministry of Jesus and the ministry of the apostles is Luke's way of guaranteeing the fidelity of the church's teaching to the teaching of Jesus.

Luke's story of Jesus and the church is dominated by a historical perspective. This history is first of all salvation history. God's divine plan for human salvation was accomplished during the period of Jesus, who through the events of his life (22, 22) fulfilled the Old Testament prophecies (4, 21; 18, 31; 22, 37; 24, 26-27.44), and this salvation is now extended to all humanity in the period of the church (Acts 4, 12). This salvation history, moreover, is a part of human history. Luke relates the story of Jesus and the church to events in contemporary Palestinian (1, 5; 3, 1-2; Acts 4, 6) and Roman (2, 1-2; 3, 1; Acts 11, 28; 18, 2.12) history, for, as Paul says in Acts 26, 26, "this was not done in a corner." Finally, Luke relates the story of Jesus and the church to contemporaneous church history. Luke is concerned with presenting Christianity as a legitimate form of worship in the Roman world, a religion that is capable of meeting the spiritual needs of a world empire like that of Rome. To this end, Luke depicts the Roman governor Pilate declaring Jesus innocent of any wrongdoing three times (Acts 23, 29; 25, 25; 26, 31-32). At the same time Luke argues in Acts that Christianity is the logical development and proper fulfillment of Judaism and is therefore deserving of the same toleration and freedom traditionally accorded Judaism by Rome (Acts 13, 16-41; 23, 6-9; 24, 10-21; 26, 2-23).

The prominence given to the period of the church in the story has important consequences for Luke's interpretation of the teachings of Jesus. By presenting the time of the church as a distinct phase of salvation history, Luke accordingly shifts the early Christian emphasis away from the expectation of an imminent parousia to the day-to-day concerns of the Christian community in the world. He does this in the gospel by regularly emphasizing the words "each day" (9, 23; cf Mk 8, 34; 11, 3; 16, 19; 19, 47) in the sayings of Jesus. Although Luke still believes the parousia to be a reality that will come unexpectedly (12, 38.45-46), he is more concerned with presenting the words and deeds of Jesus as guides for the conduct of Christian disciples in the interim period between the ascension and the parousia and with presenting Jesus himself as the model of Christian life and piety.

Throughout the gospel, Luke calls upon the Christian disciple to identify with the master Jesus, who is caring and tender toward the poor and lowly, the outcast, the sinner, and the afflicted, toward all those who recognize their dependence on God (4, 18; 6, 20-23; 7, 36-50; 14, 12-14; 15, 1-32; 16, 19-31; 18, 9-14; 19, 1-10; 21, 1-4), but who is severe toward the proud and self-righteous, and particularly toward those who place their material wealth before the service of God and his people (6, 24-26; 12, 13-21; 16, 13-15.19-31; 18, 9-14.15-25; cf 1, 50-53). No gospel writer is more concerned than Luk with the mercy and compassion of Jesus (7, 41-43; 10, 29-37; 13, 6-9; 15, 11-32). N

95

أثبتت نيو أمريكان بايبل جميع النهايات في المتن وأشارت إلى القضية النصية بالحاشية

(صورة ٥)

(٣) انجيل لوقا

تعريف إنجيل لوقا:

إنجيل لوقا هو الإنجيل الثالث من الأناجيل المتشابهة، يسرد إنجيل لوقا حياة المسيح، مماته وقيامته. ويعتقد أن كاتب هذا الإنجيل وسفر أعمال الرسل واحد، لكن هذا ليس مؤكداً، لكن بحسب التقليد ينسب كتابة سفر أعمال الرسل إلى لوقا المذكور حيث في رسالة كولوسي (٤:١٤) يُسَلِّمُ عَلَيْكُمْ لُوقَا الطَّبِيبُ الْحَبِيبُ، وَدِيمَاسُ".

لكن أهم سبب يبرر هذه الدعوى هو مقدمة كلا الكتابين (إنجيل لوقا وسفر أعمال الرسل)، حيث كلا المقدمتين تبدأ بذكر اسم ثاوفيلس.(١) لذلك يُظن أن هناك كاتب واحد لهذين الكتابين(٢).

والأسلوب المميز لهذا الإنجيل (حسب طبعة إنجيل كامبردج، لوقا، مقدمة) هو استخدام شعار "كان عيسى ينتقل من مكان إلى مكان يعمل الخير ويشفي جميع

---

(١) لا أحد أيضا يعرف من ثاوفيلس هذا لكن اللقب المصاحب (العزيز) قد يشير إلى أنه أحد المسؤولين الحكوميين اليونان.

(٢)انظر: تاريخ ولاهوت كتابات العهد الجديد ص ٢٥٩

(The History and Theology of the New Testament Writings, p. 259).

الذين تسلط عليهم ابليس" (أعمال الرسل ٣٨:١٠ ولوقا ١٨:٤).

وسبب كتابة هذا الانجيل هو كما يقول مؤلفه " رَأَيْتُ أَنَا أَيْضاً، بَعْدَمَا تَفَحَّصْتُ كُلَّ شَيْءٍ مِنْ أَوَّلِ الأَمْرِ تَفَحُّصاً دَقِيقاً، أَنْ أَكْتُبَهَا إِلَيْكَ مُرَتَّبَةً يَا صَاحِبَ السُّمُوِّ ثَاوُفِيلُسَ لِتَتَأَكَّدَ لَكَ صِحَّةُ الْكَلاَمِ الَّذِي تَلَقَّيْتَهُ " (لوقا اصحاح: ١: ٣-٤).

▤ نسب المسيح وهويته

في إنجيلِ متى [١٦: ١٣-١٦] وجه المسيح سؤالاً هاماً إلى تلاميذه: "قائلاً: من يقول الناس إني أنا ١٤ فقالوا: قوم يوحنا المعمدان، وآخرون ايليا، وآخرون إرميا، أو واحد من الأنبياء* ١٥ قال لهم: وأنتم من تقولون إني أنا ١٦ فأجاب سمعان بطرس وقال: أنت المسيح ابن الله ". هكذا أجاب الاثنا عشرَ على سؤال المسيح بسرعة بذكر الأقوال الشائعة بين الناس، لكن عندما وجه السؤال لهم أنفسهم عن اعتقادهم هم، فإنهم لم يأتوا بجوابٍ بنفس السرعة وفي الحقيقة، ثم لم يجب إلا رئيسهم سمعان بطرس. بعد ثلاثة قرونِ من توجيه المسيح لهذا السؤال، في الواقع وحتى اليوم، بقي هذا السؤال بلا جواب واحد ومُرْضِيًّ من أتباع المسيح: هل هو الله؟ هل هو ابن الله؟ أو هو ابن داوود أو ابن يوسف؟

إنّ السؤالَ إذن ليس ترفاً عقائديًا، نظراً لأن مَنْ طرحه هو المسيح نفسه، ولأن السؤال عن هويةِ المسيح هو سؤال شغل المسيح نفسه. ولقد استمر هذا السؤال بلا جواب بعد ذلك في القرنِين الثاني والثالث؛ وفي الواقع حتى اليوم، حيث اختلفت

المسيحية حول هذا الجواب كاختلاف التلاميذ وبقيت الكنيسة في حالةٍ غريبة ومثيرة مِنْ الاختلاف. استمرت هوية المسيح لغز هذا الدين ومن المسائل التي كانت محل خلاف بين المسيحين الأوائل وحتى اليوم.

هوية المسيح ونسبه أصبحت لغز هذا الدين، وكانت سبباً لمشاكل كثيرة في نصوص الأناجيل: هل كان المسيح ابن الله أو ابن مريم أو ابن مريم ويوسف معا، أو جميع ما سبق؟ سنرى هذا الاضطراب في نصوص انجيل لوقا:

فيما يتعلق بنسب المسيح في رواية طفولة المسيح في الإصحاح الثاني عند لوقا، حيث ذكر نسبه في مناسبتين نصوصاً تشيرُ إلى يوسف النجار خطيب مريم؛ باعتباره "أبّ" للمسيح، هذه النسبة المشكلة بالنسبة للكتّابِ تعارضت مع الفكرةِ (المؤكدة عند المسيحيين وأيضاً عند لوقا) أن المسيح ولد من عذراء.

في الواقع في كُلّ حالة في هذه الفقرات -أي كلما، يدعى يوسف "أبّاً" للمسيح أَو هو ومريم يلقبا بأبوي المسيح -كاتب أو آخر يعالج النص المشكل أو العرضة لسوء الفهم باستبدال الكلمة المشكلة بأخرى واضحة!

هكذا؛ يوسف وصف أو سُميَ أبّاً للمسيح مرّتين في قصةِ لوقا عن المسيح (٢:٣٣, ٤٨). في كلا الموضعين عدّل النساخ أو المترجمون النَصَّ لإزالة ما بدا متعارضا بشكل تام مع الفكرةِ الراسخة من أنه بالرغم من أن يوسف كَان خطيبا لمريم، إلا أنه لم يكن أبًا للمسيح.

نص لوقا: (٢: ٣٣).

أيضـــاً عنـدما يقول نص لوقـا: (٢: ٣٣)"كـان أَبُوهُ وَأُمُّـهُ يَتَعَجَّبَـانِ مِنْ هَذَا الْكَلاَمِ الَّذِي قِيلَ فِيهِ". ("ἦνόπατὴραὐτοῦκαίὴμὴτηρθαυμάζοντες".) والإشـارة إلى (أبوه) يقصـد بها يوسـف النجار. لكن أغلبية المخطوطاتِ اليونانيةِ مع عدد مِنْ الترجمات القبطية والسـريانية واللاتينية القديمة، تغيّر النَصَّ ليصبـح يقرأ هكذا "يوسف وأمّه" "Ἰωςὴφκαίὴμὴτηραὐτοῦ" بدلاً من "أبوه وأمه".

طبعاً الفرق كبير جدا بين النصين أو الترجمتين؛ والتغييرِ يقدم معنى سليماً وواضحاً؛ على الأقل بالنسبة للأرثوذوكس، ويتفق مع وجهة النظر المسيحية؛ أي أن يوسف في الحقيقة لَيس أبَاً للمسيح، ويرفع الإشكال وسوء الفهم المحتمل من النص الآخر.

لكن هناك مجموعة أخرى كبيرة وواسعة من المخطوطاتِ المبكّرةِ والمتفوّقةِ تثبت القراءة المشكلة "أبوه وأمه"!

والانتشار الواسع للقراءة الثانوية (المعدلة: يوسف وأمه)، وعدد الترجمات القديمةِ التي يدعمها، يبين أنّ تغيير النَصَّ حدث في وقت مبكر، على الأقل في القرن الثالثِ وعلى الأرجح في الثاني وبالضبط في زمن الخلاف مع آريوس.(١)

---

(1) See: Metzger B. M.1971. A Textual Commentary on the Greek New Testament Stuttgart: United Bible Societies, pp. 111-112.

لوقا: ٢: ٤٨:

هناك مرة أخرى وصف أو دعي فيها يوسف النجار أبًا للمسيح في قصةِ المسيح عند لوقا.

في الفقرة ٢: ٤٨ أمّ المســـيح فقدته في الهيكل وتبحث عنه بلهفة ثم تَجِدُه هنـاك وتُوبّخُـه بقولهـا: "يَا بُنَيَّ، لِمَـاذَا عَمِلْـتَ بِنَـا هَكَـذَا؟ فَقَـدْ كُنَّـا، أَبُوكَ وَأَنَا ἰδοὺόπατὴρσουκἀγώ نَبْحَثُ عَنْكَ مُتَضَـايِقَيْنِ!" الآن نتوقع ماذا حدث: مرةً أخرى النَصّ غُيِّرَ، لكن هذه المرة بعدة طرق غير متناسقة:

وثيقـة يونانيـة مهمـة؛ لكن ناقصـــة، مِنْ القرن الخـامسِ، مع المخطوطتين اللاتينيتينِ القديمتينِ تقولا: "أقرباؤك وأنا) (οἱσυγγενεῖςσουκἀγώ) كنا متضـــايقين المخطوطات:(Cvidβ e)

١- بينما عدد مِنْ وثائق أخرى قديمة تقول: "قد تضايقنا..(a b ff 2 g1 1 r1, syrc) "(١) هنا ثانيةً نوع الوثيقة -مجموعةِ المخطوطات الإسكندرية مع النصوصِ اللاتينيةِ والسريانيةِ القديمة-تبين بأنّ القراءة تعرضت للتحريف مبكراً؛ رغم ذلك هذا التغيير لَمْ يكن في أغلبيةِ المخطوطاتِ التي تُثبتُ التحريف في الفقرة ٣٣.

(1) See: Ehrman B. D (1996). The Orthodox Corruption of Scripture, Oxford University press, p. 56.

نحصد صيداً مماثلا عندما نلقي شبكانا أبعد قليلاً:

في الفقرات الوثيقة الصلةِ بالموضوع نفسه؛ أي التي تتكلّمُ عن "والدي" المسيح (γονεῖς) في قصصِ الولادةَ عند لوقا، أو تلك التي تسمّي يوسف أبّاً للمسيح، لكن في سياقاتٍ أخرى غير قصص الطفولة، في كُلّ مِنْ الحالاتِ الثلاث التي يشير فيها لوقا إلى "والدي " المسيح، يقوم أحد الكتّابُ أو ربما كتاب مُخْتَلِفينَ بتعديلات نصية لتلافي سوء استعمال محتمل وتمنع اللبس، منها:

في نص لوقا ٢:٤٣، حيث أنَّ كلمة "أبويه" (γονεῖςαὐτοῦ) غُيّرَت إلى "يوسف وأمّه" (Ἰωςὴφκαέὴμὴτηραὐτοῦ) في تشكيلة واسعة من المخطوطات اليونانية ومخطوطات أخرى.

نفس الكلمة "أبويه" (οἱγονεῖςαὐτοῦ) غُيّرت، لكن بصورة أقل، في لوقا ٢:٤١، حيث مخطوطة يونانية وحيدة ومتأخّرة وعدد مِنْ الوثائق اللاتينية القديمة قَالت: " يوسف ومريم " (ὁτεἸωςὴφκαίΜαριάμ).

أول مرة وردت فيها العبارةِ في نص لوقا ٢:٢٧، عدّلت في عِدّة نسخ من انجيل تاتيانDiatesseron. وحذفت في عِدّة مخطوطات صغيرة يونانية متأخرة. (١)

طبعا الهدف من كل هذه التغييرات واضح جدا؛ على الرغم من أن يوسف هو

(1) See: Metzger B. M.1971. A Textual Commentary, p. 112.

خطيب مريم إلا أنه ليس أبا للمسيح.

أثر النقد على طبعات الإنجيل:

لقد أهملت الطبعات التقليدية غير النقدية هذه الخلافات؛ طبعاً هكذا فعلت طبعة الملك جيمس وما بني عليها، بينما أشارت الطبعات النقدية الحديثة إلى هذه الاختلافات؛ كما فعلت طبعة نستله – ألاند أو (إن أي ٢٦) (NA26) حيث تستشهدُ بمخطوطةِ رقم ٢٤٥؛ وطبعة المشروعِ الدولي للأناجيل اليونانيِ تستشهدُ بالمخطوطاتِ ١٣٤٧, ١٥١٠، و٢٦٤٣. في اثبات هذه الاختلافات.

بينما تبنت طبعة الملك جيمس النص "المنقح" دون إشارة للمسألة النقدية وكذلك طبعة الإنجيل الحي Living New Testament.

بينما تبنت الطبعة القياسية المنقحة الرواية الأصح، ولكنها المشكلة (أبوه وأمه) أما طبعة امبلفيدAmplified فقد وضعت قبل (أبوه) كلمة "توضيحية" بين معكوفين [legal] أي [الشرعي].

أما الفقرة ٤٨ فقالت طبعة الملك جيمس (أبوك وأنا) وقامت طبعة امبلفيد كالعادة باستعمال الأقواس فوضعت قبلthey الاسمين بين معكوفين [Joseph and Mary] لعدم اللبس ولكنها استخدمت بعد التعبير المشكل (الذي أصبح واضحاً بعد الأقواس) [أبوك وأنا].

أما الإنجيل الحي فاستعملت التعبير (أبواه) بدلا من الضمير they والتعبير المشكل (أبوك وأنا) دون إشارة للخلاف.

قائمة نسب المسيح

كما سبق؛ أورد كلا من متى ولوقا نسب المسيح الذي أصبح لعنة في تاريخ المسيحة. لكن بينما أورده متى في الفصل الأول وأورده لوقا في مكانه المناسب؛ في الفصل الثالث.

المسألة النقدية:

كما رأينا عندما وضع متى قائمة النسب هذه في بداية كتابه تم وضع اسم إبراهيم كبداية لنسب المسيح، "عيسى المسيح" وأضيفت كلمات "ابن داود، ابن إبراهيم ".

بالطبع كان وصف "ابن داوود " هاماً، ولكن وصفه بأنه "ابن إبراهيم " لم يكن كذلك، حيث أن جميع اليهود من أبناء إبراهيم (قارن مع ٣: ٩) ومن هنا تنشأ الحيرة التي يشعر بها القراء عندما يجدون قائمة نسب تبدأ بإبراهيم موجودة في بداية كتاب عن عيسى.

إن القسم من سلسلة النسب عند متى من إبراهيم إلى داوود يطابق سفر أخبار الأيام الأول ١: ٣٤ و٢: ١٥ أما من داوود إلى يكنيا فيطابق سفر أخبار الأيام الأول ٣: ٥-١٦ ولكن مع حذف ثلاثة أسماء بعد أخزيا واسم رابع هو يهوياقيم بعد يوشيا. أما الأسماء التسعة بين زربابل ويوسف فليست كافية لسد الفجوة بين التي تمتد ٥٠٠ عام بين زربابل (٥٣٦ م) وبين هرودوس.

وقد رأى مؤلف لوقا هذه الصعوبات وخصوصاً الأولى وهي بداية كتابه بقائمة نسب تبدأ من إبراهيم، والثانية هي القائمة التي تجعل المسيح قد وُلدَ مبكراً؛ في القرن الثالث أو الثاني قبل الميلاد. وقد تعامل لوقا مع المشكلة الأولى بأن انتظر حتى بدأ قصته بشكل جيد (٣: ٢٣) ثم أدخل قائمة نسب تبدأ من "آدم ابن الله"، وأبي الجميع، وليس إبراهيم وتنتهي بالمسيح.(١)

الملاحظة الأساسية بالنسبة لي هي أن نَصّ لوقا ٣: ٢٣ كان يجب ألا يسبب للمسيحيين أية مشاكلَ للمسيحيين، نظراً لأنه يُصرّحْ بشكل واضح بأنّ يوسف لم يكن أبًا للمسيح حقيقة، لكن كان هناك فقط (بعض الناس ممن يظن خطأً) أو "يُظنُ" ذلك. مع هذا كانت المفاجأة أنه في اثنتين مِنْ المخطوطات اليونانية هي واشنطن والمخطوطة (W -579) تحذفا سلسلة نسب يوسف بالكامل من انجيل لوقا(٢).

ما سبب الحذف؟ بحثت عن جواب السؤال: لماذا دست – أو حذفت– هذه الفقرات؟

هل من الصعب أن نقرر ما الذي يدفع المترجمين، سواء نساخ المخطوطات أَو

---

(١) انظر: اينوك باول، تطور الإنجيل، ترجمة أحمد أيبش، (دار قتبة، دمشق –بيروت، ١٤٢٤= ٢٠٠٣) ط الأولى، ص ١٤٦-١٤٧.

(٢) المخطوطة الإنشيّة القديمة واشنطن W تَحْذفُ سلسلة النسب في الفقرات ٢٣ب-٣٨؛ بينما المخطوطة ٥٧٩ تَحْذفُ الفقرة ٢٣ أيضاً.

مترجمي أصولها، أن يحْذفوا بضع عشرةَ فقرة مِنْ النص؛ إلا أنهم ربما أدركوا تناقض تسلسل نسب يوسف إلى آدم في رواية حول المسيح، بينما يوسف في الحقيقة لَيسَ أبًا للمسيح (كما يُشيرُ إليه نَصّ الفقرة ٢٣ نفسه).

هكذا بينما رَأى بَعْض العلماءِ المعاصرين في سلسلة النسب أصعب مشكلة في العقيدة المسيحية وهي أن المسيح ليس ابناً لأحد من البشر، أي أن المسيح لم يكن له أبٌ من البشر، هذه المشكلةِ هي التي أزعجت المسحيين الأوائلِ أيضاً. (١)

بالنسبة للنقاد المتقدين يطرحون التفسير التالي؛ التفسير الذي يطرحه على سبيل المثال؛ إرينوسIrenaeus هو: بما أن المسيح لم يكن بشكل حرفي ابن يوسف لأنه كَانَ المسيح المنتظرَ، ابن داوود، ابن الله، ولأن بين أجداد يوسف في سلسلة النسب عند متى يُوْجَد Jechoniah، ابن جوكيم، الملك يعقوب Judah، وقد تُنبّأَ النبي أرميا ٢٢:٢٨ بأنَّ لا أحد مِنْ ابنائه يَجْلسُ على عرشِ داوود، وبما أن المسيح هو ابن داوود وجاء ليجلس على عرش أبيه؛ داوود. هذه المشكلة لا يمكن أنَ تُتفادى إلا بحَذْف سلسلة النسب ليفسح الطريق أمام المسيح ليحقق نبؤات الكتاب.(٢)

(1) See: The Purpose of the Biblical Genealogies: With Special Reference to the Setting of the Genealogies of Jesus, pp. 230-231.

(2) See: Irenaeus (2014) Against Heresies, Beloved Publishing LLC, p. 9/21.

نص (لوقا: ٤ : ٢٢)

هناك نص آخر لكن لم يقم عدد كبير من النساخ بتعديله (حسب ما بين أيدينا من مخطوطات). لقد أشارَ لوقا في الإصحاح الثالث إلى أن المسيح كَانَ فقط " يُظن "أنه ابن يوسف، لذلك لَمْ يهتم المسيحيون بتَغيير نَصِّ الفصلِ الرابع، أي عندما اندهش سكان مدينة الناصرة مِنْ بلاغة المسيح متسائلين " أَلَيسَ هذا ابن يوسف؟!"

في الواقع أكثر المسيحيين من الممكن أن يفهموا طبعا من السياق أن هذا السؤال يكشف عن جهل هؤلاء بحقيقة المسيح، وهو مجرد خطأً في الفَهْم -فهؤلاء المتسائلون هنا بدا كأنّهم عَرفوا هوية هو المسيح وابن من يكون، لَكنَّه (كما في الإصحاح السابق) هؤلاء "ظنوا ذلك فقط أي "يظن" أنه ابن يوسف. لذلك -إلى حد ما- تغيير هذا الموضع لم يكن ضرورياً.

ومع ذلك، هنا مخطوطة صغيرة مهمة وقديمة جداً للنَصِّ (هي مخطوطة ١٣) تَحْذفُ السؤالَ جملةً، بينما مخطوطة أخرى أحدث (مخطوطة ١٢٠٠) تُعدِّلُ النص لتقول، " أَلَيسَ هذا ابن إسرائيل؟ "! طبعا وظيفة كلا النصين واضحةُ، ولو كان مفهوما أيضاً لِماذا أكثر المترجمين أو النساخ لم يروا ضرورة لعمل تغييراتَ مماثلة.

العشاء الأخير: **نص لوقا: (٢١: ١٩-٢٢)**

"١٩ وَأَخَذَ خُبْزًا وَشَكَرَ وَكَسَّرَ وَأَعْطَاهُمْ قَائِلاً: «هذَا هُوَ جَسَدِي الَّذِي يُبْذَلُ عَنْكُمْ. اِصْنَعُوا هذَا لِذِكْرِي». ٢٠ وَكَذلِكَ الْكَأْسَ أَيْضًا بَعْدَ الْعَشَاءِ قَائِلاً: «هذِهِ

الْكَأْسُ هِيَ الْعَهْدُ الْجَدِيدُ بِدَمِي الَّذِي يُسْفَكُ عَنْكُمْ. ٢١ وَلكِنْ هُوَذَا يَدُ الَّذِي يُسَلِّمُنِي هِيَ مَعِي عَلَى الْمَائِدَةِ."

اعتماداً على هذا النص يعتبر سر التناول هو أحد أسرار الكنيسة المسيحية السبعة:

١. سر المعمودية (يوحنا ٣:٥؛ أعمال ٥:٢٥؛ ١كورونثوس ٦:١١)

٢. سر الميرون (أعمال الرسل ٨:١٧، ثم رسالة يوحنا الأولى: ٢:٢٠)

٣. سر القربان أو تناول جسد الرب ودمه (لوقا ٢١: ١٩-٢٢) وربما (يوحنا: ٦: ٥٠-٥٧)

٤. سر التوبة والاعتراف (يوحنا ٢٠:٢٣)

٥. سر مسحة المرضى (يعقوب٥:١٤، ١٥؛ مرقص٦:١٣)

٦. سر الزيجة أي الزواج (أعمال٥:٣٢)

٧. سر الكهنوت (١تيسالونيكي٤:١٤؛ ٢تيسالونيكي١:٦)

وسر الأفخارستيا أو سر التناول أو القربان المقدس أو الأفخارستيا كلمة معناها اللغوي الشُكر، وهي تعريب للكلمة اليونانية εὐχαριστέω (أقول شكرًا)، وسر الأفخارستيا هو أحد الأسرار السبعة المقدسة في الكنيستين

الكاثوليكية والأرثوذكسية(١) أو أحد السرّين المقدسين في الكنيسة البروتستانتية. وهو تذكير بالعقيدة المسيحية الأهم؛ أعني موت المسيح كفارة عن خطايا العالم، وبالعشاء الذي تناوله عيسى بصحبة تلاميذه عشيّة آلامه (لوقا ٢٢:١٩ ومتى ٢٦:٢٦ ومر١٤:٢٢ و١قور١١:٢٣-٢٥). ويُحتفل بهذه الذكرى المؤمنون لأنها التعبير المرئي للكنيسة. الاحتفال يكون بتناول قطعة صغيرة ورقيقة من الخبز (تعرف بالبرشان) التي تمثل جسد عيسى وأحياناً تذوق أو غمس قطعة الخبز في القليل من الماء أو الخمر الذي يمثل دم المسيح.

وتنص العقيدة المسيحية على أن المسيح؛ حسب الخطة الإلهية، جاء؛ أو أرسله أبوه، من أجل خلاص العالم، والطريق لذلك؛ أيضا حسب الخطة الإلهية، أن يتألم ويسفك دمه، ويموت على الصليب كفارة لذنوب العالم. آية (يوحنا: ٣: ١٦): لأنه هكذا أحب الله العالم حتى بذل ابنه الوحيد لكيلا يهلك كل من يؤمن به بل تكون له الحياة الأبدية". وأيضا متى (٢٠: ٢٨)" أَنَّ ابْنَ الإِنْسَانِ لَمْ يَأْتِ لِيُخْدَمَ، بَلْ لِيَخْدِمَ، وَلِيَبْذِلَ نَفْسَهُ فِدْيَةً عَنْ كَثِيرِينَ"، ومثله مرقص: (مرقص: ١٠: ٤٥). خطة الله هذه لا توجد إلا في المسيحية، وابن الله هذا؛ القديم مع الله من الأزل، لم يعرفه أي من الأنبياء؛ بمن فيهم المسيح، حتى قررها القديس بولس.

---

(١) هنا عندما أشير إلى الكنيستين الرئيستين في العالم المسيحي؛ طبعا مع الفرقة الحديثة البروتستانت، أستعمل الاصطلاح الحادث.

ومن أجل ذلك؛ أي لتحقيق الخطة الإلهية، حسب العقيدة الأرثوذكسية، لابد أن يكون المسيح إلها حتى يغفر، ولابد أن يكون في نفس الوقت، بطريقة أو بأخرى إنساناً، حتى تصل كفارته للبشرية كلها. لذلك كان يجب على الأرثوذوكس التأكيد على الصفتين؛ أي رغم أن المسيح كان إنساناً حقيقة (وليس مجازاً أو خيالاً) من لحم ودم، لكنه أيضا في الواقع إله كامل؛ وإلا لما كان قادرا على التكفير.

وبناءً عليه أكَّدَتْ نصوص "الأرثوذوكس" (العهد الجديد) على أنّ المسيح واجه ألما ومعاناة حقيقية في آلامه وليس تخييلا أو تشبيهاً. هذا المذهب كان لديه مسلماته المتعلقة بالخلاص والاعتقاد بأنه عندما مات المسيح على الصليب أريق دمه حقيقية، وبأنَّ هذا الدمَ المراقَ هو الذي سبب الفداء والخلاص للعالم. هذا الاعتقاد كان سائداً بين الأرثوذوكس في القرن الثاني والثالث بحسب ما توحي به المصادر القديمة.

لكن كان هناك وجهة نظر أخرى كانت موجودة في نفس الزمان والمكان، أيضا كما توحي نفس المصادر، بأنّ هناك مسيحيِّين اعتنقوا نظرية معارضة تماما، لنظرية الأرثوذوكس. وجهة نظر أنكرت أن يكون المسيح مات حقيقة وسفك دمّه حقيقة المسيح، بل شبه هكذا للناس، طبعا هؤلاء؛ مثلهم مثل كل الفرق والآراء التي قضي عليها في مجمع نيقيا وما بعده، ليس لها مصادرها الخاصة، لكننا نستطيع أن نكتشف وجودها ونظرياتها من خلال ما كتبه الأرثوذوكس في الرد عليهم.

هذه النظرية المسيحية المعارضة يظهر وجودها ومفهومها في رد إرينوس Irenaeus عليهم بكلمات قوية:

إنهم تافهون بكل وجه، هؤلاء الذين يحتقرون حكم الله العادل، ويرفضون خلاص الجسد... مؤكدين بأنّه ليس قادراً على العدالة. لكن إذا هذا في الحقيقة لا يجلب الخلاص، ثمّ لم يَفْدِنَا الربُّ بدمه، ولا كأس القربان المقدس مشاركة في دمه، ولا الخبز الذي نكسره مشاركة في جسمه. لأن الدمّ لا يأتي إلا من العروق والجسد، ولا يكوّن جسد الإنسان إلا من لحم ودم، هكذا كانت كلمة الله في الحقيقة. وبدمه فدانا، كما أعلن حواريه أيضا "في الذي فدانا، بدمّه، من اجل مغفرة الذنوب ". (١)

قبل إرينوس، أيضا نقرأ ونقارنْ كلماتِ إجناتيوس (اغناطيوس) في رسالته التي يبين فيها مذهب الأرثوذوكس وخصومهم بعبارت واضحة:

"٢: ١ لانه احتمل كل هذا من اجلنا [حتى نخلص]؛ وتألم حقًا، وأيضا أقام نفسه حقا. ليس كما يقول المشككون، أنه تألم في الظاهر، وشبه لنا فقط ". (٢)

هكذا بالنسبة لإرينوس واغناطيوس، بدون دمِ المسيح وجسده، لا يُمْكِنُ أَنْ يكون هناك خلاص.

وكما رأينا في اقتباس إرينوس Irenaeus لنص الرسالة إلى كلوسي ١٤:١، عثر

---

(١) (الرد على الزنادقة. الخامس، الفقرة ٢, ٢)

(٢) رسالة اغناطيوس الى سميرناين، (الفصل الثاني: ١-٢)

المسيحيون الأرثوذوكس على ما يؤيد مذهبهم، أي مذهبهم في الخلاص بدمّ المسيح؛ واضحاً في كلمات العهد الجديد. (١)

وبناءً عليه عمل الكتاب الأرثوذوكس دائما لتأكيد هذه العقيدة بعدة طرق، أكثرَها توضيح العقيدة بتوضيح بعض الكلمات المشكلة، سواء بتبديلها بأخرى واضحة وبلا إشكال، أو إضافة حرف أو كلمة توضيحية لإزالة اللبس، و "بتوضيح" الكلمات وإزالة اللبس من العبارات المشكلة، وأحيانا أضافوا هذه العقيدة لنصوص حتى تلك النصوص التي افتقرت إليها أصلا.

أَثَرُ هذا القضية على نصّ العهد الجديد نراه بوضوح في الوثائق والمخطوطات الباقية على قيد الحياة. وأوضح مثال هو قصة لوقا للعشاء الأخير (١٩:٢٢-٢٠) الفقرة التي سببت نزاعاً نقديا بين النقاد المعاصرين.

يقول بعض النقاد أن الفقرات أصلا لم تقل شيئا حول فداء جسد ودمّ المسيح. وأن النص الأصلي كان ينقص (أو اضيق إليه) فقرات لم تكن فيه. وأن النص في الأصل كان يقتصر على الجمل الآتية:

" وأخذ خبزا، شكر، كسره وأعطاهم، قائلا: هذا جسدي. لكن انظروا، يدّ الذي يسلمني هي معي على المائدة. "

---

(١) مما لا ينقضي منه العجب وأثار شكوك النقاد أن النص في كولوسي إلى "الدمِ" الذي اقتبسه إرينوس Irenaeus مِنْ الرسالة إلى كولوسي Colossians نفسه ليس إلا تحريفا أرثوذكسيا! انظر: إرمن، تحريف الأرثوذوكس: ص. ٢١٠-٢١١.

لكن ليس كلّ العلماء يوافقون على هذا الظن. وعلينا أن نطبق منهج النقد ونستعمل أدواتنا النقدية؛ النقد الظاهري أو الخارجي أو الوثائقي، والنقد (النسخي أو الموضوعي) وهذان معا هما النقد الباطني (أو الداخلي). (١)

▤ الترجح بين القراءتين:

بالنسبة للنقد الوثائقي تقدم مخطوطات العهد الجديد نص لوقا ١٩:٢٢-٢١؛ ليس في صيغتين، بل في ستّة صيغ مختلفة، أربعة منها يسهل ردها والحكم ببطلانها وزيفها لأنها تفتقر إلى الدعم الوثائقي (الخارجي) الكافي والأدلة الداخلية (النسخية والموضوعية) على الأصالة.(٢)

فيما يتعلق بالصيغتين الباقيتين، إحداهما هو "نصّ قصير " لأنه يفتقر إلى فقرات يمكن أن نرمز لها بـ ١٩ب-٢٠، باعتبارها إضافة إلى النص الأصلي (١٩أ، ٢١):

" وأخذ خبزا، شكر، كسره وأعطاهم، قائلا: هذا جسدي. لكن انظروا، يدّ الذي يسلمني هي معي على المائدة. "

في النصّ الأطول نجد الفقرات المشهورة حالياً (بحرف مائل تحتها خط) بين

---

(1) See: Metzger B. M.1991. The Text of the New Testament: Its Transmission, Corruption, and Restoration, 3ed. New York: Oxford. Pp. 305-313 .

(٢) انظر: متجزر Metzger، تعليق نصّي، ١٧٣-١٧٧. يلاحظ أن ثلاثة مِنْ القراءاتِ الأربع كُلّ منها يوجد في صيغة واحدة وباللغة السرياني، والرابعة توجد في مخطوطتين لاتينيتينِ قديمتينِ (b e). وكُلّ الأربعة يظهر بوضوح أنها اشْتِقاق مِنْ صيغة أو أخرى من الصيغ الأخرى، وكُلّ الأربعة يُراوغُ أحد العقباتِ الرئيسيةِ للنَصّ بواسطة عَكْس أو تبديل تسلسل "الكأسِ والخبزِ".

هاتين الجملتين (ب ١٩ - ٢٠):

(١٩وَإِذْ أَخَذَ رَغِيفاً، شَكَرَ، وَكَسَّرَ، وَأَعْطَاهُمْ قَائِلاً: «هَذَا جَسَدِي الَّذِي يُبْذَلُ لأَجْلِكُمْ. هَذَا افْعَلُوهُ لِذِكْرِي!» ٢٠وَكَذلِكَ أَخَذَ الْكَأْسَ أَيْضاً بَعْدَ الْعَشَاءِ، وَقَالَ: «هَذِهِ الْكَأْسُ هِيَ الْعَهْدُ الْجَدِيدُ بِدَمِي الَّذِي يُسْفَكُ لأَجْلِكُمْ. ٢١لكن انظرواَ إِنَّ يَدَ الَّذِي يُسَلِّمُنِي هِيَ مَعِي عَلَى الْمَائِدَةِ.).

إنّ النصّ الأقصر هو أحد نصوص وستكوت وهورت أو ما يعرف عند النقاد بـ" النص الغربي غير المدرج." وهو النصّ الذي نجده فقط في الوثائق الغربية. (١)

في الحقيقة، منذ نشر وستكوت وهورت Westcott and Hort العمل الرائد "العهد الجديد في اليونانية الأصلية"، لا توجد مشكلة نصّية عند لوقا في كل كتابيْه (الانجيل وسفر الأعمال) أحدثت نقاشا أكثر نقدًا، أو سببت شكوكاً علمية أكثر منه.

و " النص الغربي غير المدرج." هو النصّ الذي نجده فقط في الوثائق الغربية وهو النوع من النصوص الذي يعتبره (وستكوت Westcott وهورت Hort) يحمل كلّ أدلة الصدق والثبوت.

ولأذكر بالقضية النقدية: إنّ النصّ "الغربي" كله تقريبا يميل للتوسع في النص،

---

(١) أهم هذه الوثائق بيازا ويرمز لها ب D و منها (a d ff2 i l)

مقابل النصوص المختصرة عادة في أنواع النص الأخرى (بما في ذلك النص "المحايد" عند وستكوت Westcott و هورت Hort). فعندما تكون الوثائق الغربية، تدعم نصّا قصيراً على نحو مخالف للمعهود؛ وفي مواجهة نص سكندرياً موسعا، حينئذ القراءة موضع البحث يجب أن تأخذ قدراً أكبر من الدراسة الدقيقة.

حكم وستكوت Westcott وهورت Hort وقبول بعض (وليس كلّها، حث يقتضي الحكم أن تكون لكلّ حالة دراسة مستقلة استنادا على الاحتمالات الداخلية والنسخية) قراءات منها كأصلية كان منتقداً عموما باعتبارها أحكاماً متحيّزة. (١)

إذن لا يجب التسرع وإهمال قراءات لمجرد أنها وجدت "فقط في بضعة" وثائق يجب أن يتغير عند التعامل مع هذا النوع من الوثائق والمخطوطات، عندما تكون القراءة القصيرة يؤيدها ويدعمها بشكل رئيسي التراث الغربي الذي يميل عادة لتوسيع النصوص.

كما هو الحال مع كلّ نصوص "غير المدرج الغربي، وجد وستكوت Westcott وهورت Hort أسبابا وثائقية كدليل على أن نصوص التراث الغربي؛ أحياناً، تكون صحيحة وأصلية، بالرغم من أنّهما يعتقدان أنها في الأصل تعد تحريفا. (٢)

---

(١) انظر: إرمن، بارت، تحريف الأرثوذوكس، ص (٢٢٣-٢٢٧).

(٢) انظر: Westcott وهورت، العهد الجديد في اليوناني الأصلي ج الثّاني. ١٧٥-١٧٧، وأيضا: Metzger، تعليق نصّي، ١٩١-١٩٣.

في الحالة التي بين أيدينا، وعلى الرغم من ثبوت الصيغة الأطول في كلّ المخطوطات الأخرى، من ضمن ذلك ما اعتبره وستكوت Westcott وهورت Hort أنفسهما: " نصاً محايدا، اعتبرا هذا النص القصير هو الأصلي. من جهة أخرى الدعم الوثائقي الضعيف للقراءة الأقصر طبيعيا قاد أكثر العلماء ونقاد النصّ لرفضه في الواقع تلقائيا.

○ النقد (الدليل) الوثائقي:

وفقاً لدلالة النقد الخارجي الوثائقي؛ كلتا القراءتين، القصيرة والطويلة، كانت معروفة عند كتّاب القرن الثاني، وفقاً لتاريخ الوثائق التي تثبت كل منها. ولن يذهب الدليل الخارجي (الوثائقي) بنا لأبعد من ذلك؛ أي؛ إنه لا يستطيع أن يفصل في أي قراءة منها هي الأصلية، وتنتهي النتيجة بالتعادل. إذن التحقيق، ثمّ، يجب أن ينتقل إلى عالم الدليل الداخلي (الموضوعي والنسخي). وهنا، في الحقيقة، سنجد أنفسنا مضطرين لنقرر أصالة القراءة الأقصر في نص انجيل لوقا ٢٢:١٩٢٠.

○ النقد (الأدلة) النسخية:

السؤال هنا: هل حذف النساخ الجمل محل الخلاف من النص الطويل أو أضاف النساخ الجمل إلى النص القصير؟ ولماذا؟

على الأقل؛ اعتماداً على النقد أو الدليل النسخي؛ لدينا حجة بسيطة جداً:

وفقاً للدليل النسخي: فإن القراءة القصيرة؛ الثابتة بشكل قليل في الوثائق، على خلاف القراءة الأكثر ثبوتاً بشكل عام، القراءة الطويلة، ليس هناك تفسير معقول لوجود النصّ الغربي القصير، إلا أن يكون أصليا. لأن النص الطويل نص لا اشكال فيه، ومؤيد للعقيدة الأرثوذوكسية، ولا يمكن لكاتب أرثودوكسي أن يحذف منه العبارة الرائعة التي تمثل أهم طقس في الكنيسة عبر التاريخ بدءاً من القرن الثاني، وهو يؤكد العقيدة الأرثودوكسي، ولكن نفهم لماذا يرى أحد النساخ الأرثوذوكس ضرورة عقائدية لإدراج الفقرة التي تثبت أهم قضية في العقيدة الأرثوذكسية في الفقرات التي خلت منها.

ووفقا للنقد الموضوعي، نجد القراءة القصيرة أكثر مناسبة من الناحية الموضوعية وتتناسق مع سياق لوقا في كتابيه؛ انجيل لوقا، وسفر الأعمال لوقا.(١)

○ النقد الموضوعي:

الصعوبة الرئيسية أمام النصّ الأطول في طريق قبوله هي مفرداته وأسلوبه المخالف لأسلوب لوقا في كتابيه جميعا؛ الإنجيل وسفر الأعمال.(٢)

تشمل سلسلة السمات المخالفة لأسلوب لوقا على الآتي:

---

(١) انظر: حديث إرمن الطويل لكن الشيق والرائع: في إثبات ثانوية (وضع النص الطويل): تحريف الأرثوذوكس، ص ٢٢٣-٢٢٧.

(٢) ٧٦. حديثا جداً بواسطة Joel Green, "موت المسيح، عبد الله، "٤.

أولاً: العبارة اليونانية (ὑπέρ ὑμῶν) ("من أجلكم") جاءت مرّتين في هذا الفقرة الطويلة، لكنها لم تقع في أي مكان آخر في جميع كتابات لوقا. (١)

الكلمة لـ "ذكرى، "ἀνάμνησιν"، تقع فقط هنا في جميع كتابات لوقا.

ولا مرة واحدة في أي مكان آخر يذكر لوقا تعبير "العهد الجديد", فضلا عن العهد الجديد "بدمّي."

الشيء الأكثر أهمية من الملاحظات الأسلوبية أو مجرد غياب هذه المفردات من جميع أعمال لوقا هو مسألة محتوى الفقرة العقائدي.

هل فهم لوقا موت المسيح باعتباره كفارة أو تكفيراً عن خطايا البشر؟ أو بعبارة أخرى: هل موت المسيح؛ من وجهة نظر لوقا، باعتباره تنفيذاً خطة الله الضرورية لخلاص العالم؟

المفاجأة أن هذا الفهم لموت المسيح؛ ومصورا بهذه الكلمات والعبارات، بطريقة أو بأخرى، هو اجنبي تماماً عن سياق لوقا وفهمه لموت المسيح.

فعندما يقول المسيح وفقا للنص الطويل لوقا ٢٢:١٩ 20-b بأنّ جسمه معطى "من أجلكم" (ὑπέρ ὑμῶν) وبأنّ دمّه يسفك "من أجلكم" (ὑπέρ ὑμῶν)، هو شيء لم يقله لوقا في أي مكان آخر في قصته الطويلة عن المسيح.

(١) ولا العبارات وثيقة الصلة: ἀντί ὑμῶν أو ὑπέρ πολλῶν.

لا في إنجيله ولا في سفر الأعمال يصوّر موت المسيح باعتباره تكفيراً للذنوب. (١) أيضا ما هو أكثر أهمية، في الحقيقة خرج لوقا عن طريقته ليحذف تماما مثل هذا الاعتقاد من القصة التي ورثها من سلفه، مرقص. هذا هو العنصر الأساسي في معرفة الصفة الثانوية للنصّ الأطول العامل الذي هُمِشَ بشكل مذهل في أكثر الدراسات السابقة للمشكلة.

هذه المعطيات سهلة وبسيطة جداً: ويمكن أن تحل لنا المشكلة النصّية على النحو التالي:

المسيح مات مظلوماً أو فداءً للخلاص؟:

بالنسبة لوقا، المسيح مات شهيداً باراً ومظلوماً، لكن العدالة الإلهية عوضت موته بقيامته. بينما نجد هذا التصوير للمسيح عند صاحبيه؛ متى ومرقص، إلا أننا نجد أن لوقا لا يشاطر متى ومرقص وجهة نظرهما بأن موت المسيح كان للتكفير عن الخطيئة.

إن فكرة أن "ابن الإنسان لم يأت ليخدم، بل ليخدم، ويعطي حياته فدية للكثيرين" (مرقص: ١٠: ٤٥)؛ ومتى (٢٠: ٢٨). لا توجد في لوقا. ما نجده عند لوقا كما سبق أن المسيح مات ظلماً؛ وعاش، كنبي رفضه شعب الله. لم يقل لوقا

---

(١)أشارَ العلماءُ تقليدياً إلى لوقا ١٩:٢٢-٢٠ وأَفْعال ٢٨:٢٠ باعتبارهما الاستثناءان الوحيدان من هذه القاعدةِ.

أبداً في كتابيه (سواء الإنجيل أو سفر أعمال الرسل) أن المسيح مات "من أجل ذنوبكم "أو" من أجللكم."

بشكل ملحوظ، عندما نلخّص "صورة المسيح" في سفر أعمال الرسل، يصوّر لوقا موت المسيح ليس كذبيحة كفارة، لكن باعتبار موته فشلاً في العدالة؛ لكن عوضه الله بتبرئة المسيح بأن أقامه من الموت. (سفر الأعمال ٢:٢٢-٣٦; ٣:١٢-١٦; ٨:٤-١٢; ٥١:٧-٥٦; ٢٦:١٣-٤١).

فوق ذلك، وعلى نحو رائع؛ عندما يقتبس لوقا شاهداً، يشير إلى أن المسيح؛ لا يضمّنه أي كلمة حول ابن الرب باعتباره الشخص الذي مات كفارة وشهيدا للتكفير عن خطايا الآخرين، ويغير لوقا النص ليعبر عن فكرته هو:

هكذا: مصدر لوقا -إنجيل مرقص كما هو مشهور على خلاف الحق أو انجيل متى على الصواب- فيهما إشارتان إلى أهمية موت المسيح من أجل الخلاص؛ لكن لوقا يغير النص عندما يقتبس كلا الموضعين:

الأولى: وهي الأكثر وضوحا، القصة التي رواها كل من متى ومرقس وفيها كلمات المسيح المشهورة (متى ٢٠: ٢٨) و(مرقص ٤٥:١٠) "فَحَتَّى ابْنُ الإِنْسَانِ قَدْ جَاءَ لاَ لِيُخْدَمَ، بَلْ لِيَخْدِمَ وَيَبْذِلَ نَفْسَهُ فِدْيَةً عَنْ كَثِيرِينَ". لقد روى لوقا هذه القصة نفسها وبطولها (لوقا ١٨: ٢٠-٤٣) لكن هذه الجملة ليست في لوقا (فدية عن كثيرين). فإذا كان لوقا يعتقد هذه العقيدة، فمن المستحيل في الواقع أن نفسر

لماذا حذف الفقرة جملة من انجيله.

الثانية: المرة الثانية هي أكثر دقة، بينما يسجّل مرقص أن بعد موت المسيح حدث آيتين انشقت جدران المعبد نصفين والقائد الروماني يعترف بأنّ "المسيح" هو "ابن الرب" (١٥:٣٨-٣٩) لكن في رواية لوقا لموت المسيح معتمداً على مرقص هنا أيضا نجد فعلا تشقق جدار المعبد واعتراف القائد الروماني. لكن المفاجأة الكبرى أن كلا الحدثين يعدّلهما لوقا. تشقق جدار المعبد عند لوقا ليس نتيجة لموت المسيح، لأنه في رواية لوقا حدث هذا قبل أن يموت المسيح (٢٣:٤٥). ايضاً غيّر لوقا اعتراف القائد الروماني أيضا؛ فلم يعد يشير إلى إعلان الإيمان بابن الرب الذي مات ("حقا هذا الرجل كان ابن الرب، "مرقص ١٥:٣٩)؛ إنه الآن يتفق مع فهم لوقا الخاص لموت المسيح فيقول: " حقا هذا الرجل كان باراً" (δίκαιος، لوقا ٢٣:٤٧)(١)

إذن موت المسيح في كتابات لوقا ليس هو الموت كذبيحة فداء. هو موت الشهيد المظلوم الذي ذهب ضحية لفقدان العدالة، والذي أثبت الله براءته عندما أقامه من الموت.

إذن لوقا لا يشاطر مرقص وجهة نظره بأن موت المسيح جاء للتكفير عن الخطيئة. المسيح، مات كنبي صادق لكن لم يؤمن به شعب الله. ولا كان موته سبباً

---

(١) ارمن، المصدر نفسه.

الخلاص في حد ذاته. ومع ذلك، وفاة المسيح تتصل بالخلاص في الجزء الثاني من كتب لوقا، سفر أعمال الرسل. لكن أشير إلى أن الخلاص الذي يبشر به المسيح في سفر الأعمال هو مثل الخلاص الذي بشر به أنبياء الكتب المقدسة العبرية؛ أي التوبة، يجب على شعب الله أن يتوب عن خطاياه ويعود إلى الله. عندما يفعل الشعب ذلك، سوف يغفر الله لهم ويمنحهم الخلاص. بالنسبة لوقا، كانت أكبر خطيئة على الإطلاق هي قتل نبي الله. عندما يدرك الناس فداحة ما قاموا به، سوف يجثون على ركبهم تائبين. وعندما يلجؤون الله اعترافًا بذنبهم، يستجيب الله لهم ويغفر لهم خطاياهم.

وهكذا، فإن ما يأتي بالخلاص من الله، بالنسبة للوقا، ليس موت المسيح بحد ذاته، بل التوبة. هكذا في سفر أعمال الرسل الفصل ٨، يصوّر لوقا الخصيّ الأثيوبي الذي يقرأ نصّ إشعيا في الكتاب المقدّس العبري المستعمل على نحو واسع بواسطة المسيحيّين الأوائل؛ لتفسير موت المسيح باعتباره تكفيرا عن ذنوب العلام: "وهو مجروح لأجل معاصينا مسحوق لأجل آثامنا تأديب سلامنا عليه و بحبره شفينا (أشعياء ٥٣: ٥). لكن عندما يقتبس لوقا الشاهد، لا يضمّنه ولا كلمة مثل(مَجْرُوحاً مِنْ أَجْلِ آثَامِنَا)، أو(مَسْحُوقاً مِنْ أَجْلِ مَعَاصِينَا) أو مقدماً نفسه "ذبيحة إثم " (٥٣:١٠) بل اقتبسه بمهارة لتأكيد وجهة نظره الخاصة عن آلام المسيح: فهو بالنسبة للوقا مات كضحيّة مظلوماً ثمّ بُرِّئَ(مِثْلَ شَاةٍ سِيقتَ إِلَى الذَّبْحِ، وَمِثْلَ الْحَمَلِ

الصَّامِتِ بَيْنَ يَدَيْ مَنْ يَجُزُّهُ، هَكَذَا لَمْ يَفْتَحْ فَاهُ! ٣٣ فِي أَثْنَاءِ تَوَاضُعِهِ عُومِلَ بِغَيْرِ عَدْلٍ. مَنْ يُخْبِرُ عَنْ نَسْلِهِ؟ فَإِنَّ حَيَاتَهُ قَدِ انْتُزِعَتْ مِنَ الأَرْضِ!") (سفر أعمال الرسل ٣٢:٨-٣٣). علاوة على ذلك، هذا الفهم يتّسق تماماً مع إشارات لوقا الأخرى إلى كلمة "الدمّ" في كافة أنحاء سفر الأعمال للوقا:

هذه الكلمة استعملت عند لوقا لتشير إلى دمّ الحيض أو دم الحيوانات الصالحة للأكل (انجيل لوقا ٤٣:٨-٤٤؛ سفر الأعمال ٢٠:١٥, ٢٩; ٢٥:٢١) كما تشير إلى علامات الساعة الكونية (سفر أعمال الرسل ١٩:٢-٢٠)، وتشير كثيرا إلى الظلم والمعاناة لأبناء الله خصوصا الأنبياء والشهداء (لوقا ٥٠:١١; ١:١٣؛ أفعال ٢٠:٢٢).

النتيجة النهائية: أنّه ولا في حالة واحدة يقول لوقا أن موت المسيح كان تكفيراً لذنوب البشر. وبشكل مطرد يرى لوقا أن المسيح نبي وشهيد. ويعني هذا أنّ لوقا يفهم موت المسيح بشكل مختلف عن كل من مصدري إنجيله (سواء متى أو مرقص) وبطل سفر أعماله (بولس).

ماذا يعني هذا بالنسبة لمشكلتنا النصّية هنا؟ أن أحد النصّيين المختلفين، وهو القراءة الأقصر، يتفق مع فهم لوقا لموت المسيح؛ بينما النص الآخر يثبت بقوة العقيدة التي حاول لوقا بكل طريق طمسها.

إذا ضممنا إلى ذلك النقد أو الدليل الخارجي الوثائقي الذي انتهى بالتعادل

السلبي؛ وتوقف عند نتيجة أن القراءتين عرفتا في وقت مبكر، والدليل النسخي الذي رجح كفة القراءة الأقصر، مع الدليل أو النقد الموضوعي؛ أي أن فهم القراءة لا يتفق مع فهم وسياق لوقا، هل يبقى شك في الحكم على القراءة القصيرة بأنها هي الأصلية وأن القراءة الموسعة أو الطويلة هي قراءة ثانوية دست لدعم فهم أرثوذكسي لموت المسيح كفارة عن خطايا العالم أو ليبرر فضيحة صلب المسيح كما يسميها بطل المسيحية القديس بولس؟

▤ أثر النقد النصي على طبعات الانجيل:

أوردت طبعة The American Standard Version of the Holy Bible (1901) أوردت النص كاملاً دون حذف أو إشارة للمسألة النقدية. وهكذا فعلت طبعة New International Version ورغم أنه من النادر أن تقوم طبعة الملك جيمس بالإشارة إلى مشكلة نقدية، ومن هذا النادر أنها فعلت ذلك هنا فقد وضعت علامة ¶ أمام الفقرتين إشارة إلى حالتهما النقدية. بينما أوردت امبلفيد الفقرتين كاملتين دون أية إشارة إلى الحالة النقدية. وكذلك فعلت طبعة الانجيل الحي. أما الطبعة القياسية فقد حذفت نهاية الفقرة ١٩ وكامل الفقرة ٢٠ وأشارت في الحاشية إلى أن بعض المخطوطات أضافت ما حذفته.

وقدمت طبعة نيو أمريكان بايبل New American Bible النص كاملاً لكنها أشارت في الحاشية إلى الحالة النقدية.

أما الطبعات العربية؛ فمثلها مثل كل شيء في عالمنا العربي، فقد أوردت طبعة جمعية الكتاب المقدس بالإسكندرية النص كاملاً دون إشارة أو علامة على الحالة النقدية.

Luke 22 — NEW TESTAMENT

King James

16 For I say unto you, I will not any more eat thereof, until it be fulfilled in the kingdom of God.

17 And he took the cup, and gave thanks, and said, Take this, and divide *it* among yourselves:

18 For I say unto you, I will not drink of the fruit of the vine, until the kingdom of God shall come.

19 ¶ And he took bread, and gave thanks, and brake *it*, and gave unto them, saying, This is my body which is given for you: this do in remembrance of me.

20 Likewise also the cup after supper, saying, This cup *is* the new testament in my blood, which is shed for you.

21 ¶ But, behold, the hand of him that betrayeth me *is* with me on the table.

22 And truly the Son of man goeth, as it was determined: but woe unto that man by whom he is betrayed!

23 And they began to inquire among themselves, which of them it was that should do this thing.

24 ¶ And there was also a strife among them, which of them should be accounted the greatest.

25 And he said unto them, The kings of the Gentiles exercise lordship over them; and they that exercise authority upon them are called benefactors.

26 But ye *shall* not *be* so: but he that is greatest among you, let him be as the younger; and he that is chief, as he that doth serve.

27 For whether *is* greater, he that sitteth at meat, or he that serveth? *is* not he that sitteth at *meat*? but I am among you as he that serveth.

28 Ye are they which have continued with me in my temptations.

29 And I appoint unto you a kingdom, as my Father hath appointed unto me;

30 That ye may eat and drink at my table in my kingdom, and sit on thrones judging the twelve tribes of Israel.

31 ¶ And the Lord said, Simon, Simon, behold, Satan hath desired *to have* you, that he may sift *you* as wheat:

32 But I have prayed for thee, that thy faith fail not: and when thou art converted, strengthen thy brethren.

33 And he said unto him, Lord, I am ready to go with thee, both into prison, and to death.

34 And he said, I tell thee, Peter, the cock shall not crow this day, before that thou shalt thrice deny that thou knowest me.

35 And he said unto them, When I sent you without purse, and scrip, and shoes, lacked ye any thing? And they said, Nothing.

36 Then said he unto them, But now, he that hath a purse, let him take *it*, and likewise *his* scrip: and he that hath no sword, let him sell his garment, and buy one.

37 For I say unto you, that this that is written must yet be accomplished in me, And he was reckoned among the transgressors: for the things concerning me have an end.

38 And they said, Lord, behold, here *are* two swords. And he said unto them, It is enough.

Amplified

16 For I say to you, I shall eat it *no* more until it is fulfilled in the kingdom of God.

17 And He took a cup, and when He had given thanks He said, Take this, and divide *and* distribute it among yourselves;

18 For I say to you that from now on I shall not drink of the fruit of the vine at all until the kingdom of God comes.

19 Then He took a loaf [of bread], and when He had given thanks He broke [it] and gave it to *them* saying, This is My body which is *given* for you. Do this in remembrance of Me.

20 And in like manner He took the cup after supper, saying, This cup is the new testament *or* covenant [ratified] in My blood, which is shed (poured out) for you.

21 But, lo, the hand of him who [t]is now engaged in betraying Me is with Me on the table. [Ps. 41:9.]

22 For the Son of man goes as it has been determined *and* appointed, but woe to that man by whom He is betrayed *and* delivered up!

23 And they began to inquire among themselves, which of them it was who was about to do this. [Ps. 41:9.]

24 Now [t]an eager contention arose among them, which of them it was who was about to do this. [Ps. 41:9.]

25 But Jesus said to them, The kings of the Gentiles [u]are deified by them *and* exercise lordship [[u]ruling as emperor-gods] over them; and those in authority over them are called benefactors *and* well-doers.

26 But this is not to be so with you; on the contrary let him who is the greatest among you become as the youngest, and him who is the chief *and* leader as one who serves.

27 For which is the greater, he who reclines at table (the master), or he who serves? Is it not he who reclines at table? But I am in your midst as one who serves.

28 And you are those who have remained (throughout) *and* persevered with Me in My trials:

29 And as My Father has appointed a kingdom *and* conferred it on Me, so do I confer on you [the privilege and decree]

30 That you may eat and drink at My table in My kingdom, and sit on thrones, judging the twelve tribes of Israel.

31 Simon, Simon (Peter), listen! Satan [v]has asked excessively that (all of) you be given up to him—out of the power and keeping of God—that he might sift (all of) you like grain. [Job 1:6-12; Amos 9:9.]

32 But I have prayed especially for you [Peter] that your [own] faith may not fail; and when you yourself have turned again, strengthen *and* establish your brethren.

33 And [Simon Peter] said to Him, Lord, I am ready to go with You both to prison and to death.

34 But Jesus said, I tell you, Peter, before a [single] cock shall crow this day, you will three times [utterly] deny that you know Me.

35 And He said to them, When I sent you out with no purse or (provision) bag or sandals, did you lack anything? They answered, Nothing!

36 Then He said to them, But now let him who has a purse take it, and also (his provision) bag; and let him who has no sword sell his mantle and buy a sword.

37 For I tell you that this Scripture must yet be fulfilled in Me, And He was counted *and* classed among the wicked (the outlaws, the criminals); for what is written about Me has its fulfillment—has reached its end, and is finally settled. [Isa. 53:12.]

38 And they said, Look, Lord! Here are two swords. And He said to them, It is enough.

t) Vincent.
u) Wuest's "Bypaths in the Greek New Testament."
v) Thayer.

292

NEW TESTAMENT — Luke 2[2]

Living New Testament

16 For I tell you now that I won't eat it again until what it represents has occurred in the Kingdom of God."

17 Then He took a glass of wine, and when He had given thanks for it, He said, "Take this and share it among yourselves.

18 For I will not drink wine again until the Kingdom of God has come."

19 Then He took a loaf of bread; and when He had thanked God for it, He broke it apart and gave it to them, saying, "This is My body, given for you. Eat it in remembrance of Me."

20 After supper He gave them another glass of wine, saying, "This wine is the token of God's new agreement to save you—an agreement sealed with the blood I shall pour out to purchase back your souls.[2]

21 But here at this table, sitting among us as a friend, is the man who will betray Me.

22 I[3] must die. It is part of God's plan. But, oh, the horror awaiting that man who betrays Me."

23 Then the disciples wondered among themselves which of them would ever do such a thing.

24 And they began to argue among themselves as to who would have the highest rank [in the coming Kingdom].[4]

25 Jesus told them, "In this world the kings and great men order their slaves around, and the slaves have no choice but to like it![5]

26 But among you, the one who serves you best will be your leader.

27 Out in the world the master sits at the table and is served by his servants. But not here! For I am your servant.

28 Nevertheless, because you have stood true to Me in these terrible days,[6]

29 And because My Father has granted Me a Kingdom, I, here and now, grant you the right

30 To eat and drink at My table in that Kingdom; and you will sit on thrones judging the twelve tribes of Israel.

31 Simon, Simon, Satan has asked to have you, to sift you like wheat,

32 But I have pleaded in prayer for you that your faith should not completely fail.[7] So when you have repented and turned to Me again, strengthen and build up the faith of your brothers."

33 Simon said, "Lord, I am ready to go to jail with You, and even to die with You."

34 But Jesus said, "Peter, let Me tell you something. Between now and tomorrow morning when the rooster crows, you will deny Me three times, declaring that you don't even know Me."

35 Then Jesus asked them, "When I sent you out to preach the Good News and you were without money, duffle bag, or extra clothing, how did you get along?"

"Fine," they replied.

36 "But now," He said, "take a duffle bag if you have one, and your money. And if you don't have a sword, better sell your clothes and buy one!

37 For the time has come for this prophecy about Me to come true: 'He will be condemned as a criminal!' Yes, everything written about Me by the prophets will come true."

38 "Master," they replied, "we have two swords among us."

"Enough!" He said.

[2] Literally, "This cup is the new covenant in My blood, poured out for you."
[3] Literally, "the Son of man."
[4] Implied.
[5] Literally, "they (the kings and great men) are called 'benefactors.'"
[6] Literally, "you have continued with Me in My temptation."
[7] Literally, "fail not."

Revised Standard

[16]for I tell you I shall not eat[i] until it [is] fulfilled in the kingdom of God." [17]And [he] took a cup, and when he had given than[ks] he said, "Take this, and divide it amo[ng] yourselves; [18]for I tell you that from n[ow] on I shall not drink of the fruit of the vi[ne] until the kingdom of God comes." [19]A[nd] he took bread, and when he had giv[en] thanks he broke it and gave it to them, sa[y]ing, "This is my body.[j] [21]But behold t[he] hand of him who betrays me is with me [on] the table. [22]For the Son of man goes as [it] has been determined; but woe to that m[an] by whom he is betrayed!" [23]And they b[e]gan to question one another, which of the[m] it was that would do this.

24 A dispute also arose among the[m], which of them was to be regarded as t[he] greatest. [25]And he said to them, "The ki[ngs] of the Gentiles exercise lordship over the[m]; and those in authority over them are call[ed] benefactors. [26]But not so with you; rat[her] let the greatest among you become as t[he] youngest, and the leader as one who serv[es]. [27]For which is the greater, one who sits [at] table, or one who serves? Is it not the [one] who sits at table? But I am among you [as] one who serves.

28 "You are those who have contin[ued] with me in my trials; [29]as my Father [ap]pointed a kingdom for me, so do I app[oint] for you [30]that you may eat and drink [at] my table in my kingdom, and sit on thro[nes] judging the twelve tribes of Israel.

Peter's denial foretold

31 "Simon, Simon, behold, Satan [de]manded to have you,[k] that he might [sift] you[k] like wheat, [32]but I have prayed [for] you that your faith may not fail; and w[hen] you have turned again, strengthen y[our] brethren." [33]And he said to him, "Lor[d, I] am ready to go with you to prison an[d to] death." [34]He said, "I tell you, Peter, [the] cock will not crow this day, until you t[hree] times deny that you know me."

35 And he said to them, "When I [sent] you out with no purse or bag or san[dals,] did you lack anything?" They said, "N[oth]ing." [36]He said to them, "But now, let [him] who has a purse take it, and likewise a [bag.] And let him who has no sword sell [his] mantle and buy one. [37]For I tell you [that] this scripture must be fulfilled in me, '[And] he was reckoned with transgressors'; [for] what is written about me has its fulfilm[ent.]" [38]And they said, "Look, Lord, here are [two] swords." And he said to them, "I[t is] enough."

[i] Other ancient authorities read *never eat it again*
[j] Other ancient authorities add *which is given fo[r you.] Do this in remembrance of me." [20] And likew[ise the] cup after supper, saying, "This cup which is pour[ed] out for you is the new covenant in my blood*
[k] The Greek word for *you* here is plural; in ver[se] 32 it is singular

293

رسم توضيحي: لمقارنة– لوقا ٢٢: ١٩ – ٢٠ لوقا ٢٢ في الصفحات(293–292)

من الطبعة المقارنة

(٤) انجيل يوحنا

▤ مقدمة انجيل يوحنا:

تعد مقدمة إنجيل يوحنا مثالاً على أثر النقد على نص انجيل يوحنا:

في مقدّمةِ الإنجيل الرابعِ، إنجيل يوحنا؛ حيث تثبت أغلبيةُ المخطوطاتِ الترجمة التالية: "مَا مِنْ أَحَدٍ رَأَى اللهَ قَطُّ. وَلَكِنَّ الابْنَ الْوَحِيد (Ὁ μονογενὴς υἱός)، الَّذِي فِي حِضْنِ الآبِ، هُوَ الَّذِي كَشَفَ عَنْهُ."

لكن هناك ترجمة أخرى في التراث النصي السكندري تستبدل "الله" بـ"ابن"، وتُمثّلُ تحريفا لتأكيد الألوهية الكاملة للمسيح؛ فتقول هذه الترجمة: "لكن الرب الوحيد (Ὁ μονογενὴς θεός) الذي في حضن الأبِّ، هو الذي كشف عنه."(١) هناك ترجمات أخرى متعددة لهذا الشاهد؛ إنّ الترجمات الموجودة للنص في المخطوطات هي كالتّالي:

---

(١) انظر: إرمن، بارت، تحريف الأرثوذوكس، ص ١١٣-١١٧-
See: The Orthodox Corruption of Scripture, pp. 113-117.

م	الجملة اليونانية	الترجمة العربية	المخطوطات
١	ó μονογενής θεός)	(الرب الوحيد) مع أداة التعريف	المخطوطات: p75 ϰc 33 cpbo Orpt
٢	μονογενής θεός)	(رب وحيد) بدون أداة التعريف	المخطوطات: p66 ϰ❁ B C❁ L syrp. hmg و كتابات أغلب الآباء السكندريين.
٣	ὀμονογενής	(الوحيد) بدون موصوف	vgms و نسخة Diatesseron وكتابات آباء آخرين.
٤	ὀμονογενής υἱός	(الابن الوحيد)	A C3 K X 0

			OO II 1Y f' 13 565 700 892 1241 Byz Lect OL syr`- h Pat arm ethPP geo وكثير من الآباءِ
٥	υυĭός μονογενής εός	(الرب الابن الوحيد)	IrenP` ` and OrPt

بالنظر إلى دعم الوثائقِ والمخطوطات؛ وبشكل واضح: الترجمات الثالثة، والخامسة، لا يوجد دليل على أصالتها، ويُمْكِنُنا أَنْ نفسرها باعتبارها تحريفًا للترجمات الأخرى.

يبقى معنا احتمالان، هما: هل النَصُّ الأصلي كان "الابن الوحيد الذي في حضن الأبِّ" أَو" الرب الوحيد الذي في حضن الأبِّ، "وإذا كانت الترجمة الأخيرةُ هي الأصلية، فهل كان في العبارة أداةُ التعريف أصلاً أم لا (الترجمة الثالثة).

○ النقد الخارجي:

نقّادَ النصّوص يفضّلون الترجمة السكندريةَ بسبب أدلتها الخارجيةِ. فهي لَيسَت فقط ترجمة المخطوطات الإنشيّة السكندرية العظيمة (ℵ BC)، بل هي ثابتة أيضاً في أقدم الوثائق لدينا، وهي أوراق بردي Bodmer p66 وp75(١)، المكتشفة في منتصفِ القرنِ الحاليِ.

لكن من الخطأِ أن نعتِبر هذا الدعم (الوثائقي) الخارجيِ كافياً في نفسه؛ لأنّه خارج التراث السكندريِ، لا نجد الترجمة (رب وحيد) (θεός μονογενής) موجودة بشكل كبير. مطلقاً.

في الواقع كلّ أنواع النص التي عرفناه من قبل؛ سواء كان بيزنطيا، أم قيصريا، أم غربيا يثبت الترجمة (ό υἱός μονογενής الابن الوحيد). وهذه الترجمة موجودة أيضاً في عدد مِنْ الوثائق السكندرية الثانوية (منها: C3 ψ 892 1241 Ath Alex).

إذن في هذه الحالة لدينا صيغة وُجِدَت بشكل خاص في التراث السكندريِ فقط وأخرى وُجدَت بشكل قليلاً هناك، لكنها -في الواقع -موجودةٌ في كل مكان في العالم.

(١) لمعرفة أهمية هذه الوثائق انظر ص من هذا البحث.

وبالرغم من أن الوثائق التي تدعم ترجمة (الابن الوحيد Ó υἱός μονογενής(لا تَستطيعُ مُقاومة الوثائق الأقدم كأوراق بردي الإسكندريةِ المتميزة، إلا أنه يُمْكِنُ أَنْ يكون هناك القليل من الشكِّ بِأَنَّ هذه الترجمة أيضاً يمكن أَنْ تؤرّخ على الأقل في نفس وقتِ تأريخ الترجمة الأخرى. وذلك لأنه لا يوجد –لَدَى النقاد –تفسير آخرُ لسيطرتِها على التراث اليوناني، واللاتيني، والسرياني، فضلاً عن وجودها في اقتباسات الآباءِ مثل إرينوس Irenaeus، وكليمنت، وترتليان Tertullian الذين كانوا يكتبون قبل ما تكتب أقدم المخطوطات لدينا اليوم.(١)

إذن كلتا الترجمتين قديمة؛ إحداهما وجوده محدود جداً، والأخرى موجودة في كلّ مكان تقريباً.

لكن هذا لا يعني أنَّ (Ó υἱός μονογενής الابن الوحيد) هي الصحيحة، لَكنَّه فقط يُبين خطأَ القَبُول بشهادةِ (الوثائق) الخارجيةِ لترجمة الإسكندريةِ فقط باعتبارها هي الأرجح.

○ النقد الموضوعي:

بناءً على النقد الموضوعي يظهر التفوقُ الحقيقيُّ لترجمة Ó υἱός μονογενής الابن الوحيد).

(١) هذه الملاحظة؛ أن إرينوس Ireneaus وكليمنت يثبتان القراءة الأخرى أيضاً، يفسر بوضوح سبب بقاء الترجمتين في المخطوطات، أي لفائدة كلاهما من الناحية العقائديةِ. انظر: بارت إرمن، تحريف الأرثوذكس، ص: ١١٤.

هذه الترجمة (الابن الوحيد) متوافقة مع استعمال يوحنا الثابت في جميع كتبه. بينما الترجمة السكندريَة، بالرغم من أنها متوافقة مع اعتقاد يوحنا، إلا أنها يستحيلُ في الواقع أن تُفْهَمَ في نطاق سياقِ ما كتبه يوحنا.

وهنا سنجد الأدلة النسخية والاحتمالات الموضوعية في الواقع يصنعان تَحَالُفا هائلا في حسم النزاع.

نبدأ بالمعقول: إحدى العقبات أمام قَبُول ترجمة الإسكندريةِ (واعتبارها صحيحة) هي ماذا يعني وفقا لإنجيل يوحنا "أن المسيح هو "الله الواحد" (θεός ό μονογενής).؟

وفقا ليوحنا معنى (وحيد) (μονογενής) يُجسّدُ معنى وفكرةَ الفردية أو الانفراد أو عدم المثيل؛ التي تفيدها استعمالِ أداة التعريف (الوحيد).(١)

فالكلمةَ تعني "واحد " " واحد في النوع.

وطبعا وبالضرورة يُمْكِنُ أَنْ يكون هناك إله واحد فقط (μονογενής): إذا كان المسيح هو الله الواحد فقط أي إذا لم يكن هناك إلهاً آخرَ.

لكن المشكلة، بالطبع، أنه بالنسبة للإنجيلِ الرابعِ، ليس المسيح "الابن" هو الله

(١) في اليونانية كما في العربية؛ تدخل لام التعريف على الأسماء كي تعرفها وتزيل إمكان اللبس في المقصد من الاسم المعرف. وتنقسم أل التعريف إلى ثلاثة أنواع هي:(أل التعريف الجنسية، وأل التعريف العهدية، وأل التعريف التي لبيان الحقيقة).

فقط، بل الأبّ إله أيضاً. في الحقيقة، حتى في نص وسياق هذه الفقرة كلمة (الوحيد)μονογενὴς المستقر في حضن الأبِ؛ كَيْفَ Ό μονογενής θεός، يستقر الرب الوحيد في حضن رب (آخر) ؟!!(١)

▤ رسالة يوحنا الأولى ٥: ٧: "فاصلة يوحنا" Comma Johanneum

تعريف فاصلة يوحنا:

كلمة "فاصلة" comma في اللغة الإنجليزية أخذت من الكلمة اليونانية κόμμα وتعني جزءاً مقطوعاً من شيء، أو جزءاً من جملة.(٢)

ويقصد بالفاصلة هنا جزء من فقرة. وهذا هو المسمى التاريخي الذي أطلقه النقاد على هذا الجزء من نص الرسالة الأولى ليوحنا الفقرة ٧ من الإصحاح الخامس؛ ويسميه بعض النقاد "نص شهود السماء الثلاثة" ونصها: "٧ فَإِنَّ هُنَالِكَ ثَلاَثَةَ شُهُودٍ فِي السَّمَاءِ، الآبُ وَالْكَلِمَةُ وَالرُّوحُ الْقُدُسُ، وَهَؤُلاَءِ الثَّلاَثَةُ هُمْ وَاحِدٌ. ٨ وَالَّذِينَ يَشْهَدُونَ فِي الأَرْضِ هُمْ ثَلاَثَةٌ: الرُّوحُ، وَالْمَاءُ، وَالدَّمُ. وَهَؤُلاَءِ الثَّلاَثَةُ هُمْ وَاحِدٌ".(٣) إنّ فاصلة يوحنا نص آخر كان أثراً –لازال باقياً– من آثار خلاف أريوس على نص

---

(١) ولمزيد من التفاصيل؛ انظر: ارمن، بارت، تحريف الأرثوذوكس، ص ٨٠ وما بعدها.

(٢) انظر:

Langenscheidt, Standard Dictionary, English- Greek, Greek – English, Edited by George A. MAGAZIS. P 81, comma.

(٣). انظر:

Bruce M. Metzger: The Text of the New Testament, P.146, not 21.

العهد الجديد.

بناءً على الدراسات النقدية لقد أزالَت كُلّ الطبعات الحديثة النقدية للكتاب المقدس تقريباً هذه الفقرة، لأنها لا توجد في المخطوطات ولا في الترجمات اليونانيةِ المتقدمة للرسالة؛ ولَيسَت موجودة في اقتباسات آباء الكنيسة للشاهد وبيان ذلك تفصيلاً فيما يلي:

○ النقد الخارجي أو الوثائقي: فاصلة يوحنا في المخطوطات اليونانية:

بين آلافِ المخطوطاتِ والوثائق اليونانيةِ للعهد الجديدِ، اللغة الأم الثانية، توجد هذه الجملة في ثمان منها. في أربعة فقط من هذه الثمانية، توجد الفاصلة في المتن؛ في الأربعة الأخرى، توجد الفاصلة كإضافة هامشية أضيفت بجوار النص الأصلي بخط مغاير في الحاشية. المواضع الثمانية هي التالية، مرتبة طبقاً لإحصاء جريجوري ألاند(١) مشفوعة برقمها واسمها وتاريخها و مكان حفظها، كما هو مبين في الجدول التالي:

---

(١) لمعرفة تفاصيل عن طريقة جورجي ألاند في العدد، انظر:
Metzger, The text of the New Testament, P 52.

اسم المخطوطة	رقم	تاريخها	مكانها	الوصف
Ottobonians	٦٢٩	ق ١٤- ١٥	الفاتيكان	نص لاتيني بجوار نص يوناني، نقح ليوافق النص اللاتيني. الفاصلة ترجمت ونسخت من النسخة اللاتينية إلى النسخة اليونانية.
Montfortianus	٦١	سنة ١٥٢٠	دبلن	الأصل الذي نسخت منه يخلو من العبارة الشركية.
	٩١٨	ق١٦	الأندلس	
	٢٣١٨	ق١٨	بوخارست	متأثرة بفولجاتا كلمنت Vulgate.
	٢٢١	ق١٠	أكسفورد	إضافة هامشية أضيفت في القرن ١٦ أو ١٥
Regis	v.r٨٨.	ق١١	نابولي	إضافة هامشية أضيفت في القرن ١٦

إضافة هامشية أضيفت في القرن ١٦.	ألمانيا	ق١٤	٤٢٩	Wolfenbüttel
إضافة هامشية أضيفت في القرن ١٦:	نابولي	ق١٦	٦٣٦	

يتبين من الجدول:

أن المخطوطة٦١. (الثانية في الجدول) هي أول مخطوطة يونانية يحتوي متنها على الشاهد الشركي المزور الذي يتحدث عن شهودِ السماء الثلاثة، أو "فاصلة يوحنا". لقد كَانَت هذه هي الوثيقة الوحيدة، التي أُدخلَ هذا الشاهد المزوّر على أساسها إلى النَصِّ المطبوع للرسالة الأولى ليوحنا.(١)هذه المخطوطةَ حديثة وواضحة جداً في كافة أنحائها (ماعدا الصفحتين اللتين تَحتوِيانِ نص الإصحاح ٥ من الرسالة الأولى ليوحنا، التي أفسدها كثرة الفحص)، و تدل حالتها هذه بكل وضوح على أنها صنعت خصيصاً بهدف دس هذه العبارة كما سيأتي تفصيله. هذه المخطوطة، المكتوبة في أول القرن السادس عشر، نُسِخَت مِنْ مخطوطة القرن العاشرِ في كليَّةِ لينكولن. بأكسفورد، وهذه المخطوطة الأصل لا تحتوي على هذا الشاهد.(٢)

---

(١) انظر:

Metzger.: The Text of The New Testament: p. 88., p146.

(٢) المصدر السابق نفسه.

ثانياً: أن أقدم وجود يعرف للفاصلة هو إضافتها إلى هامش نص مخطوطة القرن العاشرِ (الخامسة في الجدول) الموجودة الآن في مكتبةِ بودليان(١) Bodleian، بأكسفورد؛ إن التأريخ الدقيق للإضافةِ لَيسَ معروفَاً؛ في هذه المخطوطةِ، الفاصلة عبارة عن نص مضاف باعتباره نصاً أو ترجمة بديلة في الحاشية بخط مغاير بجوار النَصِّ الأساسي. تُؤرّخُ المصادرُ الأخرى في القرن السادس عشر وما بعده، وفي أربعة مواضع كتبت الفاصلة في هوامشِ المخطوطات. في أحد هذه المخطوطات؛ وهي مخطوطة مترجَمَة إلى اليونانية مِنْ فولجاتا Vulgate اللاتينية، العبارة " وهؤلاء الثلاثة هم واحد" لَيست موجودة.(٢)

المسألة الثانية: الفاصلة في الترجمات القديمة: ولا توجد الفاصلة في أي مخطوطات باللغة السريانية، ووجودها في بَعْض كُتب العهد الجديد السريانيةِ المطبوعةِ إنما هو ناشئ عن الترجمة مِنْ فولجاتا Vulgate اللاتينية. كما أنها لا توجد في الترجمات القبطية والأثيوبية أيضاً.(٣)

---

(١)هي مكتبة كبيرة شاسعة تملكها جامعة أكسفورد؛ بمدينة أكسفورد، بالمملكة المتحدة، وتضمّ بين كتبها نسخة عن كلّ كتاب تمّ إصداره في هذا العصر.

(٢) انظر:

Metzger, Bruce: The text of the New Testament:p 146-147

(٣) المصدر السابق نفسه.

ὅτι τρεῖς εἰσὶν οἱ μαρτυ-
ροῦντες ἐν τῷ οὐρανῷ, πατήρ, λόγος, καὶ πνα ἅγιον,
καὶ οὗτοι οἱ τρεῖς ἕν εἰσι· καὶ τρεῖς εἰσὶν οἱ μαρτυ-
ροῦντες ἐν τῇ γῇ, πνα, ὕδωρ, καὶ αἷμα, εἰ τὴν
μαρτυρίαν τῶν ἀνων λαμβάνομεν, ἡ μαρτυρία τοῦ
θυ μείζων ἐστίν, ὅτι αὕτη ἐστὶν ἡ μαρτυρία τοῦ θεοῦ, ὅτι
μεμαρτύρηκε περὶ τοῦ υἱοῦ αὐτοῦ.

رسم توضيحي فاصلة يوحنا في مخطوطة Codex Montfortianus (GA 61) وهي أقدم مخطوطة تحتوي على هذا النص تاريخ المخطوطة: حوالي **1520**م

▤ فاصلة يوحنا في اقتباسات آباء الكنيسة:

الفاصلة لا توجد في اقتباسات آباء الكنيسة للفقرة مع توفر الدواعي و الأسباب الكافية لاقتِباسهم لها لاسيما في الخلاف حول التثليث مع معارضيه (مَع الآريوسيين على سبيل المثال).

❍ الفاصلة في المخطوطات اللاتينية:

إنّ أقدم اقتباس معروف للفاصلةِ في اللغة اللاتينية هو في كتاب ترتليان مواعظ لاتيني من القرن الرابعِ. ويفسر النقاد ذلك- أي وجود الفاصلة باللغة اللاتينية (الأم الثالثة) دون اليونانية وهي اللغة الأم الثانية بعد الآرامية (اللغة الأم الأولى) للعهد الجديد- بأن الفاصلة ربما كانت حاشية لتفسيرِ الشهودِ الثلاثة في الأرض (الثلاثة الشهودِ في الأرض: الروح، و الماء، والدمّ).(١) ثم وَجد طريقَه بعد ذلك إلى المتن، ورُبَما كُتِبتْ باعتبارها معنى هامشياً في مخطوطة لاتينية لرسالة يوحنا الأولى، و من هنا تسربت إلى نَصِّ الكتاب المقدس اللاتيني القديم في القرن الخامسِ، ومنه إلى المخطوطات اليونانية المتأخرة.

الفاصلة لا توجد في نسخ فولجاتا Vulgate اللاتينية(٢) قبل سَنَةِ ٨٠٠؛

---

(١) فيما يتعلق بالقضايا النصية المتعلقة بهذا النص أيضا، انظر ص من هذا البحث.

(٢) كتبت نسخة فولجاتا اللاتينية سنة ٣٨٢ عندما طلب البابا دامسيوس Damasus من أكفأ علماء الكتاب المقدس آنذاك، القديس سوفرنيوس يوسبيوس هيرمنيوس الذي عرف بعد ذلك بالقديس جيروم، أن يقوم بمراجعة الكتاب المقدس في اللغة اللاتينية. انظر القصة الكاملة لفولجاتا جيروم اللاتينية عند:

Metzger,: The text of the New Testament: pp. 105-106.

قبل ذلك لا توجد الفقرة في نسخ فولجاتا Vulgate، بل أضيفت لها بعد ذلك التاريخ ومنها ترجمَت إلى اليونانية. ونظراً لإدراجِها في طبعةِ كليمنت للفولجاتا Vulgate اللاتينية سنة ١٥٩٢، فإنه في سنة ١٨٩٧ أصدرت محكمة التفتيش في روما تصريحًا بأنه ليس مأموناً إنْكار أن هذه الفقرة تمثل جزءاً أصيلاً مِنْ رسالةِ القدّيس يوحنا.(١)

○ النقد الداخلي (النسخي والموضوعي):

بعد ما تبين لنا الوضع الضعيف وثائقيا لفاصلة يوحنا؛ وأن المخطوطات المتقدمة خالية منها وأنها ترجع إلى نسخ متأخر جداً وليس هناك خلاف على ثانويتها، ومع ذلك نتساءل؛ ولو من باب التدريب على النقد، هل؛ وفقا لعادات النساخ، من المفترض أن تكون المخطوطات الخالية من الفاصلة هي الأصلية أو المخطوطات التي تتضمنها هي الأصلية؟

إن الفقرة مؤيدة لأحد أهم أسرار الكنيسة الأرثوذكسية السبعة؛ سر التثليث، لغز هذا الدين. فلماذا يحذف ناسخ أرثودوكسي الفاصلة التي تشهد لأهم عنصر في عقيدته؟

على الجانب الآخر من المنطقي جداً أن تدرج هذه الفقرة من قبل كاتب أرثودوكسي وجد سياق يوحنا مناسب؛ وفي نفس الوقت ناقص، لهذه الفاصلة،

---

(1) See: Metzger,: The text of the New Testament, p. 148.

فيضعها تأكيداً لما يؤمن به ويعتقده.

هل يبقى شك في أن المخطوطات الخالية من الفاصلة هي الصحيحة وفقا للنقد النسخي؟

○ النقد الموضوعي:

ثم من ناحية النقد الموضوعي: هذه الفاصلة ودلالاتها لا توجد في أي مكان آخر في مؤلفات يوحنا. واعتبار الروح القدس (الثالث في الثالوث) إلهاً لم يحدث إلا متأخراً جداً.

"أعداء الروح القدس":

لقد قامت صراعات عقائدية في القرون الأولى في تاريخ المسيحية؛ وكان أحد أهم الأسلحة في هذه المعارك العقائدية هو "النص" فمن كان يملك نصاً كان له الغلبة في النزاع؛ وبناء على ذلك قامت صراعات جانبية حول النصوص نفسها؛ ومن لم يجد نصاً صريحا يستعمله في النزاع كان يبحث عن نص يتأوله لصالحه، فيقوم النص المؤول محل النص المأمول في تأييد عقيدة معينة. ومن النزاعات التي قامت في هذا الوقت هي نزاعات حول عدد الآلهة، هل هناك إله واحد أو اثنين أو ثلاثة أو أكثر؟ وفيما يتعلق بنص الوصية موضع البحث فقد كان هناك نزاع حول حقيقة الروح القدس، واذا ما كان يجب أن يضاف إلى قائمة الآلهة بدرجة متساوية مع

الآب والابن، أو لا يجب ذلك. و في النِصْف الأخير من القرن الرابعِ كان نَصِّ الوصية المزيفة أحد الأسلحة التي استعملت في هذه المعركة بين المثلّثِين وأتباعِ مقدونيوس Macedonius، الذين سموا pneumao machi "أعداء الروحِ القدس" نظراً لأنهم رَفضوا تَضْمين الروح القدس –زيادة على ما قرره مجمع نيقية– في الثالوث باعتباره من نفس جوهر الآب والابن و باعتباره قديماً وأزليا مَعهما، و أنكر "أعداء الروح القدس".

نفى هؤلاء وجود أيّ نَصّ من العهد الجديد يؤيد مثل هذا الاعتقاد؛ فيضع الروح مَع الأبِ والابن في نسق ودرجة واحدة هي درجة أو مرتبة "الألوهية".(١) م

ن هنا نَستنتجُ بأنّ النصوصَ التي كانت في أيدي " أعداء الروح القدس" هؤلاء لم يكن فيها هذا النص؛ الدليل على وجود ثلاثة آلهة، فتكون نصوصهم خالية من فاصلة يوحنا.

▤ سياق الكتاب المقدس:

إن سياق العهد الجديد لا يوحي أبداً بذكر ثلاثة اشخاص؛ غير هذا الموضع، مع نهاية انجيل متى.

هكذا تتحدث جميع الأسفار عن شخصيتين فقط، الله والابن يسوع المسيح،

(1) E. W. Bullinger (1979) Word Studies on the Holy Spirit, Kregel Academic & Professional (June 30, 1979). pp. 47- 48.

ولا يوجد شخص ثالث. أما الروح القدس فلا يرد اي اسم له. (عل سبيل المثال: لوقا ١ :٣١).

وحين رأى استفانوس الشهيد رؤيا سماوية، لم يرَ فيها ثلاث شخصيات بل اثنتين فقط. كما يذكر الكتاب المقدس: «اذ كان [استفانوس] ممتلئا روحا قدسا، حدق الى السماء وأبصر مجد الله ويسوع واقفا عن يمين الله». (اعمال ٧:٥٥).

إن الكتاب المقدس عندما يستعمل هذه التسمية يشير إلى:

ان الروح القدس هو قوة الله وقدرته، اي قوته التي ينجز بها عملا معيّنا. (ميخا ٣:٨؛ لوقا ١:٣٥) وهو يرسل روحه أي قدرته وقوته بمعنى انه يوجه قوته هذه الى اي مكان ليعمل مشيئته.(مزمور ١٠٤ :٣٠؛ ١٣٩ :٧.)

ومن جهة المفردات:

يستعمل الكتاب المقدس، كلمة «روح» وغالبا ما تشير هاتان الكلمتان الى قوة الله الفعالة التي يعمل بها مشيئته؛ (تكوين ١ :٢)

ويستعملها أيضاً في الدلالة على:

- النسمة. — حبقوق ٢ :١٩؛ سفر الرؤيا ١٣ :١٥.
- الريح. — تكوين ٨ :١؛ يوحنا ٣ :٨.
- قوة الحياة الكامنة في المخلوقات الحية. — ايوب ٣٤ :١٤، ١٥.

- طبع الشخص او شعوره ونمط تفكيره. — عدد ١٤: ٢٤.
- الكائنات الروحانية التي تشمل الله والملائكة. — ١ ملوك ٢٢: ٢١؛ يوحنا ٤: ٢٤.

تحمل كل هذه المعاني فكرة شيء غير منظور بالعين البشرية، وإن كان له أثر في الواقع.

ويورد الكتاب المقدس الروح القدس إشارة إلى ‹يدي الله› و ‹أصابعه› (مزمور ٨:٣؛ ١٩: ١؛ لوقا ١١: ٢٠؛ قارن متى ١٢: ٢٨.)

ويستخدم الكتاب المقدس هذا التعبير باعتباره قدرة الله تعالى على الخلق: كيديه وأصابعه التي يخلق بها تعالى: هكذا في الكتاب استعمل الله روحه لخلق ما يريد ومنها:

الكون. — مزمور ٣٣: ٦؛ اشعيا ٦٦: ١، ٢.

الكتاب المقدس. — ٢ بطرس ١: ٢٠، ٢١.

العجائب التي صنعها الأنبياء القدامى (لوقا ٤: ١٨؛ اعمال ١: ٨؛ ١ كورنثوس ١٢: ٤-١١.)

الصفات الصالحة في العباد الصالحين (غلاطية ٥: ٢٢، ٢٣.)

أيضا يشبه الكتاب المقدس روح الله بالماء المنعش ويربطه بمزايا اخرى كالإيمان

والمعرفة. (اشعيا ٤٤:٣؛ اعمال ٦:٥؛ ٢ كورنثوس ٦:٦).

وكل هذه الاستعمالات تُظهر بوضوح ان الروح القدس ليس شخصية قائمة بذاتها. فالروح القدس ليس شخصا له صفات مستقلة، على سبيل المثال يسمع ويتكلم... إلخ

هكذا من استعمال الكتاب المقدس؛ العهدين القديم والجديد) فالروح القدس ليس شخصاً (اقنوما) فحين يقول الكتاب المقدس ان الروح القدس هو ‹يد› الله و ‹أصابعه› و ‹نسمته›، يبين لنا ان هذا الروح ليس اقنوما أو شخصاً بل هو قدرة الله التي يفعل بها. (خروج ١٥:٨، ١٠) و (لوقا ١١:١٣)

فدس الروح القدس مع الله والابن هو دليل على ثانوية فاصلة يوحنا. وهكذا تتفق أنواع النقد كلها في إبطال وثانوية هذا النص، وبناءً عليه وبإجماع حذفت الفاصلة من الطبعات الحديثة على التفصيل التالي:

▤ أثر النقد على موقف المجامع والكنائس والباباوات من الفاصلة:

عرّفَ مجمع تريتي الكنسي في سنة ١٥٤٦ الكتاب المقدس القانوني للكنيسةِ الكاثوليكية الرومانيةِ، بأنه كُلّ الكُتُب القانونية؛ أي الملهَمة؛ و هي " جميع وكامل الكُتُبِ، التي كَانتْ تُقْرَأ في الكنيسةِ الكاثوليكيةِ وتضمنتها فولجاتا

Vulgatاللاتينيةِ".(١) ومع أن نسخة Vulgate المرَاجَعة تحتوى على الفاصلة، فإن النسخ الأولى لفولجاتا Vulgate خالية من الفاصلة وبناءً على ذلك فإن مراسيم المجلس لَمْ تعتبر فاصلةَ يوحنا قانونية. في ١٣ يناير/كانون الثّاني ١٨٩٧، أَصدرت محكمةَ التفتيش –كما أشرت قبل قليل- تهديداً بأنّه ليس "بالأمانِ" أن يُنكرُ أو يشك في أصالة الفاصلة. ولقد صدق البابا ليو Leo الثّالث عشر على هذا القرارِ بَعْدَ أيام، مع ذلك موافقته لم تكن في صيغة حاسمة [forma specifica] —— أي أن ليو Leo الثّالث عشر لَمْ يستغل سلطتَه البابويةَ الكاملةَ في المسألةِ، تاركاً المرسومَ بالقرار العادي الذي تصدره محكمة التفتيش. بعد ثلاثة عقود، وتحديداً في يونيو/حزيرانِ ١٩٢٧، أمر البابا بيوس Pius الحادي عشر بأنّ يفتح النقاش في الفاصلة. وبناءً على ذلك أعلنتْ محكمة التفتيش في (يونيو/حزيران ١٩٢٧) بأنّ مرسومَها السابق لَمْ يقصد إعاقة العلماءِ الكاثوليك كليّاً من تَحرّي ومناقشة المسألةِ و مِنْ اعتقاد رأي ضد أصالة الفقرة، بشرط أن يعترفوا بوقوفهم مع قرار الكنيسةِ.(٢)

أثر النقد على فاصلة يوحنا في طبعات العهد الجديد:

رغم أن أكثر الكنائسِ اليوم توافق بأنّ العقيدة المسيحية تحتوي على معنى

---

(١) عقد هذا المجمع لمناقشة البدع اللوثرية، لمعرفة أسباب انعقاد هذا المجمع وجلساته وقراراته، انظر:
John A. Machugh, Canons The Oxford Dictionary of the Christian Church (Oxford University Press 2005, article Trent, Council of Trent, Catechism of the council of Trent, Saint Benedict press classics, and C. Trent, Tan books, (2009) Decrees of the Council of Trent.

(2) See: Metzger,: The text of the New Testament, p 148 not 26.

الفاصلةِ، إلا أنها تقر بأن هذه الفاصلةَ لَيستْ جزءاً أصلياً مِنْ رسالةِ يوحنا الأولى وقد انعكس ذلك في طبعات العهد الجديد على التفصيل التالي.

أولاً: الطبعة الأولى للعهد الجديد باللغة اليونانية:

أول طبعة للعهد الجديد تنشر في اللغة اليونانية كَانَت هي الطبعة التي أعدها العالم الهولندي المشهور إراسموسErasmus الكاهن في كنيسة روتردام (١٤٦٩–١٥٣٦).

بَدأتْ الطِباعَة في أكتوبر/تشرين الأولِ ١٥١٥، وفي مدَّة قصيرة جداً (مارس/آذار ١٥١٦)، فرغ منها تماماً. استقبالُ طبعة إراسموسErasmus، أول نشرة يونانية للعهد الجديد اليوناني، كان مختلفاً. فمن ناحية، راجت طبعته في كافة أنحاء أوروبا. وفي خلال ثلاث سَنَواتِ احتيج إلى طبعة ثانية، وبَلغَ العدد الكليّ للنسخِ مِنْ طبعات الـ ١٥١٦ و الـ١٥١٩ (٣,٣٠٠) نسخة. وأصبحتْ الطبعةُ الثانيةُ أساساً لترجمةِ لوثر الألمانية.(١) ومن ناحية أخرى فقد هاجم كثيرون إراسموسErasmus، لأسباب متعددة،(٢) منها أنّ النَصّ الذي أصدره افتقرَ إلى جزءٍ من الفصلِ الأخير للرسالة الأولى ليوحنا، وهي فاصلة يوحنا التي تتحدث عن شهود السماء الثلاثة: "الأبّ، والابن، وروح القدس". وقد أجاب إراسموس على منتقديه

---

(١) نفس المصدر ص ١٤٦.

(2) See: Metzger,: The text of the New Testament, pp. 142-143.

بأنّه لَمَ يَجد أيّ مخطوطة يونانية تحتوي على هذه الكلماتِ، على الرغم من فَحصه عِدّة مخطوطات أخرى في ذلك الوقت؛ إضافةً إلى تلك التي اعتمدَها عندما كان يحقق نَصَّ الطبعة الأولى. لكن تعهد إراسموس بأنَّه سيضيف الفاصلة في الطبعات القادمة إذا وجد مخطوطة يونانية واحدة تحتوي على الفاصلة. المفاجأة: إن هذا المخطوطة وُجِدتْ لاحقاً، أَو بصراحة كتبت لهذا الغرض! هذه المخطوطة اليونانية كُتِبتْ في أكسفورد حوالي سنة ١٥٢٠ كتبها راهب فرانسيسكاني يسَمّى فوري Froy (أَو روي)، اقتبس الفاصلة محل النزاع مِنْ فولجاتا Vulgate اللاتينية. وبناءً على ذلك أدخلَ إراسموس الفقرة في طبعتِه الثالثةِ (١٥٢٢)، لكنه في حاشية طويلة أعلنَ شكه في أن المخطوطة كَانتْ قَدْ أعدت بشكل واضح لدَحْضه.(١)

ثانياً: طبعتي الملك جيمس [١٦١١] وإمبليفيد Amplified:

اعتمدت طبعة الملك جيمس على النص المقبول أو ما يعرف باللاتينية Textus Receptus وهو نص حظي بالقبول العام من كافة الطوائف المسيحية واعتمدت عليه الطبعات التالية: وقد وضعت العبارة الشركية "فاصلة يوحنا" في طبعة الملك جيمس، كما وضعت العبارة الشركية في طبعةAmplified، وكلاهما اعتمد على نص Textus Receptus. أدرجت فيهما فاصلة يوحنا. بعد عصر التنوير وظهور منهج النقد الحديث وخروج طبعات نقدية قام بها نقاد أكفاء، سقط نص Textus Receptus

(١) انظر: المصدر السابق، ص:١٤٧.

وما بني عليه من طبعات و ظهرت الطبعات النقدية المحققة تحقيقاً علمياً خالية من فاصلة يوحنا.(١)

---

(١) لمعرفة تفصيلات عن ظهور وسقوط نص Textus Receptus أو النص المتفق عليه؛ انظر:
Metzger, The text of the New Testament: pp. 170-175.

King James

21 And this commandment have we from him, That he who loveth God love his brother also.

CHAPTER 5

WHOSOEVER believeth that Jesus is the Christ is born of God: and every one that loveth him that begat loveth him also that is begotten of him.

2 By this we know that we love the children of God, when we love God, and keep his commandments.

3 For this is the love of God, that we keep his commandments: and his commandments are not grievous.

4 For whatsoever is born of God overcometh the world: and this is the victory that overcometh the world, *even* our faith.

5 Who is he that overcometh the world, but he that believeth that Jesus is the Son of God?

6 This is he that came by water and blood, *even* Jesus Christ; not by water only, but by water and blood. And it is the Spirit that beareth witness, because the Spirit is truth.

[7 For there are three that bear record in heaven, the Father, the Word, and the Holy Ghost: and these three are one.

8 And there are three that bear witness in earth, the Spirit, and the water, and the blood: and these three agree in one.

9 If we receive the witness of men, the witness of God is greater: for this is the witness of God which he hath testified of his Son.

10 He that believeth on the Son of God hath the witness in himself: he that believeth not God hath made him a liar; because he believeth not the record that God gave of his Son.

11 And this is the record, that God hath given to us eternal life, and this life is in his Son.

12 He that hath the Son hath life; *and* he that hath not the Son of God hath not life.

13 These things have I written unto you that believe on the name of the Son of God; that ye may know that ye have eternal life, and that ye may believe on the name of the Son of God.

Amplified

21 And this command (charge, order, injunction) we have from Him, that he who loves God shall love his brother [[a]believer] also.

CHAPTER 5

EVERY one who believes—adheres to, trusts in and relies [on the fact]—that Jesus is the Christ, the Messiah, is a born-again child of God; and every one who loves the Father also loves the one born of Him—His offspring.

2 By this we come to know (recognize and understand) that we love the children of God: when we love God and obey His commands—orders, charges; when we keep His ordinances and are mindful of His precepts and His teaching.

3 For the [true] love of God is this, that we do His commands—keep His ordinances and are mindful of His precepts and teaching. And these orders of His are not irksome—burdensome, oppressive or grievous.

4 For whatever is born of God is victorious over the world; and this is the victory that conquers the world, even our faith.

5 Who is it that is victorious over (that conquers) the world but he who believes that Jesus is the Son of God—who adheres to, trusts in and relies [on that fact]?

6 This is He Who came by (with) water and blood [[b]His baptism and His death], Jesus Christ, the Messiah; not by (in) the water only but by (in) the water and the blood.

7 And it is the (Holy) Spirit Who bears witness, because the (Holy) Spirit is the Truth.

8 So there are three witnesses *in heaven, the Father, the Word and the Holy Spirit, and these three are One; and there are three witnesses on the earth,* the Spirit, the water and the blood; and these three agree—are in unison, their testimony coincides.]

9 If we accept [as we do] the testimony of men (if we are willing to take human authority), the testimony of God is greater (stronger authority), for this is the testimony of God; even the witness which He has borne regarding His Son.

10 He who believes in the Son of God—who adheres to and trusts in and relies on Him, possesses this divine attestation—has the testimony within himself. He who does not believe God (in this way) has made Him out to be *and* represented Him as a liar, because he has not believed—put his faith in and adhered to and relied on the testimony—the evidence that God has borne regarding His Son.

11 And this is that testimony—that evidence: God gave us eternal life, and this life is in His Son.

12 He who possesses the Son has that life; he who does not possess the Son of God does not have that life.

13 I write this to you who believe in (adhere to, trust in and rely on) the name of the Son of God—that is, in [c]the peculiar services and blessings conferred by Him on men—so that you may know (with settled and absolute knowledge) that you [already] have life, [d]yes, eternal life.

a) Thayer.
b) Vincent.
c) Thayer.
d) Westcott in Speaker's Commentary.

الفصل الخامس من رسالة يوحنا الأولى الفقرة السابعة في طبعتي الملك جيمس وابمبلفيد

▤ أثر نقد فاصلة يوحنا على طبعات العهد الجديد:

بعد فترة النقد الحديث وظهور محاولات لنشر طبعات محققة للعهد الجديد، ظهرت طبعات تعرف بالطبعات النقدية المحققة، وقد حذفت هذه الطبعات ما لم تجده في المخطوطات الأصلية. وبناءً على ذلك حذفت فاصلة يوحنا من الطبعات التالية:

١- الطبعات الأربع ثنائية اللغة:

اعترف العلماء الكاثوليك الرومان المعاصرون بأنّ العبارة الشركية لا تَعُودُ إلى العهد الجديد اليوناني؛ على سبيل المثال، الطبعات الثنائية اللغة للعهد الجديدِ التي نشرها بوفر Bover، ومرقص Merk، ونيلو Nolli، وفوجلز Vogels، توجد فيها الفاصلة كجزء مِنْ نَصِّ فولجاتا Vulgate اللاتيني المصدّقة من مجمع ترينتي الكنسي، لكنها تحذف مِنْ النَصِّ اليونانِي المواجه للنص اللاتيني على الصفحةِ المقابلة.

٢- طبعة فولجاتا الجديدة Nova Vulgata، التي نشرَت في سنة ١٩٧٩ بعد مجمع الفاتيكان الثاني، لا تَتضمّنُ الفاصلةَ.

٣- طبعة كمبردج للكتاب المقدس التي نَشرَت في سنة ١٨٧٣، وَضعت الفاصلةَ بحرف مائلٍ مشيرة إلى الشك فيها.

٤- ترجمات الكتاب المقدس الحديثةِ مثل NIV، NASB، ESV، NRSV وغيرها إمّا تحذف الفاصلةَ كليّاً، أَو تلقيها في الهوامشِ.

٥- طبعة كرباخ Griesbach النقدية للعهد الجديدِ تُوضّحُ في الهامشِ، الأسباب النقدية لرفضِ فاصلةِ يوحنا.(١)

٦- كلا من طبعة: (NA 27) (Novum Testamentum Graece) وطبعة مجمع التوراةِ المتّحدةِ (UBS 4) تقدم ثلاث صيغ مختلفة للفقرة مع الإشارة إلى الوثائق التي أثبتت كلا منها باستخدام الرموز، مبينة أسباب اعتبارها الفاصلة مدرجة.

حذفت الفاصلة من طبعات Living New Testamentو الطبعة القياسية المنقحة REVISED STANDARD

(١) لمعرفة تفصيلات عن هذه الطبعة ومحققيها، انظر:
Metzger: The text of the New Testament: p 156.

Living New Testament

21 And God Himself has said that one must not only love God, but his brother too.

CHAPTER 5

If you believe that Jesus is the Christ—that He is God's Son and your Savior—then you are a child of God. And all who love the Father love His children too.

2 So you can find out how much you love God's children—your brothers and sisters in the Lord—by how much you love and obey God.

3 Loving God means doing what He tells us to do, and really, that isn't hard at all;

4 For every child of God can obey Him, defeating sin and evil pleasure by trusting Christ to help him.

5 But who could possibly fight and win this battle except by believing that Jesus is truly the Son of God?

6, 7, 8 And we know He is, because God said so with a voice from heaven when Jesus was baptized, and again as He was facing death[1]—yes, not only at His baptism but also as He faced death.[2] And the Holy Spirit, forever truthful, says it too. So we have these three witnesses: the voice of the Holy Spirit in our hearts, the voice from heaven at Christ's baptism, and the voice before He died.[3] And they all say the same thing: that Jesus Christ is the Son of God.[4]

9 We believe men who witness in our courts, and so surely we can believe whatever God declares. And God declares that Jesus is His Son.

10 All who believe this know in their hearts that it is true. If anyone doesn't believe this, he is actually calling God a liar, because he doesn't believe what God has said about His Son.

11 And what is it that God has said? That He has given us eternal life, and that this life is in His Son.

12 So whoever has God's Son has life; whoever does not have His Son, does not have life.

13 I have written this to you who believe in the Son of God so that you may know you have eternal life.

[1] Literally, "This is He who came by water and blood." See Matthew 3:16, 17; Luke 9:31, 35; John 12:27, 28, 32, 33. Other interpretations of this verse are equally possible.
[2] Literally, "not by water only, but by water and blood."
[3] Literally, "the Spirit, and the water, and the blood."
[4] Implied.

Revised Standard

not seen. [21]And this commandment we have from him, that he who loves God should love his brother also.

Victory through faith

5 Every one who believes that Jesus is the Christ is a child of God, and every one who loves the parent loves the child. [2]By this we know that we love the children of God, when we love God and obey his commandments. [3]For this is the love of God, that we keep his commandments. And his commandments are not burdensome. [4]For whatever is born of God overcomes the world; and this is the victory that overcomes the world, our faith. [5]Who is it that overcomes the world but he who believes that Jesus is the Son of God?

Faith through the Son

6 This is he who came by water and blood, Jesus Christ, not with the water only but with the water and the blood. [7]And the Spirit is the witness, because the Spirit is the truth. [8]There are three witnesses, the Spirit, the water, and the blood; and these three agree. [9]If we receive the testimony of men, the testimony of God is greater; for this is the testimony of God that he has borne witness to his Son. [10]He who believes in the Son of God has the testimony in himself. He who does not believe God has made him a liar, because he has not believed in the testimony that God has borne to his Son. [11]And this is the testimony, that God gave us eternal life, and this life is in his Son. [12]He who has the Son has life; he who has not the Son of God has not life.

The certainties of faith

13 I write this to you who believe in the name of the Son of God, that you may know

رسم توضيحي 3فاصلة يوحنا في طبعتي الإنجيل الحي والقياسية

الخاتمة

١. يجب تطبيق النقد النصي على كتب الأناجيل لسببين أحدهما أننا لا نملك النسخ الأصلية للأناجيل. ولأن النسخ الموجودة بين أيدينا اليوم تختلف كل واحدة عن الأخرى.

٢. أعداد الاختلافات كبيرة جداً بحيث لا يمكن حصرها، لكن الاختلافات بين النسخِ أكثر مِنْ كلمات العهد الجديدِ.

٣. لا شيء من هذه المخطوطات ترجع إلى زمن المسيح، والنسخ التي توجد ليست أصلية.

٤. لا شيء من المخطوطاتِ التي نملكها نسخَ من نسخِ أصلية. لا حتى نسخَ من نسخِ من نسخِ أصلية. لا شيء من النسخِ التي بين أيدينا، ماعدا أجزاءٍ صغيرة جداً، تتشابه مع الأخرى.

٥. لا شيء من هذه المخطوطات باللغة الأصلية؛ بل هي ترجمة لترجمة عن ترجمة.

٦. أكثر الاختلافات كان بسبب طريقة النسخ؛ لذلك أحيانا حروف وكلمات وفقرات تكررت وأخرى حذفت، هذه هي أشـــياء يمكن توقعها بســـبب عملية النسخ.

٧. يوجد أخطاء أخرى ليست عفوية بل عمدية وبصراحة وبإجماع كانت لأسباب مذهبية، فهناك فقرات كاملة وجمل وكلمات وحروف وضعت "لتوضيح النص" وبيان معناه الصحيح.

٨. أثرت الدراسات النقدية على نص طبعات الأناجيل المطبوعة بناء على دراسات نقدية دون الطبعات التقليدية والقديمة كطبعة الملك جيمس وما اعتمد عليها.

٩. تأثرت الطبعات النقدية الحديثة بنتائج الدراسات النقدية التي تطورت يوما بعد يوم وكشفت عن حقائق علمية جديدة فاستجابت لها هذه الطبعات وطبقت ما قرره نقاد الأناجيل كل حسب طريقته.

١٠. بعد مئات السنين كان فيها نص الملك جيمس هو كلمة الله الوحيدة والحقيقية وكل من اقترب من نصها اعتبر مسيئا لكلمة الله اتضح بعد ظهور وتطور علم النقد أنه أسوأ كتاب صدر منذ اكتشاف الطباعة الحديثة من المطابع من حيث عدد الأخطاء.

١١. أخيراً ســقط نص القياســي بظهور الطبعة المنقحة لترجمة الملك جيمس والتي قام بها علماء أفذاذ كرسوا حياتهم لمعرفة "كلمة الله".

□□□□

المراجع والمصادر

المراجع العربية:

[١] الكتاب المقدس: (١٩٩٥) الترجمة العربية المشتركة. درا الكتاب المقدس في الشرق الأوسط. – جمعية الكتاب المقدس بيروت لبنان.

[٢] أكرم العمري، مناهج البحث وتحقيق التراث، نشر مؤسسة الرسالة، بيروت- ١٤١٥ هـ، نشر مكتبة الدار بالمدينة المنورة- ١٤١٤ هـ.

[٣] محمد علي زهران، إنجيل يوحنا في الميزان، ١٩٩٢م، الأولى، دار الأرقم، مصر.

[٤] وليم إدي، الكنز الجليل في شرح الإنجيل، (بيروت: لبنان: صدر عن مجمع كنائس الشرق الأدنى ١٩٧٣).

[٥] وليم باركلي، (٢٠١٠) تفسير العهد الجديد، دار الثقافة ودار التأليف والنشر بالكنيسة الأسقفية.

[٦] وليم مارش، السنن القويم في تفسير أسفار العهد القديم، (بيروت: صدر عن مجمع كنائس الشرق الأدني، ١٩٧٣)، بدون رقم الطبعة.

[٧] يوسابيوس (١٩٩٨) تاريخ الكنيسة، ترجمة القمص مرقص داود، ط مكتبة المحبة القاهرة.

⊙ المراجع الأجنبية:

1. Aland, Kurt and Aland, Barbara. The text of the New Testament: an introduction to the critical editions and to the theory and practice of modern textual criticism. Second revised edition.

2. B. F. Westcott and F. J. A. Hort, (1881) The New Testament in the Original Greek, Introduction [and] Appendix (London, 2014).

3. Ehrman B. D (199٦). The Orthodox Corruption of Scripture, Oxford University press.

4. Ehrman B. D..2003. The lost Scriptures، Oxford University press. U.S.A

5. Ehrman B. D. The Orthodox Corruption of Scripture Oxford University press, (1993).

6. Ehrman B. D. 1991. A Brief Introduction to the New Testament, 2TH, Oxford university press.

7. Eldon J. Epp. (2005) The Theological Tendency of Codex Bezae in Acts; Cambridge: Cambridge University Press.

8. Epp, Eldon J. and Fee, Gordon D., eds. New Testament Textual Criticism: Its Significance for Exegesis. Essays in Honor of Bruce M. Metzger. Oxford: Clarendon, 1981.

9. John William Burgon (2012), The Causes of the Corruption of the Traditional Text of the Holy Gospels Being the Sequel to The Traditional Text of the Holy Gospels.

10. Metzger B. M.1971. A Textual Commentary on the Greek New Testament Stuttgart: United Bible Societies.

11. Metzger B. M.1977. The Early Versions of the New Testament: Their Origin, Transmission, and Limitations. Oxford: Clarendon.

12. Metzger B. M.1987. The Canon of the New Testament: Its Origin, Development, and Significance. Oxford: Clarendon.

13. Metzger B. M.1991. The Text of the New Testament: Its Transmission, Corruption, and Restoration, 3ed. New York: Oxford.

المصادر والمراجع

≅

www.ingramcontent.com/pod-product-compliance
Lightning Source LLC
LaVergne TN
LVHW021946220826
846091LV00015B/4109